NOUVELLES ARCHIVES

DES

MISSIONS SCIENTIFIQUES

ET LITTÉRAIRES

CHOIX DE RAPPORTS ET INSTRUCTIONS

PUBLIÉ SOUS LES AUSPICES

DU MINISTÈRE DE L'INSTRUCTION PUBLIQUE ET DES BEAUX-ARTS

TOME XIV

Fascicule 3

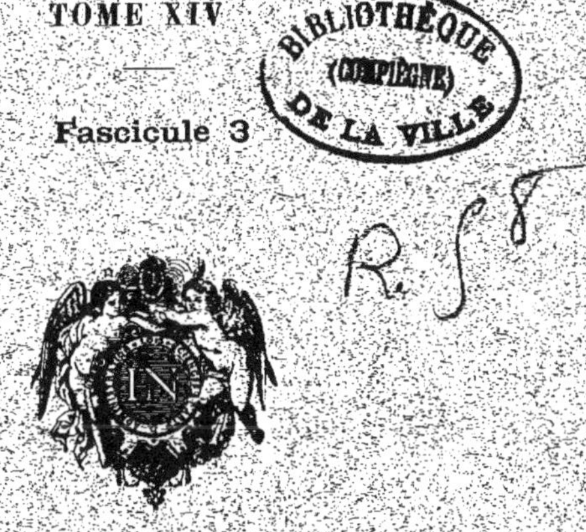

PARIS

IMPRIMERIE NATIONALE

MDCCCCVII

NOUVELLES ARCHIVES

DES

MISSIONS SCIENTIFIQUES

ET LITTÉRAIRES

NOUVELLES ARCHIVES

DES

MISSIONS SCIENTIFIQUES

ET LITTÉRAIRES

CHOIX DE RAPPORTS ET INSTRUCTIONS

PUBLIÉ SOUS LES AUSPICES

DU MINISTÈRE DE L'INSTRUCTION PUBLIQUE ET DES BEAUX-ARTS

TOME XIV

Fascicule 3

PARIS

IMPRIMERIE NATIONALE

MDCCCCVII

NOUVELLES ARCHIVES

DES

MISSIONS SCIENTIFIQUES

ET LITTÉRAIRES

CHOIX DE RAPPORTS ET INSTRUCTIONS

PUBLIÉ SOUS LES AUSPICES

DU MINISTÈRE DE L'INSTRUCTION PUBLIQUE ET DES BEAUX-ARTS

TOME XIV

Fascicule 3

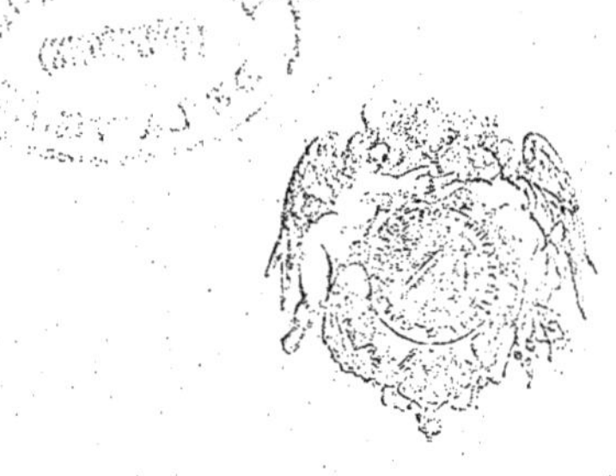

PARIS

IMPRIMERIE NATIONALE

MDCCCCVII

RAPPORT

SUR

LES INSCRIPTIONS HÉBRAÏQUES

DE L'ESPAGNE,

PAR M. MOÏSE SCHWAB,

CONSERVATEUR ADJOINT HONORAIRE À LA BIBLIOTHÈQUE NATIONALE.

MONSIEUR LE MINISTRE,

Il y a deux ans, suivant l'avis du Comité des travaux historiques, votre prédécesseur accueillait avec bienveillance mon « Rapport sur les inscriptions hébraïques en France », et le faisait imprimer dans les *Nouvelles Archives des Missions scientifiques et littéraires* (t. XII).

Cette publication a été particulièrement remarquée à Madrid, et elle a été l'objet d'un long exposé devant la *R. Academia de historia*, exposé imprimé au complet dans le *Boletin* (t. XLVII, p. 361-394). L'auteur de l'analyse conclut à l'opportunité de consacrer une étude analogue aux inscriptions semblables qui se trouvent en Espagne.

Celles-ci, en effet, constituent un corollaire de l'épigraphie française : elles sont étroitement liées à notre domaine par des textes inédits, au moins aussi intéressants que ceux de la France pour l'histoire et la philologie, se rattachant à nos inscriptions par la mention des noms d'ascendants ou de descendants de maintes familles françaises. C'est dire qu'il serait utile de dresser un tel tableau pour les épitaphes hébraïques et les dédicaces synagogales qui existent chez nos voisins au delà des Pyrénées. Dans cette pensée, m'a été confiée la mission d'aller étudier ces textes sur place, puis d'en rendre compte.

Me conformant à ces instructions, j'ai l'honneur de vous adresser le Rapport ci-joint, en commençant par établir un parallèle entre les deux tableaux d'ensemble, afin de déterminer lequel l'emporte sur l'autre. Avouons-le, il n'y a pas de honte à cela : le trésor lapidaire de l'Espagne, aussi bien en inscriptions latines qu'en inscriptions orientales, soit phéniciennes, soit arabes, soit hébraïques, est supérieur en somme à tout autre trésor de même ordre, par sa variété, par son extension, par la qualité autant que par la quantité des textes. De plus, les photographies publiées ici montrent l'évolution de l'écriture hébraïque sur pierre en ce pays.

Combien le parallèle entre l'épigraphie orientale de France et celle de l'Espagne offre de curieux rapprochements. La supériorité de l'enseignement en France, surtout des professeurs chargés de le répandre, n'est pas douteuse; mais combien chez nous les éléments et documents sont inférieurs, soit par leur importance, soit par la date ou par l'intérêt historique des personnages nommés sur les pierres, soit surtout par leur langage si peu poétique!

Chez nous, la valeur des inscriptions hébraïques, ayant pour limite de temps le xv⁵ siècle, n'est que relative. Il a fallu de la bonne volonté pour admettre par exemple les inscriptions latines d'Auch et de Narbonne dans ce cadre; elles ne contiennent qu'une formule hébraïque, le mot שלום (paix), ou d'expression שלום על ישראל (paix sur Israël). Même en les admettant, y compris les textes, bien maigres d'une ligne ou deux, les uns et les autres donnent à peine un peu plus que le nom du défunt avec celui de son père. On arrive bien ainsi au nombre très respectable de 207 inscriptions.

Mais chez nous, comme l'a établi le premier Rapport[1], il n'y a pour le moyen âge qu'un seul grand texte : c'est l'inscription de dédicace synagogale à Béziers. Au contraire, en Espagne, où les textes concis forment la minorité, le total s'élève seulement au nombre de 171; mais, par contre, ils sont en grande majorité du plus haut intérêt.

Par leur date, — comme vous le constaterez au chapitre Iᵉʳ, — les inscriptions juives en Espagne remontent au iiiᵉ siècle, pendant qu'en France, la première en date ne remonte qu'à la fin du viiᵉ siècle, plus exactement à l'an 688.

En France, les personnages historiques désignés sur les stèles, sont en bien petit nombre : pas un nom des 98 épitaphes de Paris ne rappelle un souvenir littéraire, tandis qu'en Espagne ces souvenirs foisonnent.

Il n'est pas étonnant, dès lors, que les personnes défuntes là

---

[1] Page 205 [65].

aient inspiré les rédacteurs des épitaphes, et que, sous le ciel bleu
de l'Ibérie, de longues élégies aient été burinées en style lapidaire.
Ne serait-il pas dommage de laisser inédits ces cantilènes dictés par
la douleur, ou par la piété filiale, ou par l'amour conjugal, ou par
le chagrin paternel ? Or, est-il besoin de le rappeler, ces petites
poésies, dont il n'existe qu'un exemplaire, sont exposées à la destruction, quoique gravées sur pierre. Tolède est, à cet égard, un
exemple péremptoire : la capitale de la Castille jusqu'au milieu
du xvi⁰ siècle, séjour favori de la Cour, avait parmi ses habitants
un grand nombre de Juifs, et par suite aussi le plus grand nombre
de tombes et d'épitaphes hébraïques. De la plupart d'entre elles,
il n'existe plus la moindre trace. Heureusement, un promeneur
anonyme, — dont nous regrettons de ne pas connaître le nom, pour
lui rendre un hommage posthume, — a eu la bonne idée de
copier les 76 épitaphes qu'il a lues au cimetière de cette ville.

Comment cette copie a-t-elle fini par échoir aux mains d'un bi-
bliophile ? Nous l'ignorons ; toujours est-il que le manuscrit a finalement été donné, ou légué, à la bibliothèque royale de Turin. Là,
on aurait pu le croire à l'abri de toute perte, jusqu'au jour peu
éloigné d'à présent, où un incendie a dévoré presque toute la bibliothèque, et le manuscrit en question n'a pas eu, comme quelques
autres de cette collection, la chance d'échapper à la destruction [1].

Par une autre bonne fortune préalable à l'incendie, un illustre
hébraïsant italien avait remarqué ces textes, il les a transcrits, et un
ami de ce copiste les a reproduits dans un recueil hébreu, mais
sans traduction, ni commentaire. Il reste maintenant le devoir, non
seulement de les publier, mais de les traduire et de faire connaître
en même temps les personnages énumérés dans ces textes.

Il n'est pas nécessaire d'ajouter d'autres exemples pour faire res-
sortir l'utilité et l'urgence de ces sortes de publications, afin de
sauvegarder ces textes épars, les soustraire au danger de ruine complète. Certes, il ne faut pas oublier qu'il y a déjà 40 ans, un grand
savant a exploré le même champ d'investigation ; mais après les
résultats très restreints de son voyage, était-il prétentieux d'espérer
une plus ample moisson ? Le « Rapport sur la mission en Espagne »
par Ad. Neubauer [2] n'a fait connaître que 9 courtes épitaphes,

[1] Lettre particulière du bibliothécaire de Turin, M. G. Bonassi.
[2] *Archives des Missions*, n⁰ série, t. V, 1868, p. 428-432.

savoir 1 texte et 5 fragments à Tolède, 1 à Cordoue, 1 à Séville, 1 seul à Barcelone, et encore parmi les fragments pour Tolède, plusieurs doivent être rejoints entre eux. Pour cette ville seule, qui alimentera notre recueil d'un plus fort contingent que toutes les autres villes d'Espagne ensemble, il se trouve qu'il existe à ce jour plus de 80 textes de la plus haute valeur, donnés plus loin.

Pour les autres villes, évidemment, il serait injuste de ne pas tenir compte du grand nombre d'épitaphes juives exhumées depuis un demi-siècle, publiées par le *Boletin de la R. Academia*, sous la plume du R. P. Fidel Fita. Ce savant académicien a rendu à l'épigraphie hébraïque autant de services que les Saavedra, les Codera, les Almagro Cadañez ont rendus à l'épigraphie arabe, ou Émile Hübner à l'épigraphie latine en Espagne. Pas plus que le Rapport sur la France n'a mis au jour uniquement des éléments nouveaux, le Rapport sur l'Espagne ne prétend révéler au public exclusivement les textes inconnus, mais seulement les juxtaposer tous pour les faire connaître au delà du cercle des lecteurs du *Boletin* précité, ou d'autres périodiques analogues [1], puis surtout traduire tous les textes de ce domaine, restés illisibles pour les non-hébraïsants.

Les recherches spéciales poursuivies ici ont eu, de plus, un but de conservation et de concentration, à l'égard des textes grands ou petits dont les originaux ont disparu, mais ont été heureusement copiés dans des manuscrits : ils sont ici relevés avec un soin jaloux, avec une affection agrandie par leur situation de demi-perdus, presque d'orphelins.

Sous ce rapport également, l'antique capitale de l'Espagne médiévale, Tolède, est un équivalent de Paris au moyen âge, pour notre sujet : fort peu de ses épitaphes subsistent sur pierre, mais elles existent heureusement sur papier. Or, comme à Paris, les 65 inscriptions sur pierre, conservées au Musée de l'Hôtel Cluny, sont augmentées de 32 autres textes, grâce aux notes prises par Baluze, de même pour Tolède, la copie des épitaphes prise longtemps après leur rédaction les a sauvées de l'oubli ; la seule différence entre les deux capitales consiste en ce que, pour la seconde, il subsiste à peine 5 ou 6 originaux sur pierre, en regard d'un total de 76 copies.

De même, le plan suivi pour le Rapport sur la France a été

[1] C'est le cas de la *Revista historica latina*, pour les pierres de Gérone, etc.

adopté pour examiner et décrire les épitaphes espagnoles : ce plan est d'abord chronologique, ensuite géographique. Le premier chapitre, embrassant les temps les plus éloignés de nous, du IIIe au VIIIe siècle, et le chapitre II allant du Xe au XIIe siècle, sont forcément moins abondants que les suivants[1]. Lorsque s'agrandit le nombre des textes, leur disposition a été soumise à un ordre plus méthodique. Le voyage, pour ceux-ci, s'est effectué en partant du nord-ouest, pour passer au sud, et aboutir au nord-est, dont l'avant-dernière étape est Barcelone : cette ville nous a valu de nombreuses épitaphes, la plupart inédites. Elles sont d'autant plus intéressantes pour nous, que les noms sont originairement français, et, au lieu d'une seule épitaphe connue jadis (encore était-elle mal lue)[2], on en trouvera ici plus de trente.

Vous le voyez, Monsieur le Ministre, ce champ d'exploration est digne de votre attention et de votre sympathie. Si ce nouveau voyage en Espagne n'a pas été inutile, si les résultats acquis qu'énumèrent les pages suivantes ont pu être atteints, c'est que le missionnaire de la France a joui partout d'un excellent accueil. Il a été secondé dans ses recherches par les fonctionnaires de tout ordre, dans les musées, archives, bibliothèques. C'est un devoir agréable à remplir de les remercier publiquement, en particulier la sœur littéraire de notre Académie des Inscriptions et Belles-lettres, la *R. Academia de Historia* à Madrid, dont le Directeur, M. le marquis de la Vega y Armijo, l'actuel président du Conseil des Ministres espagnols, etc., est animé de la plus vive affection pour la France.

Veuillez agréer, Monsieur le Ministre, etc.

Paris, janvier 1907.

---

[1] Le chapitre VI et dernier, consacré aux îles Baléares, analyse et traduit un objet d'art mauresque, peut-être unique, avec inscription hébraïque.

[2] La seule épitaphe qui était connue pour Barcelone est au ch. V, §.7, n° 6.

CHAPITRE PREMIER.

DU IIIᵉ AU VIIIᵉ SIÈCLE.

§ 1. ADRA (PROVINCE D'ALMERIA),
ANCIENNE ABDERA.

Une tablette de marbre a été trouvée dans cette ville, elle contenait l'épitaphe d'une Juive, rédigée selon l'usage de cette époque en langue latine. Josef Valverde, qui l'avait découverte, l'envoya à Aurèle Benito, doyen des chanoines de l'Église à Tolède, au xviiiᵉ siècle; celui-ci la remit à Bayer, qui heureusement la fit graver et la publia parmi ses notes à l'édition de l'*Historia* ou *De rebus Hispaniæ*, par Mariana (Valence, 1783, t. I, p. 35). Elle a été reproduite depuis lors par d'autres érudits; sans quoi, elle serait perdue, l'original ayant disparu[1]. Voici ce petit texte :

. . .NIA ⊙ SALO	[? ci-gît] . . . nia, fille de Salo-
[MO]NVLA ⊙ AN ⊙ I	-mon, (âgée de) un an,
MENS ⊙ IIII ⊙ DIE ⊙ I	quatre mois et un jour,
IVDAEA	juive.

En tête, à gauche, il manque des lettres. Le prénom complet de la défunte devait être : *Junia*, ou *Annia*, ou *Licinia*, ou un nom semblable. — A la 2ᵉ ligne, la restitution de la syllabe MO est rendue probable par l'ensemble du mot qui est commencé ligne 1.

D'après la forme des caractères, l'inscription paraît remonter au commencement du iiiᵉ siècle. Elle atteste la présence des Juifs en ces parages, non comme passagers, mais vivant là en famille.

---

[1] Em. HÜBNER, dans ses *Inscriptiones Hispaniæ latinæ*, p. 268, n° 1982, a correctement admis cette épitaphe au titre latin, sans la classer parmi les chrétiennes, comme il l'a fait pour Tortose, § 2, et pour Merida, § 4, ci-après.

§ 2. Tortose.

Une épitaphe juive, découverte à Tortose (province de Valence), en 1771, présente une triple légende : elle est en tête hébraïque, puis latine, à la fin grecque. Malheureusement, elle est très mutilée ; probablement longtemps placée dans un dallage, elle a été usée par les pieds des passants, et la partie gauche de l'inscription est très fruste.

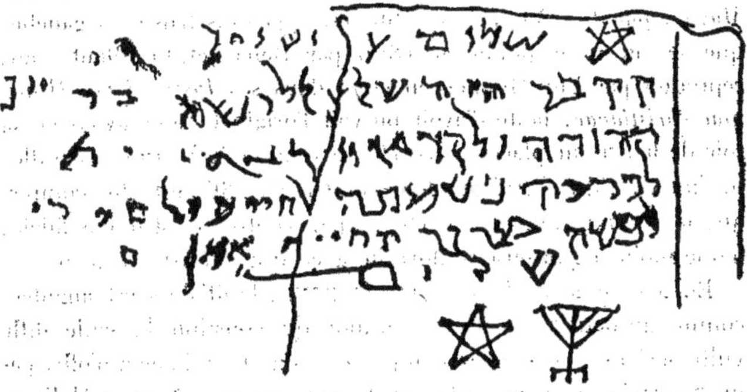

La partie hébraïque du monument a souffert le plus ; heureusement, les formules hébraïques qui la terminent se retrouvent dans un grand nombre d'inscriptions tumulaires, ce qui facilite la reconstitution des lacunes, et, grâce aux secours qu'offrent les rédactions grecque et latine, MM. Renan et Le Blant ont pu, dès 1860, publier ce texte [1]. Nous le lisons et traduisons un peu différemment, en ces termes :

שלום על ישראל	Paix sur Israël !
הקבר הזה של מלליושה בת	Cette tombe est celle de Meliosa, fille
יהודה ול(?. יו)אטריס זכרונם	de Juda Vl. . . (?) Mares ; leur souvenir
לברכה נשמתה לחיי עולם תחי	est béni ; son esprit passe à la vie future,
נפשה בצרור החיים.אטן	que son âme soit dans le faisceau des
שלום	vivants. Amen.
	Paix.

(1) *Revue archéologique*, 1860, t. II, p. 345 et suiv. Voir fig. 1.

Les noms de la jeune fille et du père se lisent avec certitude; mais après celui-ci, vient un mot douteux : Renan a lu ולקירא « et à Kura ». En présence d'une forme aussi bizarre, Grætz [1] s'est arrêté avec raison; il a proposé de lire ונקרא « est appelée », sous-entendu : en hébreu. Enfin, le 3ᵉ mot, lu Miriam, nous paraît plutôt avoir une désinence grecque : MAPEC, selon les légendes grecque et latine.

Les conjectures de Grætz sont très ingénieuses, mais insoutenables, en présence du texte même qu'il faut examiner de près.

Le fac-similé publié par le R. P. Fidel Fita en 1875 dans le *Museo español* (t. VI, p. 559-566) est déjà plus fruste, à gauche, que le fac-similé publié en 1860 par Renan et Le Blant, puis reproduit par Em. Hübner en 1871 dans ses *Inscriptiones Hispaniae christianae*, faute d'avoir pu voir l'original. Nous avons eu la joie de le lire sur place, grâce à l'intervention de M. Jules Carvallo, ingénieur. S'il est vrai que le dessin fait en 1860 est plus complet que le second, exécuté en 1875, par contre il est moins fidèle, d'une moins rigoureuse conformité à ce qui subsiste du texte.

En tête de la 3ᵉ ligne, au mot יהודה, l'initiale י est angulée, comme un petit ה. — Au second mot, qui constitue la seule difficulté sérieuse, la 3ᵉ lettre comparée à la 2ᵉ de la ligne 2 n'offre pas un ק certain : c'est peut-être un מ, comme dans le nom Meliosa, ou plutôt un פ, comme dans le mot נפשה, ligne 5. En ce cas, on serait en présence d'un nom local, tel que *Valupian* (transcrit ici ולפינ), qui figure sur l'inscription nº 73 du recueil précité d'Em. Hübner (p. 22, col. 1), suivi d'un second élément : *Amares.*

Des hébraïsants qui, sans vérifier, ont adopté la lecture ולקירא, ont cherché à la justifier par une sorte de datif de possession, comme dans *Lévitique*, xi, 46, ou II *Samuel*, x, 2 à 4, ou I *Chron.*, iii, 1 à 5. Ce procédé est exact; mais il n'existe pas d'exemple d'une telle construction après l'emploi immédiat du génitif.

La partie correspondante dans la légende latine, ainsi figurée : C\P..., ne fournit pas d'argument, ni confirmatif, ni infirmatif, pas plus que la partie grecque, où l'équivalent de ce nom a disparu. Les deux versions n'ont plus que l'élément second : AMARES. — Enfin, au dos de cette pierre, le chrisme a probablement été

---

[1] *Monatschrift für Geschichte d. Judenthums*, 1880, t. XXIX, p. 443-448.

gravé longtemps après les légendes, pour utiliser la pierre dans une sépulture chrétienne.

A la suite du mémoire de Renan et Le Blant, reprenant l'étude de ce monument en 1867 dans ses *Notes épigraphiques* [1], M. Joseph Derenbourg ajoutait : « Le nom Meliosa nous semble être l'équivalent de *Mellosa* « douce comme le miel »; le double *l* produit en espagnol un son mouillé, que le texte hébreu note par un י (*yod*). De même ἄλλος a pour équivalent *alius; tollo = toglio*, etc. Le synonyme *Dolce* est devenu un prénom très répandu parmi les femmes juives au moyen âge. « Le mot *Kura* qui précède le nom de la mère répond à l'araméen מרת ou מרתא, souvent abrégé en 'מ, que l'on trouve encore aujourd'hui placé devant les noms de femmes sur les épitaphes juives.

« On pourrait même supposer qu'on avait pris l'habitude de placer le mot κυρά (*Domina* ou *Domna*) devant le nom de Marie (ici Miriam), s'il n'était pas étrange que des Juifs eussent adopté une phraséologie aussi chrétienne. Il faudrait alors se rappeler que, nulle part peut-être, les rapports entre Chrétiens et Juifs ne furent aussi intimes qu'en Espagne jusqu'au viᵉ siècle. Les Visigoths, qui étaient Ariens, maintenaient aux Juifs tous les droits politiques et les admettaient aux fonctions publiques.

« L'emploi de κυρά devant le nom de la mère, maintenu aussi dans la légende latine, semble en tout cas prouver que cette femme était originaire d'un pays où le grec était une langue parlée, et où un tel surnom avait pu s'attacher habituellement à son nom. Les relations que les Juifs de toutes les contrées entretenaient entre eux permettaient qu'un homme de Tortose épousât une femme de la Sicile ou de Byzance. » Pourquoi pas, moins loin que cela, cette femme ne serait-elle pas venue de la colonie grecque établie à Marseille ?

Le même orientaliste Joseph Derenbourg ajoutait encore : « Les trois personnes mentionnées sur notre épitaphe, et dont la première porte un nom latin, la seconde un nom hébraïque et la troisième un nom dans lequel entre un élément grec, répondent bien aux trois langues employées sur ce monument, peut-être aussi à trois pays divers, d'où le père, la mère et la fille tiraient leur origine, tout en maintenant comme date probable le viᵉ siècle. »

[1] *Journal asiatique*, 1867, t. II, p. 354-358; cf. *R. É. J.*, t. II, p. 132, n.

Le savant hébraïsant avait été pour ainsi dire fasciné par la lecture conjecturale de Renan, sans la contrôler. Or un paléographe helléniste, que nous avons consulté pour lire les 2ᵉ et 3ᵉ légendes, est d'avis de lire ainsi le 3ᵉ nom propre, si douteux : dans la partie latine, OLP . . . ., et dans la partie grecque : OYΠAMAPE; ceci nous autorise à repousser la lecture douteuse χυρά.

A la défunte Meliosa on rapporte d'ordinaire les trois eulogies de l'inscription, qui se suivent sans être liées par la conjonction ו, liaison pourtant très fréquente. Joseph Derenbourg a été frappé de cette particularité et de l'emploi du vœu « que sa mémoire soit en bénédiction », appliqué à celle qu'on vient d'enterrer, fait dont on ne connaît pas d'exemple. Aussi est-il d'avis d'appliquer la première eulogie à la mère de Meliosa, décédée avant sa fille. En outre, il supprime avant l'eulogie ז״ל le verbe תְהִי, ajouté inutilement par conjecture de Renan, car la pierre n'en porte pas trace, et le mot זכרונה après le nom Miriam suffit à remplir la ligne.

L'expression חיי עולם « vie éternelle » (*Daniel*, xii, 2) est opposée à חיי שעה « vie passagère ». Enfin, à la fin de la ligne 4, le même hébraïsant, au lieu de la lecture הבא adoptée avant lui, croit devoir lire תהא ou ותהי « et soit . . . . . ». C'est la forme finale d'eulogie la plus usitée sur les tombes juives.

La partie latine, à droite des mots « In nomine Domini », a deux figures, d'abord le double triangle ou bouclier de David, le *Pent-alpha*, puis un chandelier à 5 branches; elle nous apprend aussi que la défunte avait 24 ans, âge dont la partie hébraïque ne parle pas. Les deux figures ont toujours été considérées comme éminemment juives. C'est une fantaisie d'Em. Hübner d'avoir considéré cette épitaphe comme chrétienne.

§ 3. Murviedro.

1. La pierre bilingue hébraïque et latine, à Murviedro, l'ancien Saguntum (Valence), a été décrite par Ad. Neubauer : il a vu là, dit-il [1], une inscription hébraïque que porte une pierre conservée dans l'ancien théâtre. Ce n'est certainement pas l'inscription tumulaire d'Adoniram, le percepteur du roi Salomon, qu'avec d'autres

---

[1] *Archives des Missions scientifiques*, 2ᵉ série, t. VI (1868), p. 432.

savants, Chabret prétendait avoir vue à Murviedro[1]. — La pierre est presque carrée et légèrement bombée à la partie supérieure, où se trouvent deux lignes en grands caractères carrés. Elles ont été fidèlement copiées, vu l'impossibilité de prendre un estampage, la pierre étant blanchie à la chaux. Voici les deux lignes :

שׁר...הר ר סׁחויח המנתו

מצוה תורה   ב רבע

En cet état, ces mots n'ont pas de sens suivi.

Les mots מצוה et תורה, qu'on lit clairement, font croire que cette pierre a dû se trouver dans une synagogue. Sur le côté, on lit :

PVIC ...... INVSO ANVSO CH

Pour la partie latine de cette inscription bilingue, M. Chabret a lu ceci :

PVIG ASINVCVSANVS QSCH A LOCVM

De son côté, le R. P. Fidel Fita [2], sans avoir reçu une bonne épreuve, ni pu voir l'original, conjecture qu'il faut lire ainsi :

P. VICANVS. LINVS. IVLIANVS. OS. C. H. LOCVM.

Soit : *P(ropilii)*, *Vicanus*, *Linus*, *Iulianus*, *os(sa)*, *c(ondita)* *h(ic)* *locum.*

Il ne manque pas d'exemples pour confirmer ces formules.

La partie hébraïque mesure o m. 92 à la base sur o m. 15 de haut. Selon la juste remarque de M. Chabret, il faudrait débarrasser la pierre de sa couche de chaux, pour la rendre lisible.

2. S'il faut en croire une certaine tradition relative à la même localité, que de sérieux historiens se sont transmise les uns aux

---

[1] *Sagunto, su historia y sus monumentos*, t. II, p. 172; SCHUDT, *Altjüd. Alterthümer*, t. IV, p. 97; UGOLINO, *Thesaurus antiquitatum sacrarum*, t. XXXIII, p. 1460. Elle constitue le n° 2 ci-contre.

[2] *Boletin*, t. XIV, p. 569.

autres, il aurait existé là une inscription funéraire, conçue en ces
termes très bizarres :

זהו קבר אדנירם עבד המלך שלמה
שבא לגבה את המס ונפטר יום. . .

Voici le tombeau d'Adoniram, serviteur du roi Salomon, venu pour
percevoir l'impôt; il est décédé le. . .

Tandis que les uns avaient lu le nom fort rare de maître Adoniram, d'autres plus circonspects ont lu un nom moins rare : Amasia.

L'authenticité de cette épitaphe a été admise par un écrivain juif
(mais c'est le seul), le grammairien Moïse ibn Ḥabib ben Schem
Tob, dans son ouvrage, *Darkhé No'am*. Cet écrivain dit avoir lu
les distiques suivants : שאו קינה בקול מרה לשר גדול לקחו יה ; la suite,
dit-il, a *pu* rimer avec Amasia [1], mais sans l'affirmer.

Dès lors, l'exégète Villalpandus [2], invoquant ce récit comme une
autorité, dit que l'existence de la pierre est authentique, et bien
qu'il ne l'ait pas vue, il affirme qu'elle avait été découverte à la
porte de la citadelle de Sagunto, durant le siècle précédent. Puis,
au xviiie siècle, Beck, dans sa dissertation qu'a publiée le *Thesaurus*
d'Ugolino, reproduit ingénuement le texte fort différent, très fantaisiste, traitant d'une tombe d'Adoniram, sans soumettre son existence au moindre doute, ni tenir compte des critiques détaillées
exposées à ce sujet par Joh. Henr. Hottinger [3], qu'il a eu pourtant
soin de mentionner.

§ 4. Merida.

A Merida (Estramadure), ou Augustæ Emeritæ, dans la maison
de Joh. Fernandez, d'après son recueil manuscrit d'inscriptions de
cette ville, nº 105, se trouve une inscription juive de 12 lignes,

[1] Traité de prosodie (Venise, 1546, in-12), fol. 7ᵃ; la mention est faite
comme exemple de poésie, dans cette œuvre, non dans le *Marpé laschon* du même
auteur, cité à tort par Hottinger et copié (avec des fautes nouvelles) par Beck,
dans Ugolino, *ibid.*

[2] *In Ezechielem*, t. II, p. 144.

[3] *De cippis hebraicis*, p. 2-3.

rédigée en latin selon l'usage d'alors. D'après l'écriture, elle paraît être à peu près de la fin du viiie siècle. Elle est ainsi conçue :

1   (?) Sit nomen [Dei benedictum]
2   Vivif[i]cat et mor[tem.....
3   pausat in sepulc[ro .... Simeon fi]
4   lius de Rebbi Sem[uel]
5   suporans in sor[te ...
6   tus inligatorium ...
7   cisa periti porta[m Paradisi?
8   ingrede cum pace in ...
9   LXIII repletus sa[pientia?
10   preducens artem i ...
11   Ego Simeon filius de Rebbi Samuel
12   ..... missam pax ...

Tout en adoptant plusieurs des reconstitutions ingénieuses faites par Em. Hübner pour combler les lacunes de ce texte[1], la 1re ligne nous a paru devoir être lue un peu différemment, conformément à la formule hébraïque. — A la fin de la ligne 4, apparaît en partie la lettre M, de sorte qu'en présence de la syllabe initiale SEM, le final VEL peut aisément être restitué. — Aux lignes 6 et 7, les syllabes *tus* et *cisa* restent obscures : Em. Hübner n'a pas tenté de reconstituer, à la fin des lignes précédentes, le commencement brisé de ces mots.

CHAPITRE II.

DU Xe AU XIIe SIÈCLE.

§ 1. Calâtayud.

Sur l'un des bords de la rivière de Las Pozas (province de Saragosse), cours d'eau à l'ouest de Calâtayud, il y avait autrefois

---

[1] Em. Hübner, *Inscriptiones Hispaniæ Christianæ*, p. 11, n° 34. Il a suivi Fernandez dans la lecture hypothétique des deux mots de la dernière ligne, d'après quelques vestiges de lettres.

le quartier des Juifs de cette ville, et, en face sur l'autre bord, leur cimetière. Des fouilles pratiquées en avril 1882, à l'endroit où était ce cimetière, y firent découvrir un certain nombre de sépulcres, et, sur l'un d'eux, une pierre en marbre avec une inscription hébraïque.

Ce texte ancien, intéressant sous plusieurs rapports, a été publié par le R. P. Fidel Fita [1], qui le transcrit ainsi :

זה קבר שמואל	Ceci est la tombe de Samuel
בר שלמה תנוח	fils de Salomon; que repose
נפשו בצרור	son âme dans le faisceau
החים עים ישיני	de la vie, avec ceux qui dorment
חברון נפטר מן	à Hébron ! Il est parti de
העולם שנת רף	ce monde l'an 280 (?)
ואחד עשר (ליר)ח	le onze du mois
מרחשו(ן).	de Marheschwan.

En reproduisant cette inscription, dessin et traduction, Isid. Loeb ajoute les observations suivantes [2] : Quand même il y aurait doute sur la date indiquée dans l'inscription, l'antiquité de cette inscription est prouvée par la forme et la disposition des lettres et par l'orthographe archaïque : החים pour החיים, עים pour עם, ישיני pour ישני.

Le mot חברון (l. 5) est divisé en deux par un creux, qui semble être un simple accident de la pierre. Le graveur, rencontrant cet accident, a laissé un blanc, et a mis le reste du mot au delà du creux.

La formule עם ישני חברון est assez rare dans les inscriptions. Elle se trouve dans la *Seliḥa* (élégie) intitulée שופט כל הארץ, dite le matin de *Kippour,* et feu David Kaufmann l'a trouvée employée sur une inscription qu'a reproduite El. Carmoly dans les אמרי שפר (p. 28). D. Kaufmann a observé qu'elle est l'équivalent abrégé de la formule usitée dans les obituaires juifs : « que son âme repose en paix, avec les âmes d'Abraham, d'Isaac et de Jacob, de Sarah et Rébecca, Rachel et Léah », lesquels, comme on sait, sont enterrés à Hébron. Dans les inscriptions tumulaires chrétiennes, on a vu —

---

[1] *Boletin*, t. XII, p. 17 et suiv. Voir fig. 2.
[2] *Revue des études juives*, t. XVI, p. 274-275.

par les travaux d'Ed. Le Blant — que l'on mettait aussi des formules tirées du rituel des prières.

La date רף ne peut pas représenter (5)280 = 1519, car en cette
année il n'y avait plus de Juifs en Espagne; ni faire supposer (תת)רף
5080 = 1319; en ce cas, on n'aurait pas écrit les mille, mais seulement ף, 80, sans compter que le caractère archaïque de l'inscription prouve que la pierre est plus ancienne. Il faut donc admettre
un chiffre (ת)רף, soit (4)680 de l'ère de la création, ou 11 mar-
ḥeschwan 4680 = 9 octobre 919.

A sa notice sur cette pierre, le R. P. Fidel Fita a joint des notes
sur les Juifs de Calâtayud, 1° en reproduisant un acte du 11 janvier 1390, contenant une transaction entre la communauté juive
et le Conseil de Calâtayud pour le fait de la réparation du mur de
la ville et du curage d'un fossé; 2° en décrivant une inscription
funéraire de la même ville, au texte perdu, mais dont une copie
est mentionnée au Ms. I 214 de la Bibliothèque nationale à Madrid;
elle est du xiv° siècle, et se réfère à un certain Mose b. Josef Cabra.

A défaut de reconstitution de l'épitaphe, qui formait, à ce qu'il
paraît, un petit poème faisant honneur à l'inspiration des rabbins
de Calâtayud, voici la donnée historique à ce sujet, d'après le ms.
précité de la bibliothèque madrilène (f. 38 b) :

« Por los años de 1690, descubriendo un labrador de la ciudad
de Calatayud unas ruinas a las espaldas de la Iglesia colegial de
Nuestra Señora de la Peña, oy casa de clerigos Menores de Francisco
de Caraciola y Angustia Adorno[1], para ampliar una hera debaxo
de unas casas muy paxizas, que miran el Oriente, encontró tres o
quatro sepulcros de piedra muy grandes, y en la testera de uno de
ellos una piedra blanca de media vara en quadro; y haviendo hecho
grande averigriacion con personas doctas de España, no se ha en-
contrado quien la haya podido descifrar. Alguno entendió habia
letras phenicias. Lo que havemos podido rastrear es lo siguien-
tes....[2] »

Les calques des 4 épitaphes mentionnées là ont été envoyés à
l'Académie de Madrid; mais, par suite d'un accident, ils ont été
brûlés, sauf un, dont l'esquisse assez informe laisse seulement

---

[1] Elle a eu cette destination depuis l'an 1632. Voir La Fuente, *Historia de
Calâtayud*, t. II, p. 405.

[2] Le dessin, par inadvertance du relieur, fait face au fol. 87.

apparaître le nom de « Moïse, fils de Josef Cabra », sans indiquer de date précise.

§ 2. La Coruña.

Trois pierres tumulaires intéressantes ont été découvertes vers 1874, dans le voisinage de La Coruña (province de Galice, au N. O. de l'Espagne), non loin d'un endroit appelé La Palloza, près de la mer et d'un petit ruisseau qu'on appelle encore *arroyo de los Judios*. À cet endroit, il a dû y avoir jadis un cimetière juif. — Les épitaphes qui s'y trouvent sont curieuses par les mots espagnols qu'elles renferment et par l'écriture qui est ancienne. On y remarquera surtout d'intéressantes ligatures. D'après une très fidèle copie au crayon, Isidore Loeb a publié les trois fac-similia [1], avec lectures et explications suivantes :

I. דונה יושתה, « Dona Justa ». Les actes castillans de la Galice, dit le R. P. Felix Fita, portent d'ordinaire *dona*, non *doña*; tandis qu'une pierre à Béjar [2] porte l'orthographe דוניא, correspondant à Doña, muni du tilde. Avec le nom *Justa*, on peut comparer le nom « Samuel bar Justo », à Vienne-en-Dauphiné. Voir *Inscriptions hébraïques de la France*, p. 187-188 (45-46).

II. אברהם בר מאיר ן׳ פרץ « Abraham b. Meir, fils de Pereç ». On remarquera la forme archaïque du *yod* dans le nom de Méir, dont on ne trouve l'équivalent que dans les inscriptions les plus anciennes. Pour le מ et le פ, voir par exemple Chwolson, *Corpus inscript.*, n° 86.

III. דונה . . . מוגיה די דון ליצחק . . . נ״ע « Dona . . . muger (femme) de Don Isaac, reposant au Paradis ». Le second mot est difficile à lire. Le R. P. Fidel Fita propose la lecture פלאי, ce qui peut donner « Pela », ou, avec ה sous-entendu « Pelaia ». On ne connaît pas d'autre exemple où le פ a la forme adoptée ici, ni une semblable ligature des lettres לא. L'avant-dernier mot est non moins difficile à lire :

<hr>

[1] *Revue des études juives*, t. VI, p. 118-119.
[2] *Ibid.*, p. 150-151. Cf. ci-après § 6.

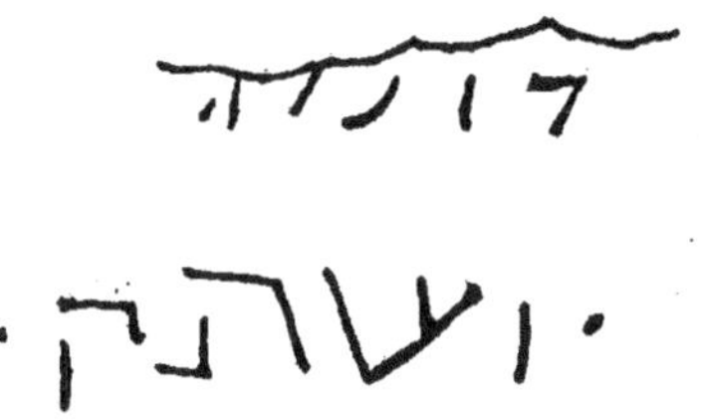

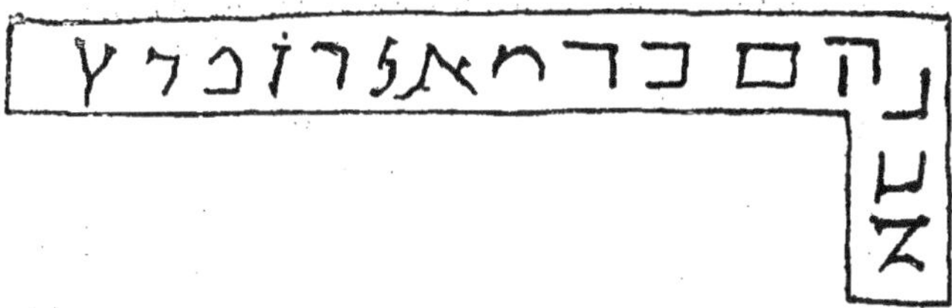

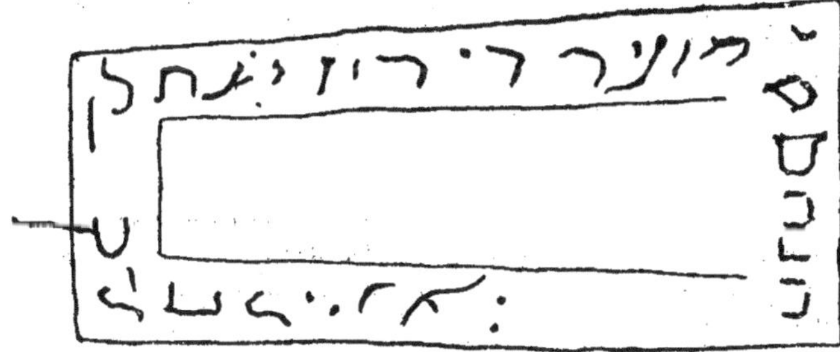

Fig. 3.

Isid. Loeb (*ibid.*) lit par conjecture מקרילי « *de Carelle* », situé à quelques lieues de La Coruña.

Dans la troisième inscription, le R. P. Fidel Fita [1] lit le nom de femme סטי qu'il transcrit *Ceti* [2], et il ajoute avec raison que l'inscription diffère notablement, au point de vue paléographique, des deux autres inscriptions, et paraît bien plus moderne.

On y trouve mentionnée la localité *Carril*, comme lieu de provenance de Don Isaac, sans que l'on puisse fixer un choix entre les diverses localités de ce nom, propres à la province de La Coruña. Dans sa capitale, non loin du site de la Palloza où se trouvent les trois pierres, s'ouvre une rue appelée « de la Sinagoga »; dans cette voie, le n° 4 occupe un emplacement où fut jadis un sanctuaire israélite; les vestiges qui en subsistent encore aujourd'hui consistent en une citerne, creusée dans le roc à vif, où coule toujours de l'eau claire : elle servait de bain rituel, ou *Miqvéh*.

Selon les traditions conservées, des Juifs de Monforte vinrent habiter la ville de Ares, distante à 5 lieues de Ferol et de Puentedeume, à 5 lieues de Betanzos. On l'appelle vulgairement *Bichos;* les maisons ou habitations qu'on leur assigne se distinguent d'aspect par un escalier extérieur qui, de la rue, donne accès aux étages supérieurs. On dit, en outre, que l'église paroissiale Sainte-Eulalie de Lucre conserve des arcs en fer, qui sont des vestiges de construction de l'antique synagogue.

Il est heureux qu'un moulage de ces curieux textes se trouve conservé au Musée national de Madrid; c'est un gage de conservation.

§ 3. CARMONA.

Dans une courte notice sur diverses inscriptions, sceaux et monnaies trouvés dans la Bétique [3], D. Maria Trigueros consacre une partie de la planche IV à deux inscriptions hébraïques, toutes deux découvertes — à ce qu'il paraît — à Carmona, près de la fon-

---

[1] *Boletin*, t. XII, p. 35o.

[2] De même, M. le Grand R. Isaac Bloch a lu ce nom de femme : *Sitti*, encore usité au Maroc; c'est un diminutif du mot arabe qui signifie « maîtresse » (*R. É. J.*, t. VI, p. 3₁7).

[3] *Memorias leterarias de la R. Academia Sevillana*, t. I, 1773, p. 3₁9.

taine de la Pascarita à l'Alcazar. Elles portent, sur cette planche, les n°ˢ d'ordre III et IV, à la suite de deux textes arabes en lettres coufiques. Voici la partie hébraïque :

I.

מועדי יי" אשר תקראו אתם מקרא קדש (1)

בקרית הכרמאני בשנת ארבעת אלפים ושבע מ

מאות וששים ר"משח בר עבדי בר שלמה בר ע

עבדייהו ב"ר עדן   שלם

Fêtes de l'Éternel que vous nommerez appel saint.
Dans la ville de Carmona, l'an quatre mille sept
cent soixante, R. Moïse b. R. Abdi b. Salomon
b. Obadia, reposant à l'Éden. — Paix.

Supposons que l'inscription est bien copiée; c'est une dédicace synagogale de l'an 1000. — A la fin des lignes 2 et 3, une lettre isolée est l'amorce des lignes suivantes. — A la ligne suivante, 4, l'abréviation בר a été mise par erreur de dittographie, entraîné par les trois locutions précédentes : sans doute le copiste a mal lu ces 2 lettres, qu'il faut certes rectifier en נחו « il repose », s'adaptant au mot suivant : « dans l'Éden ».

II.

קושיהובן געלבן איה

שלם לקדושים בארץ

Les 2 derniers mots sont pris au Ps. XVI, 3; le reste est incompréhensible. De ce défaut de sens, le R. P. Fidel Fita (2) infère que ces textes sont faux. Ne suffit-il pas de constater beaucoup d'erreurs, soit du copiste, soit du graveur ?

Cette idée est suggérée par la publication d'une 3ᵉ épitaphe, de lecture non douteuse, mais d'un site suspect de la même localité, donnée par Trigueros, en une planche distincte. Elle est ainsi libellée :

III.

[פה]נקפד ר' משח בר אברהם בר צרשל

ב' ברוך תהי נפשו בגן עדן בשנת חמש

אלפים ומאה ושלש ותשעים ליצירה

<hr>

(1) *Lévitique*, XXIII, 2.
(2) *Boletin*, t. XVII, p. 170-173.

Ci-gît R. Moïse b. Abraham b. Çarsel
b. Baruch. Son âme sera dans l'Éden, l'an cinq
mille cent quatre vingt treize de la Création (= 1433).

C'est une des rares épitaphes trouvées en Espagne, qui atteint
le premier tiers du xv° siècle : il en résulte des doutes sur son authenticité.

§ 4. Monzon de Campos.

A Monzon de Campos, ressort d'Astudillo (Palencia), on trouve
les ruines d'un antique château, à 800 mètres au nord de la ville,
aux pieds duquel coule la rivière Carrion. Juste au bord du fossé
extérieur de ce castel, un cultivateur a découvert, en 1890, par le
tracé de sa charrue, un sépulcre d'enfant couvert par deux pierres
qui contiennent la même inscription hébraïque. De ces deux pierres
en granit blanc, la plus grande, ou du moins la mieux conservée,
mesure o m. 82 de hauteur sur o m. 25 de large; la plus petite a
o m. 25 sur o m. 20. Dans le sol, qui est un aggloméré de silex, le
sarcophage avec les restes d'un frêle enfant a été conservé sur place;
les pierres ont été remises au Musée provincial d'archéologie. Voici
le texte complet, tel que l'a publié le R. P. Fidel Fita[1] :

זה קבר של ר' שמואל	Ceci est la tombe de R. Samuel[2],
בר שלתיאל הנשיא	fils de R. Schaltiel le *Nassi*, sur
שנפל הבית עליו ונפטר	qui la maison s'est écroulée. Il est décédé
תחתיה יום שלישי טו	sous elle le 3ᵉ jour (mardi) 16
ששה עשר יום בירח	seizième jour du mois d'
אלול שנת ארבעת	Eloul l'an quatre
אלפים ושמנה מאות	mille huit cent
וחמישים ושבע עה	cinquante-sept (la paix sur lui)
ל[בריאת] עילם נע	de l'ère de la création. Il repose au Paradis.

La date correspond au jeudi 27 août 1097 de l'ère vulgaire, et
un énoncé similaire dans la façon de dater l'ère juive se retrouve

---

[1] *Boletin*, t. XXV, p. 488-491.

[2] Ce fut peut-être un autre fils de Schaltiel, qui accompagna D. Berenguer IV,
dans son expédition contre la Provence.

dans l'inscription de Puente-Castro[1], qui est de l'an 1100. La comparaison des types entre l'un et l'autre texte donne les caractères paléographiques de l'écriture hébraïque à la fin du xie siècle, dans les provinces de Castille et de Léon.

Le titre de *Nassi* (prince), attribué ligne 2 à Schaltiel, ne prouve pas que le père du jeune Samuel ait exercé cette autorité suprême sur tous les juifs de la Castille; mais elle vise la descendance (plus ou moins authentique) du « prince » Schaltiel nommé dans la prophétie de Haggée (I, 1, 14; II, 2). Il est bien possible que ce rabbin ait été en grande faveur auprès du roi D. Alfonso VI; mais les documents pour le prouver font défaut.

A la fin des lignes 4, 8 et 9, il y a deux lettres qui sont surmontées de points comme signes d'abréviation, moins nettement gravées que le reste, par suite des défectuosités de la pierre à l'extrême gauche : Ce ne sont pas des répétitions de la ligne suivante, comme il arrive souvent dans les épitaphes où le lapicide n'a pas voulu laisser de place libre. Le R. P. Fidel Fita, guidé sans doute par des textes similaires, avait cru devoir lire chaque fois l'eulogie abrégée נע « qu'il repose au paradis ». Vérification faite sur la photographie, il nous semble plutôt voir, ligne 4, un ט, puis (moins nettement) un ז, soit les nombres $9 + 7 = 16$, selon la façon courante d'indiquer טו pour 15 et טז pour 16, chiffre écrit ensuite en toutes lettres, à la ligne 5.

De même, ligne 8, il semble qu'il y ait l'eulogie abrégée עה (pour עליו השלום « sur lui la paix »), mise là comme remplissage, et enfin ligne 9, à la fin, l'eulogie נע (נוחו עדן « il repose au Paradis »). Le tour de phrase des lignes 3 et 4 est incorrect, écrit M. Israël Lévi au P. Fita, dans sa lettre du 9 mars 1894 : « quant au יום שלישי, dit-il, si ce n'est pas une erreur du lapicide, on peut à la rigueur admettre qu'il se rapporte au נפטר, « mort le 3e jour » de l'écroulement de la maison. Ce serait incorrect, mais l'inscription est très fautive. Ainsi בית est pris pour un féminin, תחתיו est au lieu de תחתיה. — נפטר est également impropre avec un autre complément que לעולמו, ou son terme analogue ». Toutefois, l'expression « 3e jour » peut aussi désigner le jour de naissance de l'enfant frappé dans son berceau par l'écroulement de la maison.

[1] Ci-après, § 5.

§ 5. Puente-Castro.

1. A Puente-Castro, ou Castro de los Judios (prov. de Léon),
une pierre tumulaire en marbre, de o m. 35 de large sur o m. 40
de haut, conservée au Musée archéologique de cette ville, contient
une inscription en 11 lignes, mutilée en tête. La voici :

1   [זה] הקב[ר] ל[מ'] [יח]יה ב[ן]

2   מ' יוסף בן עזיז הצורף נ[פטר]

3   בן חמש וששים שנה באח[ד]

4   בשבת חמשה עשר יום ליר

5   לירח כסליו שנת שמונה

6   מאות וששים ואחד למנין

7   ליון מתא הקבה יזכהו

8   ויסלח עונותיו ויכפר חֹטֹ

9   חטאתיו וירחמהו וייער

10   ויעמדהו לגורלו לקץ היטין

11   ויחייהו לחיי העולם הבא

Ce tombeau est celui de Mar Yaḥya, fils de Mar Joseph [1], fils d'Aziz
l'orfèvre, mort le 1ᵉʳ jour de la semaine (dimanche), le 15ᵉ jour du mois
de Kislev, l'an huit cent soixante et un d'après l'ère de la ville de Léon.
Puisse Dieu le trouver pur, lui pardonner ses fautes, absoudre ses péchés,
le prendre en commisération et lui réserver son sort à la fin des temps,
et le faire revivre pour la vie du monde futur (= 18 novembre 1100).

Le 1ʳᵉ ligne a été complétée par Isidore Loeb [2], « quoique la restitution lui paraisse douteuse », d'après une photographie que lui
avait envoyée le R. P. Fidel Fita. — À la fin des lignes 4, 8 et 9,
il y a des lettres inutiles, faute de place pour graver le mot complet, recommencé à la ligne suivante.

2. La plus ancienne en date des inscriptions hébraïques trouvées à Puente del Castro de los Judios est celle qui a été décou-

---

[1] C'est peut-être le Iucef nommé dans des actes latins des ans 1021-1026,
dit le P. Fita, *Revista de Asturias*, ann. IV, n° 21, 15 novembre 1880, p. 333.
[2] *R. É. J.*, t. II, p. 135. Voir fig. 4.

[23]   — 251 —

verte tout récemment[1], longtemps après les textes relatés ci-dessus.
Elle est ainsi conçue, selon la note que vient de lui consacrer le
R. P. Fidel Fita[2] :

זה הקבר לם יהודה	C'est la tombe de Maître Juda,
בר ם אברהם הנשיא	fils de Me Abraham le Nassi (chef)
בן קטנא ונפטר לבית	fils de Cotna. Il a passé à la maison[3]
עוֹלְמוּ בן חֲמשה וארבעים	de son monde (futur), âgé de quarante-cinq
שָׁנה בְּסוֹף חֹדֶשׁ ניסן	ans, à la fin du mois de Nissan
שנת אַרְבַּעַת אלפים	l'an quatre mille
ושמונה מאוֹת וחמשים	et huit cent cinquante-
וארבעה לבריאת עולם	quatre de l'ère de la création
למנין ליון מתא הקבח	selon le comput de Léon la ville. L'Éternel
יתן לו חלק עם [שאר]	lui donnera part avec les autres
הצדקים אמן [סלה]	justes[4]. Amen. Selah.

On ne saurait affirmer si « la fin de Nissan », donnée ici comme
date du décès, se réfère au 29 de ce mois[5]; mais, s'il en est ainsi,
elle correspond au 29 avril 1904.

Le correspondant de la R. Académie d'histoire de Madrid,
Don Eloy Diaz Jimenez, à Leon, a joint la lettre textuelle suivante, à l'envoi qu'il a fait au P. Fita, le 13 décembre 1906 :

« Adjunta le envío la fotografía de la nueva lápida hebrea. Des-
cubrióse, en la primavera pasada, por Santos Ordas, labrador, en
una tierra de su pertenencia, sita en la cuesta de la Candamia, á
la izquierda del camino que conduce por aquella al pueblo de Golpejar. La inscripción se halla abierta en la cara inferior del plinto
de una basa de columna, siendo las dimensiones las mismas de
una de las otras, que remití á usted hace tiempo, y de las que
hizo un estudio luminoso. La piedra es caliza. Espero que no sea
la última que facilite á usted, pues he logrado despertar la codicia

---

[1] Voir fig. 5.
[2] *Boletin*, t. L, p. 33-35.
[3] Allusion à *Ecclés.*, XII, 5.
[4] *Ps.* CXXV, 3; *Isaïe*, XIV, 4.
[5] Le doute s'impose, en raison de l'ambiguïté du mot « fin » appliqué au
mois de Nissan : puisque ce mois a 30 jours, il se trouve que le dernier jour
réel est le premier de la néoménie du mois suivant, ou Iyar. Peut-être même
le jour est-il vaguement désigné, « vers la fin ».

de los labradores del Puente del Castro de los Judíos; y cuando se
levanten, en el estío que viene, los frutos de sus tierras, se dedi-
carán con anhelo á este género de exploraciones. »

§ 6. Béjar.

Dans la petite localité de Béjar, district de la fameuse université de Salamanque, il existe une assez grande pierre à inscription
hébraïque, sise dans l'école de garçons qui est installée au milieu
de l'antique palais des Ducs. Elle mesure 1 m. 55 en largeur sur
o m. 67 de hauteur. Chaque lettre a 17 centimètres de haut; ce
sont les plus grandes que l'on connaisse en ce genre; aussi, bien
que la photographie ci-jointe laisse à désirer, mal venue en raison
de la situation de la pierre, elle est des plus curieuses pour la
paléographie de cette époque et de cette contrée. L'inscription
est ainsi conçue et disposée [1] :

דוניא פארואיגניא

ת

כבודה בת מלך   פנימה

Doña Parveña.
Toute resplendissante est la fille de roi dans son intérieur [2].

Le nom de la défunte [3], que l'on ne retrouve plus de nos
jours, équivaut peut-être au castillan Orneña (bas-latin Auronia
ou Auriniá), nous dit le R. P. Fita, dans sa lettre particulière
d'envoi du 28 décembre 1906. Il va jusqu'à supposer une parenté
de nom avec celui de Parvim, פרוים (II *Chron.*, III, 6); c'est une
hypothèse un peu subtile.

L'eulogie qui suit, disposée comme une couronne d'ornement,
fait probablement allusion aux vertus domestiques de cette femme,
qui avait à cœur de rendre sa maison agréable et d'élever les sentiments religieux de sa famille, pour le plus grand bien des siens.

[1] Voir fig. 6.

[2] *Ps.* XLV, 14.

[3] Pour la philologie, on remarquera la transcription de la voyelle *é*
(longue) par les lettres אי, et non par י seul.

En raison de ces obscurités matérielles dans la lecture de notre inscription, une copie avait été envoyée au savant dominicain P. Lagrange, à Jérusalem, qui, — à la suite d'un article expliquant et commentant diverses pierres de Palmyre, — s'est exprimé sur notre sujet en ces termes [1] :

« M. le professeur Eloino Nácar, du Collège de Calatrava à Salamanque, a eu la bonté de m'adresser copie d'une inscription hébraïque gravée sur un bloc de granit et qui se trouve près ou dans la ville de Bejar. Elle semble avoir fait travailler les têtes, car un certain D. Nicolas Diaz en aurait publié la traduction suivante, dont mon distingué correspondant a reconnu, sans peine, l'absurdité : « Mon Seigneur, je me trouve en ta présence ; toi mon « aimé, protège ma maison et m'y garde ! » M. Nácar a bien vu qu'il s'agit d'une pierre tombale. »

Cet hébraïsant reconnaît dans la seconde lettre du nom propre de femme, à la première ligne, non un ר, mais un ד, et il lit : דוניא פדואיני, « Doña Padueni », nom suivi d'une seconde ligne évidemment tirée du *Ps.* XLV.

Il ajoute ensuite, par une précaution que l'on peut qualifier d'excessive : « Il y aurait quelque intérêt à savoir si cette inscription écrite en caractères carrés est antérieure à l'expulsion des Juifs d'Espagne. » Évidemment oui, elle doit être antérieure : D'abord, en raison même des termes, elle ne peut pas être postérieure à l'expulsion ; époque à laquelle toute manifestation extérieure de judaïsme entraînait les foudres de l'Inquisition ; ensuite, la beauté des caractères est une marque bien nette du XIVᵉ siècle, ou même du XIIIᵉ, date contemporaine de l'apogée du séjour des Hébreux en Espagne.

D'après cette version du P. Lagrange, une traduction espagnole a été publiée par D. Eloino Nácar y Fuster, professeur d'Écriture sainte et lecteur canonique au Collège Salamantin de Calatrava ou École d'études supérieures [2]. Il remarquait avec raison que le nom *Padueni* n'est ni hébreu, ni même espagnol. Il aurait pu émettre l'idée que le nom du mari de cette femme était probable-

---

[1] *Revue biblique internationale*, t. XI (Paris, 1902), p. 99.
[2] *Boletin eclesiastico del obispado de Salamanca*, n° du 11 mars 1902, p. 89-90.

ment celui d'un immigrant de l'Italie, venu de Padoue; cette hypothèse ne nous semble pas impossible. Le même professeur fait,
en effet, observer que la transcription de la première ligne est peut-
être incomplète, rappelant que lorsqu'il a examiné pour la première
fois l'inscription à l'emplacement où elle se trouvait alors, il a noté
qu'à la fin de la première ligne il y a un ou deux signes moins
clairement lisibles que le reste. Ces deux derniers caractères pa-
raissaient alors être un א et un ם, ou un א seul. Peut-être, une
mauvaise distribution de l'espace laissé pour la gravure a pu obliger
le lapicide à resserrer son travail, à écrire les deux dernières
lettres en une forme légèrement différente des autres. Par suite de
ces consciencieuses hésitations dans la lecture, M. Nácar a cru
devoir lire la première ligne, en trois mots ainsi disposés :

דוניא פא דואיניא

Doña Fe dueña.

La présence du prénom *Fé* nous sourit beaucoup; par contre,
la présence du qualificatif *dueña* nous semble moins justifiée, vu
la date de ce texte.

Reste un autre point douteux, judicieusement soulevé par le
P. Fita [1], celui de savoir si l'inscription lapidaire de Bejar est
une épitaphe, pierre tombale provenant du cimetière juif de cette
ville, ou si c'est un fragment soit de dédicace synagogale, soit
d'une simple restauration exécutée aux frais de cette pieuse
femme.

Ce doute est légitime; il provient de ce que le texte, évidemment complet, ne contient pas un mot faisant seulement allusion
à un décès. Il est bien vrai que les deux lettres tracées verticale-
ment à droite de l'inscription, entre la ligne supérieure et la ligne
inférieure, peuvent aisément se lire ם ב, surmontées de points.
S'il en était ainsi, elles constitueraient l'abréviation de l'expression
cent fois abrégée sur les épitaphes מ[נוחתה] ב[כבוד] «son repos est
dans la gloire », ou : « elle repose glorieusement »; mais, ne se
heurte-t-on pas alors à une tautologie, avec le mot qui suit immédiatement, le premier de la ligne inférieure, qui est nettement

<hr>

[1] *Boletin de la R. Academia*, t. L, p. 91. Cf. p. 75-78 et 81-96.

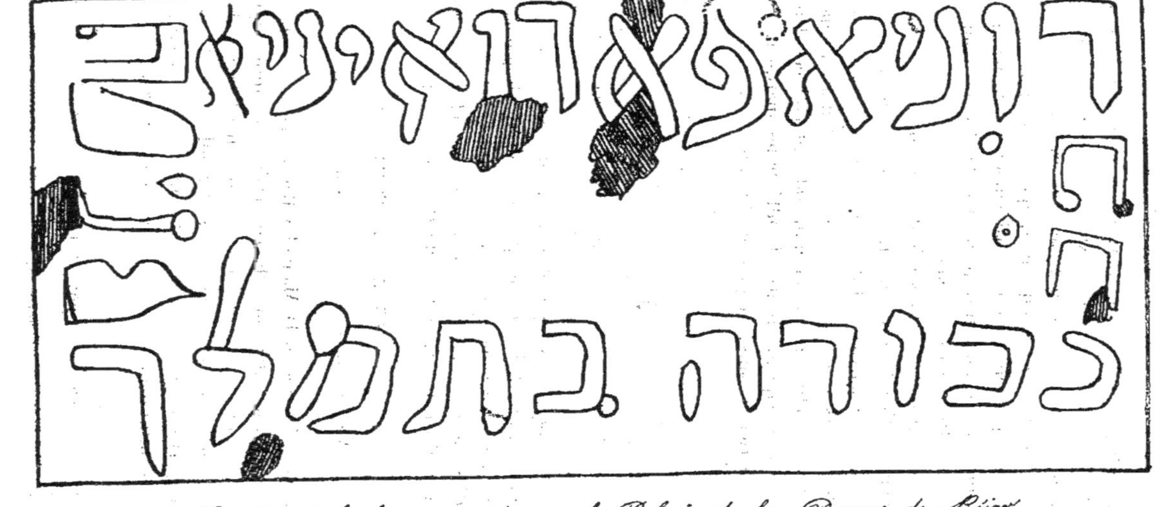

Lápida sepulcral, encontrada en el Palacio de los Duques de Béjar.

Fig. 7.

כבודה ? De plus, malgré les apparences, comment décapiter de son initial כל l'hémistische du *Ps.* xLv, 14, dont la première particule est jointe au reste, dans le texte consacré, par un trait d'union, par un *Makaf?* Le point qui nous apparaît au-dessus de la seconde lettre prise pour un כ n'est probablement que la tête bien accentuée du ל, à base un peu trop angulée, tandis que, d'autre part, la première lettre est très arrondie.

Ensuite, il est peu admissible de voir une date, l'an 42, dans les deux susdites lettres, sans qu'elles soient ou précédées du mot שנת « l'an », ou suivies de l'abréviation לפק « du petit comput ». En cas de recours à un chronogramme, comme il arrive maintes fois, les lettres à mettre en compte numéral sont pointées dans le verset cité, et le lapicide avait la faculté de les marquer ici dans la ligne inférieure, sans tronquer ou diminuer l'eulogie.

Enfin, une observation très ingénieuse a été faite, c'est que les valeurs numérales de toutes les lettres de la première ligne, donnant le nombre 224, ont pour équivalent égal, ou 224, les valeurs de mots des lignes 3 et 4; mais on conviendra que c'est un pur hasard de coïncidence, puisque dans ce dernier chiffre n'entrent que certains mots, pas tous.

A ce propos, il est opportun de mentionner l'unique inscription synagogale à Salamanque, placée au-dessus de la porte d'entrée de la « nouvelle synagogue », ainsi nommée par opposition à la grande synagogue, la vieille. L'inscription, telle qu'elle subsistait en 1411, donnait le verset 20 du *Psaume* cxviii :

זה השער לי"י צדיקים יבואו בו

Voici la porte de l'Éternel; les justes y entreront.

En effet, l'historien D. Manuel Villar y Macias raconte[1] comment ces synagogues ont été converties en églises, après avoir parlé du cimetière juif de cette ville, du quartier des Juifs (*barrio*), de leur hospice, de leurs rues et Sambenitos, de même que d'autre part on déplore l'absence de toute épitaphe pour Plasencia, dont la communauté juive a joué un rôle important[2].

---

[1] *Historia de Salamanca* (1887), t. 1, p. 81-82, -376-374, 473-474; t. II p. 37, 97.

[2] *Historia de Plasencia* (1627), p. 154 et 555.

[29]

§ 7. Lucena.

A Lucena (province de Cordoue), a été enterré le Rabbin Isaac
Alfasi, nom communément abrégé en ריף. De ce savant commentateur du Talmud, qui est décédé le 10 Siwan 4863 (= 19 mai
1103), la tombe était encore visible au temps d'Isaac Abravanel,
d'après ce que dit cet écrivain dans son livre d'exégèse biblique
משמיע ישועה (édit. Offenbach, 1767, fol. 80). On connaît la date
du décès par le livre *Youhasin* (fol. 132), que rappelle David Gans[1],
reproduisant ensuite l'inscription en vers, qui se trouvait sur la stèle
de ce rabbin, écrite en ces termes :

שבר אשר היה לזכרון	כתבו בעט ברזל עלי שמיר
אבלו לכל יבא לדור אחרון	יכלו ימות עולם התחדש
נקבר ועולם בא בעורון	אמרו בקבר זה מקור חכמה
תורה והורידה עדי גרון	יום נצלה חליה ונזמתה
עליו הילילו בשברון	באו בני ציון ובמרירות
בו נשברו לוחות הארון	כי חק ספוד ובכות עלי מקום

Avec un burin de fer gravez sur la pierre dure la perte inoubliable !
Le cours du temps passe, et le deuil se renouvelle pour chaque génération. Dites : dans cette tombe est enterré un puits de science, et le monde
tomba en cécité au jour où la Loi fut privée de sa parure, où l'ornement
fut arraché de sa gorge. Venez, fils de Sion, et amèrement gémissez sur
cette blessure. Il convient de la déplorer et de pleurer sur le lieu où les
tables de l'arche ont été brisées.

On se demande si l'élégie composée à la mémoire d'Alfasi n'était
pas plutôt fixée dans la pensée de ses amis qu'écrite sur pierre,
puisque l'historien Gans ne donne que 5 vers d'épitaphe, tandis
qu'en réalité elle avait 6 vers, telle qu'on la retrouve dans les œuvres
de l'auteur, le poète Moïse b. Ezra.

En fait, outre les 6 vers d'épitaphe, on lisait à la suite un com-

---

[1] Il dit que le décès est survenu à אלוסינא (= *Élusina*, comme on disait
alors), le samedi onze Iyar 4963, après avoir écrit (selon le *Youhasin*) 863,
Alfasi ayant l'âge de 90 ans.

plément d'inscription en prose, selon la mode du temps, contenant un long panégyrique du défunt, avec la date précise du décès, en ces termes [1] :

נגנז בקבר זה ראש הראשים ואלוף הקדושים ומחכים הישישים וחכם
חרשים הנזר והצפת האות והמופת יחיד העולם ופלאו ממזרח שמש ועד
מבואו הר התורה מקור הבינות ושמעו חולך בכל חמדינות הרב הגדול
המעוז המגדול אלופני זרוח אפנו ככב נשפנו ואור עפעפינו הצדיק העניו
אשר כמהו לא היה לפניו מר רב יצחק בן כבוד ר' יצחק בן כבוד ר' יעקב
נוחם עדן נכסף אל קדושו ושבת אל אלהים נפשו יום שלישי בשבת
בעשרה ימים לחדש סיון שנת תתסג לבריאת העולם יום עברה היום
ההוא יום צרה ומצוקה יום חשך ואפילה יום ענן וערפל יום קדרו שחקים
ואורותם ושק הושם כסותם חככבים אבלו והגבעות התקלקלו וכל ישראל
נכהלו עלה אל הישיבה העליונה זקן ושבע ימים לובש שבח ומהללים
ושם גדול בשם הגדולים לתת לו מהלכים בין השרפים המלאכים בסתר
עליון יהיה מנוחו ובצל שדי ישב נצחו וזיו השכינה ילך נכוחו תורתו
תהא מבטחו בשכבו תשטר על רוחו ובהקיצו היא תשיחו יעמד לגורלו
ובכנין בית זבולו יעלה דרך גבולו וכן יהי רצון

Dans cette tombe est enterré le chef des chefs, le prince des saints, qui assagit les gens vénérables, un savant merveilleux, le diadème et le chapiteau, le signe et le miracle, l'unique au monde, la merveille du lever du soleil à son coucher, la montagne de la Loi, la source de la compréhension; sa renommée parcourt toutes les provinces, le maître grand, puissant, la forteresse, notre capitaine, le souffle de notre narine, l'étoile de notre crépuscule, la lumière de nos yeux; le juste, le modeste, dont l'égal n'a pas existé avant lui; maître Rab Isaac, fils de l'honoré R. Isaac, petit-fils de l'honoré R. Jacob, qui (tous) reposent au Paradis. Il a rejoint son origine sainte, et son âme est retournée à Dieu le 3e jour de la semaine (mardi), le dix du mois de Siwan, l'an 863 de l'ère de la Création.

Cette journée fut une calamité; ce fut un jour de malheur et d'oppression, jour de ténèbres et d'obscurité, jour de nuage et de brouillard, jour où les cieux et leurs luminaires furent obscurcis, où ils se sont revêtus d'un cilice. Les étoiles ont pris le deuil; les collines ont fléchi, tout Israël a été effrayé. Il est monté à la résidence supérieure, âgé et rassasié de jours, revêtu de louanges et de glorifications. Il porte un nom

---

[1] Ce complément d'épitaphe a été publié par El. Carmoly, sous la rubrique חקוקי אבן «pierres gravées» (d'après le Diwan ms. d'Ibn-Ezra), dans son recueil *Imré Schéfer*, p. 20-21. Cf. S. D. Luzzatto, *Abné Zicaron*, p. 72.

élevé parmi les grands, qui lui donne accès parmi les Séraphins et les anges. A l'ombre du Très-haut sera son repos, et sous l'aile du Toutpuissant il résidera à jamais : l'éclat de la Providence rayonnera à sa rencontre. Sa loi sera sa sécurité : pendant qu'il sera couché, elle veillera sur son esprit, et quand il s'éveillera, elle parlera pour lui. Il se lèvera à l'appel de son sort, et lors de la reconstruction de sa maison d'habitation, il montera le chemin de son domaine. Ainsi soit-il !

Les vers (seuls) de l'épitaphe ont été reproduits par la plupart des historiens juifs, par David Gans, dans son *Cemah David* (édit. Prague, I, f. 54ª), par le *S. Youhassin*, par le *Derekh tamim*, par Iman. Aboab dans sa *Nomologia* (p. 274), et dans les extraits d'un Diwan de Moïse ben Ezra, parus dans le recueil *Kérem Chémed* (t. IV, p. 93). Outre la version latine par Jean Bened. Carpzow, en note au « Ius regium Hebræorum » de Wilh. Schickard (p. 88), et la version espagnole par Rodrigue Caro, dans ses « Antiquités de la ville de Séville » (l. I, chap. 23), la meilleure traduction a été donnée en allemand, par Ab. Geiger, dans sa *Wissenschaftl. Zeitschrift für Jüdische Theologie* (t. II, p. 368-369), puis reproduite, avec le texte hébreu, cette fois bien exact en 6 vers, par Julius Fürst, dans l'Orient (*Literaturblatt*, 1841, n° 50, col. 772-773), accompagnée de 3 distiques sur le même sujet par le poète Juda Halévi.

§ 8. GRENADE.

A Grenade a été enterré Abou Zakaria ben Yahia. La stèle originale n'existe plus ; mais, à son défaut, on possède le texte complet, vers et prose, de la longue épitaphe composée pour la tombe de ce rabbin par Moïse ben Ezra, son compatriote, dans les œuvres poétiques de ce dernier. En voici les termes [1] :

בקבר זה גביר הדור ופלאו   ומנהיגו והנקרא נשיאו
מגבר את חילי החסדים   והשכל לבד הוא שר צבאו
כליל יופי כאלו אל יצרו   כתאותו ועל חפצו בראו
ואכן בעון הדור לקחו   ואל על מבני תבל קראו
בכו להר אשר חמד אלהים ושת גבהו כבוד שאן ושיאו
ולשמש אשר זרח להאיר   פני עולם וקבר זה מבואו

[1] El. CARMOLY, *ibid.*, p. 21-22.

נענו בקבר זה מזה בן מזה [1] ילד ראשים וגבר קדושים אשכול הכופר
הנותן אמרי שפר יועץ ונבון לחשים תחכמוני ראש השליטים כתר לאומו
ודורש טוב לעמו צנה וסוחרה וחומת נחושה בצורה זית רענן אשר בצלו
נתלונן קצרו ימי עלומיו ועלה בחצי ימיו גם בן ואח אין לו כי אם חסדו
ומהללו. שם טוב ותהלה. ככובבים לעד סלה מעושר וממשפט לוקח בחדש
כסליו שנת תתס"ט

Dans cette tombe est le chef de la génération, sa merveille, son
conducteur, que l'on nomme son prince; il fortifie l'armée des gens
pieux, et l'intellect seul est son chef de corps. Couronne de beauté,
Dieu paraît l'avoir formé à son gré et l'avoir créé d'après son désir.
Pourtant, par la faute de la génération, l'Éternel l'a pris et l'a appelé
du milieu des gens du monde. Pleurez le mont que Dieu a préféré,
tandis que sa hauteur, une gloire magnifique et élevée, s'est inclinée
(s'est retirée); déplorez le soleil qui a brillé pour éclairer la face du
monde, car cette tombe est son couchant.

Dans cette tombe est enseveli un aspergeur (rôle de grand-prêtre)
fils d'aspergeur [2], enfant des chefs, viril parmi les saints, la grappe de
raisins de Chypre, qui émet de belles paroles, bon conseiller; comprenant les mystères, maître en sagesse, chef des supérieurs, une couronne pour son peuple, recherchant le bien pour sa nation, cuirasse et
bouclier, forteresse au mur d'airain, olivier verdoyant à l'ombre duquel
nous séjournions. Ses jours de jeunesse ont été écourtés, et il est
monté au ciel à mi-chemin de sa vie. Il n'avait ni fils, ni frère, si ce
n'est sa grâce et son exemple digne de louange : sa bonne renommée et
son mérite sont à l'égal des étoiles. Selah. A la richesse et à l'exercice
de la justice il a été ravi, au mois de Kislew l'an 869 (= novembre-
décembre 1108) [3].

Les deux premiers vers seulement de ce texte et l'analyse de la
suite ont été publiés par S. D. Luzzatto, tandis que Carmoly a
donné le tout (*ibid*).

---

[1] Cf. ci-après, chap. iii, § 2, Madrid, n° 4.

[2] Allusion à l'apostrophe des docteurs talmudiques lors de la lutte entre
R. Gamaliel et R. Eléazar b. Azaria, pour indiquer l'importance de la descendance. Voir TALMUD JER., tr. *Berakhoth*, chap. iv, § 1, fol. 7^d (trad. I, p. 80);
tr. *Taanith*, IV, fol. 67^a.

[3] Comp. le *Kerem Chémed*, t. IV, 1839, p. 85-86.

§ 9. Léon.

Au musée archéologique provincial de Léon, il y a deux pierres funéraires trouvées près de cette ville par un cultivateur, en labourant son champ situé à La Candamia, sur la route de Golpejar, qui conduit à Puente-Castro, ou « Castro de los Judios ». Toutes deux ont été publiées, avec d'excellentes photographies, par le R. P. Fidel Fita [1].

1.

ז[ה הקב]ר ל[מ' אברהם [מקאס	1
טרו במדינת ליון תוך המדינה בן	2
חמשים שנה האל ינקום דמיו [2] ונהרג	3
בששי בשבה שנים עשרים יום	4
לירח אב שנת שמנה מאות וששים	5
ושתים למנין מתא [3] ליון חקבה	6
יסלח עונתיו ויכפר אשמתיו ויתן	7
חלק עם הצדיקים ותחי נפשו צר	8
צרורה בצרור החיים ויקיץ לחיים [4]	9
ותהי שפכת דמיו כפר אשמיו	10
ויראהז בבנין אולמיו ויחייהו בתחית	11
המתים כב [5] יחיו מתיך נבלתי יקמון	12
הקיצו ורנגו שוכני עפר כי טל ארות	13

טלך וגו

Voici la tombe de Maître Abraham, de Castro, dans la province de Léon, à l'intérieur de la province, âgé de 5o ans. Dieu vengera son sang versé. Il a été tué le 6ᵉ jour de la semaine (vendredi), le vingt-deux du mois d'Ab, l'an huit cent soixante-deux [6], selon le comput de la ville de Léon. Le Très saint, béni soit-il! lui pardonnera ses fautes, absoudra ses péchés et lui assignera une part auprès des justes. Puisse son âme être enveloppée dans le faisceau de la vie; qu'il s'éveille à la vie (éternelle). Que son sang versé serve de rachat à ses fautes. Puisse Dieu lui montrer

---

[1] *Boletin*, t. XLVII, p. 137-147. Voir fig. 8.

[2] II *Rois*, IX, 7.

[3] Cf. ci-dessus, § 5, p. 22.

[4] *Daniel*, XII, 2.

[5] Abréviation du mot ככתוב.

[6] Soit le vendredi 8 août 1102.

la reconstruction [1] de son Temple (à Jérusalem) et le faire participer à la résurrection des morts, ainsi qu'il est écrit (*Isaïe*, XXVI, 19) : « Tes morts revivront, mon cadavre se redressera ; éveillez-vous et chantez, habitants de la poussière, car ta rosée est une rosée de lumières, etc. »

OBSERVATIONS.

La première ligne est très fruste à la fin. La lecture conjecturale primitive du R. P. Fita, consistant à retrouver sur cette place la première moitié de l'expression « de Castro », nous semble plus plausible que la nouvelle lecture טרף « a été ravi », littéralement : « déchiré », adoptée par le savant épigraphiste : la première lecture paraît plus logique, mieux d'accord à titre géographique avec le nom de province qui suit et conforme à l'inscription 2, ci-après ; la seconde lecture serait, de plus, en dissonance avec la construction générale.

Ligne 3 fin. Cette mort violente, explique le R. P. Fita (*ibid.*), doit être le résultat, non d'un martyre (ou d'une persécution religieuse), mais d'un duel judiciaire à la suite d'un grave litige, réglé selon la loi locale, *fuero leones*, qui a été octroyée par Alphonse VI le 31 mars 1091.

Les deux dernières lettres à la fin de la ligne 8 sont pointées, étant annulées, car le même mot est repris au complet ligne suivante.

Ligne 12. Les deux lettres pointées כב sont la première et la dernière du mot ככתוב, « comme il est écrit ».

2.

ז]ה הקבר מם אבישי בר מ'
יעקב נ'ע מן קפסנטיל שנפטר
לב]י[ת עולמו בן עשרים שנה
בירח סיון שנת שמנה מאות
ותש]עי[ם ו]ה[מש שנה לבריאת
עולם למנין ליוון מתא והיה ת
... [2] ובחור וענוו ובישן האל
יזכהו לראות בבנין בית

[1] Nous lisons, non בבית, mais בבנין, d'accord avec la lecture nette dans l'inscription suivante et selon l'usage fréquent de rappeler l'espoir d'une « restauration du Temple » accompagnant la Résurrection des morts.

[2] Il ne peut y avoir là qu'un mot qualificatif, de 3 ou 4 lettres au plus.

המקדש עם כל ישראל

ותהא נשמתו צרורה בצרור

החיים ועם הצדיקים

ועם החסידים ונפשו בכלל

הנחמה אמן וכן יהא רעוא

Ce tombeau est celui de Maître Abisaï, fils de Maître Jacob, qui repose au Paradis, natif de Compostel; il est parti pour la demeure de son monde (éternel) à l'âge de vingt ans, au mois de Siwan l'an huit cent quatre-vingt-quinze de l'ère de la création du monde [1], selon le comput usité dans la ville de Léon. Il a été.... et distingué, et modeste et humble. Dieu lui donnera le bonheur de voir la reconstruction du Temple (à Jérusalem), avec tout Israël. Puisse son âme être enveloppée dans le faisceau de la vie, auprès des justes et des gens pieux, et que son esprit réside dans la généralité de la consolation. Amen. Ainsi soit-il !

OBSERVATIONS.

Ligne 1. Le nom biblique Abisaï (1 *Chron.*, ɪɪ, 16) n'est guère usité parmi les Juifs au moyen âge; ceux de la péninsule ibérique, toutefois, aimaient les noms glorieux, comme celui que portait le fils de Seruya, général des armées de David.

Ligne 2. Dans la transcription hébraïque du nom de lieu Compostel, la lettre *n*, devenue par assonance *m*, a été déplacée de la première syllabe au milieu du mot.

Ligne 6. On remarquera au second mot et au troisième un redoublement inutile de la lettre ׳ comme consonne.

Ligne 8. Au milieu du premier mot, il n'y a pas lieu (selon une supposition qui avait été faite) d'intercaler une lettre ר, pour traduire : «... se souviendra de lui »; car, s'il en était ainsi, le verbe suivant devrait avoir, non la forme neutre, *voir,* mais la forme active, au *Hiphil :* להראות *montrer.*

Ligne 13. L'épitaphe se termine par l'eulogie en chaldéen, au lieu de la formule habituelle en hébreu : יחי רצון, qui a exactement le même sens.

Après avoir publié ce texte, avec photographie, traduction et notes, le R. P. Fita observe finalement que vers la date du décès d'Abisaï, exactement le 26 mai 1135, eut lieu dans la cathédrale

---

[1] Soit entre le 15 mai et le 13 juin 1135, Voir fig. 9.

de Santa Maria à Léon, le couronnement du roi Alphonse VII, prince favorable aux Israélites. En raison des grandes fêtes qui eurent lieu à cet avènement, notre Abisaï a dû venir de Compostel pour assister aux réjouissances à Léon, où il mourut tout jeune.

CHAPITRE III.

XIIe SIÈCLE.

§ 1. AGUILAR DE CAMPOS.

1. A Aguilar de Campos (Palencia), l'église paroissiale de S. Miguel possédait une lampe perpétuelle, brûlant devant l'autel majeur, dont le plateau était orné d'une inscription hébraïque. Celle-ci, dans un manuscrit (D 100, fol. 163) de la Bibliothèque nationale à Madrid, est décrite en ces termes [1] :

« En una lámpara que está en la capilla mayor de Aguilar, hallé estas letras, y las saqué de la misma manera que alli estavan; las quales están a larredónda de una baria grande de açófar. Esta lámpara está pendiente de una cadena de hierro, y tiene ocho á manera de coronas; y mientras más arriba van achicándose; y sobre estas coronas seis bolas de hierro; y de la misma manera que las coronas o ruedas, unas más chicas que otras. — Dicen que colia estar esta lámpara en la sinoga de los Judios, que antiguamento hubo en Aguilar. »

L'auteur de cette notice raconte à quel moment il a vu cet objet archéologique, si précieux, remplacé fâcheusement depuis environ deux siècles par un objet plus luxueux, mais moins antique. La copie informe de l'épigraphe, prise par l'auteur du manuscrit, a suffi au R. P. Fita pour la reconstituer très ingénieusement. Elle se composait de 8 lignes, que le copiste a interverties; il a placé en première ligne la dernière, en seconde l'avant-dernière, et ainsi de suite. Les lettres, déjà défigurées par la rouille et l'usure du temps, ont été encore estropiées davantage par la main inexperte qui les a transcrites, sans comprendre leur sens.

---

[1] Reproduits au *Boletin*, t. XXXVI, p. 345.

[36]

VII,
qui
ostel
ine.

[37]

Autant que l'état du fac-similé permet de juger, les lettres ont le caractère net et ferme de l'écriture hébraïque au xive siècle, encore patente dans les inscriptions de la synagogne de Cordoue [1], ou à Tolède.

La lecture du texte devient aisée comme elle est transcrite ci-dessous; la séparation entre les lignes a été marquée par des traits verticaux, portant en tête les numéros tels qu'ils se suivaient (à tort) dans le manuscrit précité de Madrid :

| [8] ויגדל שמואל ו| [7] יי היה עמו ולא הפיל

|[6] מכל דבריו ארצה ר' | [5] שמואל בר פנחס קרו

|[4] נע מפרדש עשה זו מנורה | [3] בהעלתך את הנרות

|[2] אל מול פני המנורה | [1] יאירו שבעת הנרות

el
r,
as
t-
,
;
a
t

Et Samuel grandit, et l'Éternel fut avec lui, et il ne fit tomber à terre aucune de ses paroles.

Rabbi Samuel [2] fils de feu Pinhas Caro (qui repose dans l'Éden) de Pardes a fait ce lampadaire.

Lorsque tu monteras pour allumer les lumières qui se trouvent en face du lampadaire, les sept lumières luiront.

La restitution des 6 lignes composées de centons bibliques, savoir les lignes 1, 2, 3 et 6, 7, 8, n'est pas douteuse; car les 3 premières sont tirées du 1er livre de *Samuel* (iii, 19), et les 3 autres des *Nombres* (viii, 2). Aux lignes 4 et 5, figure le nom du donateur, sans doute apparenté à l'exégète français Kara.

On suppose qu'au-dessus du plateau inférieur, une série circulaire de sept autres becs formait une couronne supérieure, conformément au texte sacré. Indubitablement cette lampe appartenait à la synagogue d'Aguilar, et elle subit le même sort que les lampes qui brillaient dans la synagogue de Valencia de Don Juan, lorsque cette dernière fut confisquée le 3 avril 1379, lors de la célébration de la Pâque par les Juifs [3].

---

[1] *Boletin*, t. V, p. 202.

[2] Un Samuel Caro, exilé d'Aragon en 1492, s'est réfugié à Marseille (*R. É. J.*, IX, 70). Serait-ce le même?

[3] Voir FIDEL FITA, *Actas ineditas de siete concelios españoles* (Madrid, 1882), p. 217-220.

2. Dans la même ville, sur la porte des remparts qui se nomme Reinosa, il y avait jadis une pierre munie d'une inscription hébraïque. Selon l'assertion de M. Quadrado[1], la porte dite de Reinosa offre, au-dessus de sa clef de voûte, conjointement avec divers écussons et figures, une inscription hébraïque, remontant au xiiie siècle ou au xive, laquelle sans doute se réfère aux nombreux Juifs qui habitaient ce quartier. A la suite de deux lignes rédigées en castillan, dont on peut seulement déchiffrer les mots « Junio, era MCCC... fijo », viennent six autres lignes en caractères hébraïques, réparties entre deux arceaux dentelés, avec figures effritées.

Il est possible que, par une rare bonne fortune, les « arceaux dentelés » qu'a vus M. Quadrado donnent une idée du style architectonique de la synagogue d'Aguilar, et que, parmi les figures abîmées dont il parle il y ait une esquisse de la lampe précitée, comportant sept becs. Aussi, après avoir lu et reproduit la précédente notice, le R. P. Fidel Fita a demandé, il y a six ans[2], une photographie de l'ensemble qui vient d'être décrit et un estampage de la susdite inscription hébraïque à D. Francisco Simon y Nieto, correspondant de l'Académie madrilène d'histoire à Palencia. Depuis lors, on attend en vain la réalisation de ce vœu.

§ 2. Madrid.

Bien que Madrid soit la capitale actuelle de l'Espagne, on sait que jusqu'à Philippe II, qui fit de Madrid sa capitale en 1560, ce rôle appartenait à Tolède. Par conséquent, on ne s'étonnera pas que les quelques rares antiquités se trouvant à Madrid ne soient pas locales, mais aient été importées des environs.

1. Le Musée archéologique national possède, sous le n° 524 du Catalogue, un chapiteau quadrangulaire contenant des inscriptions bilingues : celles du haut en arabe, celle du bas en hébreu, réparties sur les quatre côtés. L'inscription hébraïque se lit aisément :

---

[1] *España, sus monumentos*, etc. Valladolid, Palencia y Zamora (Barcelone, 1885), p. 519.

[2] *Boletin*, t. XXXIII (1900), p. 147.

elle comprend un verset de la Bible (*Deutéron.*, xxviii, 6), divisé
en quatre sections :

ברוך אתה | בבואך | וברוך אתה | בצאתך

Sois béni à ton entrée et sois béni à ta sortie.

Au-dessus de chacune de ces parties d'eulogie, se trouve un
terme arabe, en écriture coufique, à peine lisible au milieu des
arabesques qui l'enserrent. M. Marçais, le professeur d'arabe à la
Medersa d'Alger, est parvenu à lire ces mots, et il les transcrit
ainsi :

البركة اليمن التوفية والامن

Bénédiction, fidélité, accomplissement (heureux), et sécurité.

Cette jolie pierre a été apportée là de Tolède, et le R. P. F. Fita
est d'avis [1] qu'elle provient de la « sinagoga nueva », que l'on sait
avoir été l'origine de l'église Santa Maria la Blanca, classée récemment comme monument historique. Celle-ci, — au dire d'Amador
de los Rios, dans sa *Tolède pittoresque* (Madrid, 1845, p. 234),
— appartient, par sa construction artistique, à la seconde période
de l'architecture arabe, et elle est bien appropriée au temps de
l'intimité entre le roi Alphonse VIII et Joseph ben Schoschan, dont
il sera parlé à propos de son épitaphe, la première à Tolède [2]. Le
caractère paléographique des lettres confirme la supposition qu'il
s'agit du xiiie siècle. Mais on verra plus loin [3] que Santa Maria la
Blanca est d'une époque ultérieure ou d'Alphonse X. Donc, on
peut rattacher ces chapiteaux à la première synagogue, à S. Cristo
de la Luz.

2. D'autres pièces, quoique moins artistiques, méritent également d'attirer l'attention. La plupart d'entre elles, il est vrai, ne
sont que des reproductions, mais si bien exécutées qu'elles offrent
un intérêt d'équivalence aux originaux.

Le plus long moulage est un texte dont l'original constitue encore le linteau à l'entrée (côté intérieur) d'une maison particulière à
Tolède, sise rue de la Plata, n° 9, tout près de la rue de la Sina-

---

(1) *Boletin*, t. XLVII, p. 315-316. Voir les fig. 10 à 13.

(2) Ci-après, chap. iv, § 2, Épitaphes, n° 1.

(3) *Ibid.*, d'après Kayserling.

goga. Presque inaccessible et peu visible, par suite de sa situation surélevée au-dessus de la porte d'entrée, elle serait perdue pour l'archéologie et pour l'histoire de l'épigraphie, si elle ne figurait aussi heureusement, à l'état de reproduction, parmi les curiosités installées au Musée national de Madrid.

Cette épitaphe n'a pas été insérée dans le Recueil du manuscrit de Turin qu'a édité S. D. Luzzatto en 1841, comme le racontera ci-après le chapitre iv. Bien que la pierre ait plus de 2 mètres en largeur, elle ne contient qu'une longue ligne de mots, dont les lettres ont une hauteur de 0 m. 05 [1]. Les voici :

כבוד תהי מנוחתם וירננו על משכבותם ובבואו לגן עדן
ויצאו לקראתו סגני לויה בני קהת ויצהר ויאמרו לו שלו[ם].

Glorieux sera leur repos ; ils chanteront joyeux sur leur couche. A son arrivée au jardin d'Éden, viendront au-devant de lui les princes des Lévites, descendants de Kehath et de Yiçhar, et lui adresseront le salut de la paix.

Il est regrettable de n'avoir là ni un nom propre, ni une date. En raison de la beauté des caractères, on peut donner à l'inscription pour date approximative le xive siècle. A peine subsiste-t-il de quoi faire deviner qu'il s'agit d'un descendant de la tribu de Lévy, spécialisé en la famille Yiçhar ; on sait que l'on retrouve ce nom parmi les Juifs du midi de la France, ou au nord de l'Espagne, de même que dans les épitaphes de Meïr Halévi Aboulafia (nos 18 et 19 du recueil Luzzatto, ou nos 48-49 de la série d'épitaphes formant ci-après le paragraphe 2 du chapitre iv).

Puisque le haut de la pierre, ou le commencement, fait défaut, on ignore à quels gens se réfère l'eulogie initiale ; mais on remarquera que les suffixes employés par le rédacteur de l'épitaphe ont la forme du pluriel (« *leur* repos... »), et que, par conséquent, il s'agit d'un monument élevé à la mémoire de plusieurs personnes. C'est un fait assez rare pour mériter d'être signalé.

3. Il est non moins heureux que le même Musée conserve, sous forme de moulage, les lignes si curieuses pour la paléographie hébraïque, découvertes à La Coruña (ci-dessus, chap. ii, § 2).

_____

[1] Au *Boletin*, t. XVI, p. 448-449, le P. Fita avait déjà publié ce texte.

4. Par une autre bonne fortune, ce Musée possède un autre moulage, dont on n'a pas pu retrouver l'original, probablement perdu. Il constitue le n° 83 du Catalogue du Musée de Tolède; il est ainsi conçu :

נגנז בקבר זה מזה בן מזה איש ח[מודות]

כבודו בארצות החיים (והוא ילין) שם [נדיבות]

Est enseveli dans ce tombeau un *aspergeur* [1], fils d'aspergeur, un homme d'élection. Son honneur est dans les terres de vie (éternelle); il séjournera là généreusement, ou supérieurement.

Fâcheusement ce texte, dont on possède le commencement, est mutilé à gauche, et la fin manque. — L'expression מזה, etc., vise un homme qui a du mérite par lui-même et par généalogie, un dignitaire de père en fils, par héritage. Cette expression talmudique a été expliquée ci-dessus, sous la rubrique « Grenade » (chap. ii, § 8). Son emploi est une raison de présumer le synchronisme du texte avec celui d'Ibn-Ezra.

5. Le n° 84 est encore plus fragmentaire, de sorte qu'à l'état actuel les deux lignes qui le composent n'offrent plus de sens. Les voici :

...ונים ומשואלנים טוב

.....ל.........

6. Enfin, d'une autre inscription, l'original est depuis longtemps égaré et probablement perdu, puisqu'elle ne figure pas dans le recueil des pierres tumulaires de Tolède, publié par S. D. Luzzatto; mais il en existe deux copies que l'on avait supposé ne pas concorder ensemble.

Une ancienne copie a été insérée par D. Francisco Javier de Santiago Palomares dans sa *Polygraphia gothico-espanola* (ms. de la R. Academia de la Historia, Est. 23, gr. n° 1° A n° 2, lamina

______

(1) Par suite d'une confusion évidente, M. Neubauer (dans le *Boletin*, t. XVI, p. 573), consulté sur le sens de ce terme, a vu là un synonyme de *Cohen*, parce qu'en effet, au Temple, le cohen avait la fonction d'*asperger* le sang des sacrifices; mais, pas plus que dans le passage précité du Talmud, R. Eleazar n'était un cohen, le défunt cité ici ne l'était non plus. Cf. ci-dessus, ch. ii, § 8, p. 32, n.

92, n° 1). D'après cette copie, le R. P. Fidel Fita a publié dans le *Boletin* (1) un texte ainsi libellé :

ולפניו להורות נולך

יוסף אמן אוה נפטר

ויצא בשלום.

Puisqu'un texte aussi peu intelligible ne pouvait pas être traduit, l'éditeur s'est gardé d'en donner une version, et il a bien fait de ne pas s'égarer dans des hypothèses et conjectures.

Heureusement, dès son premier voyage en Espagne, M. Hartwig Derenbourg avait trouvé le même texte dans une transcription dont les lignes se suivent régulièrement, au lieu de la copie aux lignes interverties, telle qu'elle précède. Il a publié récemment ce texte correct, dans ses *Notes critiques sur les manuscrits arabes de la Bibliothèque nationale de Madrid* (2), en analysant le manuscrit G g 106. Il s'exprime ainsi :

« Ce manuscrit contient une monographie, *de Toletano Hebræorum templo*, composée à Tolède par Fr. Perez Bayer... A la fin, en appendice, un « monumentum hebraicum, dimidia feré parte « mutilum... Id autem in fronte ædium quas Toletani El Corral « de Don Diego vernaculo sermone vocant ad senos circiter a solo « pedes domus atrium ingressuris ad lævam occurrit :

1   . . . . (3). יוסף אמן אוה נפטר

2   . . . . ולפניו להורות הלך

3   . . . . ויצא בשלום

« Perez Bayer, après avoir repoussé une traduction antérieure, ajoute : « Videtur autem Hebræi sepulcrum esse, qui decedens ante « patrem suum Joseph præmissus dicitur ». Il en résulte, pour Perez Bayer, la restitution et la traduction suivantes :

1   Jacob (e. g.) filius] Joseph verus Israelita defunctus

_____

(1) T. XI (1887), p. 446.

(2) Paris, 1904, p. 49. Le manuscrit G g 106 se trouve maintenant à la Bibliotheca publica de Tolède, n° 428, sala reservata, estante 11, tabla 4°.

(3) La présente disposition des lignes est la même dans la *Polygraphia* (ms.) de Palomares.

2   Ante patrem suum] ab eo præmissus est ut nuntiaret ipsum [quoque
      brevi eodem perventurum].
3   ... Migravit autem in pace.

« A la ligne 2, notons la réminiscence de *Genèse*, XLVI, 28.
Voici, sous toutes réserves, comment je complète et comment je
traduis ce texte, en supposant une bien moindre lacune à droite :

1   יחודה בן] יוסף אמן או[יל]ה נפטר

2   על פני אביו] ולפניו להורות הלך

3   בא בשלום] ויצא בשלים

1   Yehoudah fils de] Joseph, chef de la communauté d'Avila, a été en-
      levé
2   en présence de son père], et avant lui il est parti pour montrer la
      route.
3   Il est venu en paix], et il est sorti en paix.

« Les expressions pour « la venue en paix » et « la sortie en paix »
sont respectivement empruntées à *Genèse*, xv, 15, et *Jérémie*, XLIII,
12. Quant au titre supposé pour le père, j'invoque en faveur de
mon hypothèse : 1° l'important article أمين dans Dozy, *Supplément
aux dictionnaires arabes* (I, p. 38[b]) et la notice remarquable sur
Alamin dans Eguilaz, *Glosario etimologico* (p. 90); 2° le résumé
du très compétent M. Kayserling sur la communauté juive d'Avila,
dans *The Jewish Encyclopedia* (I, p. 355[b]).

« J'ai donné la préférence au nom de Yehouda [1], parce qu'il
est dans la *Genèse*, XLVI, 28, sans pouvoir affirmer qu'il n'y en ait
pas eu quelque autre dans l'épitaphe. »

Ajoutons que, pour obvier à la singularité de voir deux versets
bibliques, fort distants l'un de l'autre dans la Bible, juxtaposés
dans la présente épitaphe, on peut leur supposer une origine rabbinique [2]. En effet, les deux expressions usitées ici sont réunies
par le Talmud de Jérusalem (*Haghiga*, II, 1). Celui-ci dit de
R. Akiba : « Il entra en paix (dans le paradis de la science) et en

[1] La conjecture de M. Derenbourg est d'autant plus heureuse, qu'une autre
épitaphe de la même ville, celle d'Ibn-Nahmias, n° 3 (Luzzatto, n° 27), relate
une douleur analogue d'un père précédé dans la tombe par son fils, disant :
« Il envoya Yehouda au-devant de lui ».

[2] Cf. *Revue des études juives*, t. XLIX, p. 316.

sortit en paix ». Notre texte est d'accord par conséquent, dans sa rédaction, avec la forme employée souvent en style funéraire; tandis que le talmudiste parle de sérénité religieuse, maintenue en face d'un sceptique, dans un conflit entre la foi et la science : pour R. Akiba, la lutte eut une issue heureuse.

CHAPITRE IV.

TOLÈDE : XIIIᵉ ET XIVᵉ SIÈCLES.

La ville de Tolède, ce joyau de l'archéologie espagnole, renferme à elle seule plus de matériaux pour notre sujet que toutes les autres villes de l'Espagne réunies. Quoique les visites à cette ville soient fréquentes, elles offrent toujours un grand attrait, surtout pour l'épigraphie hébraïque. Les trois anciennes synagogues converties en églises depuis 1492 sont désormais classées comme monuments historiques. Ce sont dans l'ordre chronologique, par rang de priorité : 1° S. Cristo de la Luz [1]; 2° le Transito; 3° Santa Maria la Blanca, qui depuis sa restauration n'a rien perdu de sa grâce et de sa fraîcheur [2].

Englobés dans la ceinture du Tage, les matériaux de nature diverse, disséminés là, peuvent se répartir entre trois séries. C'est d'abord la magnifique synagogue, la seconde précitée, due au ministre des finances de D. Pedro, à Samuel Halévi; elle contient de nombreuses inscriptions hébraïques, avant tout une dédicace synagogale, disposée en deux parties qui se composent de 21 très longues lignes écrites au milieu du xivᵉ siècle, outre une série de psaumes entiers, sculptés avec un luxe inconcevable.

Ce sont ensuite 80 épitaphes ou textes commémoratifs, dont quelques rares originaux sont encore conservés sur place, au Musée de la province. Le reste est tiré d'un manuscrit italien, comme l'exposera le paragraphe 2.

Ce sont enfin d'autres vestiges épars du séjour des Hébreux dans cette antique capitale des deux Castilles; ceux-ci ont dû certaine-

[1] C'était peut-être, à l'origine, la synagogue érigée par Joseph Sason, dont il sera question ci-après au paragraphe 2, dans la première épitaphe.

[2] Ce n'est pas à elle que se réfère le chapiteau du musée de Madrid, ci-dessus, chap. III, § 2, p. 35., mais à la première synagogue.

ment l'affectionner beaucoup comme résidence, de préférence à d'autres localités; puisque partout ailleurs — sauf à Barcelone — on ne trouve guère plus d'une épitaphe ou deux par ville habitée, sans qu'il reste la moindre trace de tant d'autres florissantes com·munautés, jadis célèbres, où les Juifs ont dû vivre et mourir.

Dans son *Liber de preconiis civitatis Numantine*, écrit en 1282 par Gil de Zamora, — partiellement publié par le R. P. Félix Fita [1], — cet auteur dit qu'il y avait de son temps, à Tolède, 70,000 Juifs payant tribut, sans compter les enfants, les femmes et les pauvres. Ce renseignement est d'accord avec celui qu'on tire du document publié par Amador de los Rios dans son *Historia de los Judios de España* (t. II, p. 53). On voit en effet, par ce document, qu'en 1290 l'impôt payé par les Juifs de Tolède se montait à 216,500 maravédis, ou 2,165,000 deniers, et, comme chaque adulte (les personnes au-dessous de 20 ans, les femmes et les pauvres exceptés) payait 30 deniers, cela fait bien 72,166 adultes. Dans le même passage, Gil de Zamora raconte la prétendue trahison des Juifs de Tolède, qui, sous le roi Rodrigue, auraient livré la ville aux Sarrazins, pendant que les Chrétiens étaient réunis, en dehors de la ville, dans l'église de Sainte-Léocadie, pour célébrer le dimanche des Rameaux (en 715).

Mais ce qui prouve combien peu ce Gil est digne de foi, c'est qu'il accorde toute créance même à un récit notoirement légendaire. Sous le roi Fernand III (vers 1259), dit-il, un Juif de Tolède aurait trouvé, dans une cavité de sa vigne, un livre écrit en 3 langues, en hébreu, en grec et en latin, disant entre autres que « dans le 3ᵉ monde, le fils de Dieu naîtra de la vierge Marie », et rien qu'en lisant ces mots, le Juif se baptisa avec toute sa maison. Il est inutile d'insister sur le caractère tendancieux de ce récit, et de le réfuter.

Sous le règne de Don Pedro (1350-1369), surnommé à tort le Cruel, les Juifs jouirent en Castille d'une influence considérable [2]. Parmi les Juifs auxquels D. Pedro confia des emplois élevés, le plus considérable fut D. Samuel b. Meir Hallevi, de la famille des Aboulafia, à Tolède. Il avait été recommandé au roi par son pré-

---

[1] *Boletin*, t. V, p. 138; *R. É. J.*, t. IX, p. 136.
[2] GRÆTZ, *Geschichte der Juden*, t. VII, t. 412-419; trad. Msc. Bloch, t. IV, p. 289-294.

cepteur et ministre tout puissant D. Juan Alphonse d'Albuquerque.
D. Pedro le nomma son trésorier. Peu à peu, Samuel gagna toute
la confiance du roi, devint son conseiller intime, et fut consulté
pour toutes les affaires importantes. Deux inscriptions, rédigées,
l'une de son vivant et l'autre après sa mort, représentent Samuel
comme un homme de sentiments généreux, de caractère élevé,
d'une piété sincère.

D. Pedro protégeait les Juifs de son royaume autant que ses
autres sujets, et quand les Cortès de Valladolid, en mai 1351, lui
présentèrent une pétition pour qu'il supprimât la juridiction spé-
ciale des Juifs, il leur répondit que, dans la situation qui leur était
faite, les Juifs avaient besoin d'une protection particulière. Sur ces
entrefaites, survint une histoire de mariage qui amena la guerre
civile : Pendant que les ministres de D. Pedro négociaient son mariage avec Blanche, fille du duc de Bourbon, le roi tomba amou-
reux de la belle Marie de Padilla ; on dit même qu'il l'épousa devant
témoins. En vain, après des péripéties, D. Pedro laissa célébrer
son mariage avec Blanche ; il ne resta que deux jours avec elle.

De là, de très vives dissensions parmi les courtisans ; les uns se
déclarèrent pour la princesse de Bourbon, et les autres pour Marie
de Padilla. Samuel et avec lui tous les Juifs se rangèrent du côté de
Marie : c'est qu'ils avaient appris que Blanche de Bourbon voyait
avec déplaisir les Juifs occuper une situation élevée à la Cour.

Partisans de la reine et partisans de la favorite se combattaient
avec acharnement. Albuquerque, qui s'était déclaré d'abord contre
Blanche de Bourbon et s'était ensuite laissé enrôler sous sa bannière, tomba en disgrâce. Il fut remplacé par Samuel, qui devint le
conseiller le plus écouté du roi et l'accompagnait partout avec les
grands du royaume. Comme un jour les ennemis du roi l'attirèrent
dans la forteresse de Toro, son favori Samuel l'aida à s'échapper.

Grâce à la sagesse de ses conseils, à l'habileté de son administra-
tion financière, et au zèle qu'il déploya pour la cause de Marie de
Padilla, Samuel grandit de plus en plus dans la faveur de D. Pedro ;
son influence était considérable et ses richesses immenses.

La magnifique synagogue qu'il éleva à Tolède et qui fut transformée au siècle suivant en église est encore aujourd'hui un des
plus beaux monuments de la ville. Elle est construite dans un style
mi-gothique, mi-mauresque. Au milieu de fines arabesques, res-
sortent, sur fond vert, les divers psaumes écrits en caractères hé-

breux. Sur les murs des côtés nord et sud se lisent les inscriptions en question, qui seront spécifiées plus loin.

Par une coïncidence singulière, l'année même où cette synagogue fut achevée avait été désignée un siècle auparavant par l'astronome Abraham b. Hiyya et le cabaliste Naḥmani, puis par Léon de Bagnols, comme devant ouvrir l'ère messianique. Ces idées dangereuses furent combattues par R. Nissim Gerundi, ou *Ran*.

Du reste, de tous côtés on battait en brèche l'influence de Samuel. Un beau jour, D. Pedro fit confisquer toute la fortune de Samuel et de sa famille. Lui-même fut jeté en prison et torturé, dans l'espoir de lui faire avouer la possession d'autres richesses encore; mais il ne fit aucun aveu et périt dans les tortures. Son épitaphe y fait allusion, mais ne contient pas un mot de blâme contre le roi, comme on le verra au n° 71 (Luz. 13) de la série des épitaphes.

§ 1. Le Transito.

Ce Samuel Halévi, remarquable par son éloquence et par son savoir, avait fait partie de la délégation des Juifs envoyée pour soutenir une controverse religieuse l'an 1353, en présence du Pape [1].

La dédicace de la synagogue qui porte son nom ne dit pas — comme Grætz l'a constaté [2] — que ce Samuel ait bâti ladite synagogue, et c'est un contresens plus ou moins volontaire du traducteur Rades de Andrade, lorsque dans la seconde partie il traduit ainsi les lignes 5 et 6 :

> E nos los de esta tierra fabricamos esta casa, con
> braze forte e poderoso. Aquel dia fue fabricada,
> fue grande e agradable a los Judios.

Malgré l'absence du nom du pieux donateur, il ressort de diverses qualifications que c'était Samuel Halévi. La date, il est vrai, de cette construction cause quelque embarras. Le mot טוב (bon), seul subsistant après le terme בשנת (l'an), donne, par addition de la valeur numérique des 3 lettres, le nombre 17; après ce mot, selon une heureuse conjecture déjà faite par Bayer, il faut restituer

[1] *Schebet Yehuda*, chap. 40 (p. 68 et suiv.).
[2] *Monatschrift*, 1856, p. 325.

au commencement de la ligne suivante l'expression ליהודים («aux
Juifs»), dont la supputation numérique donne 105, c'est avec le
mot précédent un total de 122 (sous-entendu 5,000), correspondant à l'an 1362 de l'ère vulgaire. Or, selon les historiens espagnols[1], notre Samuel serait mort sous les tortures en 1360; mais
Zacuto, dans son *Youhassin* (Des généalogies, fol. 100ᵇ), et plus for-
mellement Ibn-Yahia, dans la *Schalscheleth*, adoptent pour ce décès
l'an 130 = 1369.

Par erreur, Rades le traducteur de la dédicace a cru voir, dans
ce texte, le nom d'un second fondateur, celui de R. Meir : c'était en
réalité le nom du père de notre Samuel, mort de la peste noire
en 1349, comme on pourra le noter ci-après au n° 48 des Épitaphes
(n° Luzz. 18).

Après l'exil des Juifs d'Espagne, la synagogue fut convertie en
église sous le nom de « Nuestra sennora de San-Benito », dite vulgairement *del Transito*. L'inscription de dédicace était encore bien
conservée au xviiiᵉ siècle : elle se composait de deux parties qui
s'enchaînent. Deux siècles après qu'elle avait été gravée (en relief),
probablement un Juif maranne la traduisit en castillan, et cette
version a été publiée par Rades de Andrada en 1572, dans sa
Chronique « de las tres ordenes militares ».

Cette traduction défectueuse gêne plus qu'elle ne sert à déchiffrer les mots devenus illisibles et à reconstituer les lacunes. Mais
l'on va voir le rôle important qu'elle a joué dans la restauration du
monument, à côté d'autres documents postérieurs. Ainsi, dans un
manuscrit latin qui était autrefois à la Bibliothèque nationale de
Madrid, n° G g 106, et qui a été remis depuis quelque temps à la
Bibliothèque publique de Tolède[2], pour l'usage de la Commission
des monuments historiques, on trouve une monographie sur la synagogue de Tolède par Fr. Perez Bayer, écrite en 1752, et contenant trois gouaches représentant des parties de la « Iglesia de Nra
Señora del Transito de Toledo, que antes fue Templo de Judios »,
avec un essai d'explication des nombreuses inscriptions reproduites
sur la troisième planche de ce Mémoire[3].

[1] Mariana, *De rebus Hispaniæ*, édit. Maguntiae, l. XVII, c. iv, fol. 99 et
suiv., suivi par les historiens Lopez de Ayala et Ferreras.

[2] N° 428, sala reservata, estante 11, tabla 4ª.

[3] V. Hartwig Derenbourg, *Notes critiques sur les manuscrits arabes de la
Bibliothèque nationale à Madrid* (1904), p. 49.

Le 30 décembre 1794, le Ministre Godoy, Prince de la Paz, envoie à l'Académie royale d'histoire à Madrid, un mémoire de J. J. Heydeck, intitulé « Ilustracion de la inscripcion hebrea que se halla en la Iglesia de Nuestra Señora del Transito de la ciudad de Toledo, traducida al español ». Deux bibliothécaires, D. T. Sanchez et D. C. M. Trigueros, furent chargés d'en rendre compte.

Ce mémoire fut imprimé dès 1795; mais, peu après, le texte de l'inscription ainsi publiée fut comparé avec une copie inédite prise dès 1752 par Fr. Bayer; de notables divergences furent remarquées, puis, vérification faite à Tolède, on constata que l'inscription n'était plus *lisible* depuis longtemps : le texte Heydeck était une retraduction de l'espagnol en hébreu. A la suite d'une minutieuse enquête, l'Académie publia [1] l'original. A son tour, H. Grætz [2] en a donné une édition, complétée avec les additions de Bayer, indiquées par ( ), et avec ses propres additions, indiquées par [ ]. La voici :

A. A gauche de l'autel (côté de l'Épître) :

1   חסדי ה׳ [נזכיר תהלות] ה׳ כעל אשר גמלנו [3]. ואשר [הגדיל] לעשו[ת [4]
עמנו הקים בתוכנו שופטים ושרים אשר הצילונו מיד]

2   אויבים [5]. וצרים. אם אין מלך בישראל לא השבית לנו גואל [6] הוא
מעוז ומגדל אשר מיום גולת אריאל לא קם כמוהו [7] בישראל.
משלשלת

3   (היו)חסין אציל מאצילי הארץ מנשיאיה ומאדיריה העומדים בפרץ
אופן הגדולה. יסוד המשרה והמעלח לשם ולתפארת [8] ולתהלה.

4   (נו)דע שמו בישראל מיום היות על אדמתו. לפני מלכים יתיצב [9]
להיות עומד בפרץ [10]. ודורש טוב לעמו [11]. ראש גולת אריאל מבחר
הנגידים עטרת

5   [תפארת] וגדול ליהודים. אליו גוים יבואו מאפסי ארץ [12] לקום על
נתיבות ולגדור פרץ. הוא השליט על הארץ. האשל הגדול מבצר
עוז ומגדול

6   עלה במעלות המשרה. בפי מהלל (?) וגדול. וקדוש יאמר לו [13] עמוד

---

[1] *Memorias de la R. Academia*, t. III, p. 31-70, et 2 planches. — [2] *Monatschrift f. Geschichte u. Wissenschaft d. Jud.*, 1856; t. V, p. 321-330. — [3] *Isaïe*, LXIII, 7. — [4] *Ps.* CXXVI, 2. — [5] *I Sam.*, XII, 10. — [6] *Ruth*, IV, 14. — [7] *II Rois*, XXIII, 25. — [8] *I Chron.*, XXII, 5. — [9] *Prov.*, XXII, 29. — [10] *Ps.* CVI, 23. — [11] *Esther*, X, 3. — [12] *Jérémie*, XVI, 19. — [13] *Isaïe*, IV, 3.

היטיבי אשר בית הלוי ובית ישראל נכונים עליו. ומי יוכל לספר
מהלליו ומדותיו ומעלליו

7 ומי יוכל למלל ומ[ו־י]שיג לגמור את ההלל. צניף חמשרה יקרת ההדר
העומד בראש הסדר נשיא נשו (?) הלוי ה[ר] שטואל הלוי

8 (ה)גבר ה(וק)ם על [1] יהי אלהיו עמו ויעל [2]. מצא חן וחסד בעיני הנשר
הגדול גדול הכנפים [3] איש המלחמה ואיש הבינים [4]. נפל

9 פהרו על כל העמים גדול שמו [5] בגוים המלך הגדול [אדנ]ינו וגבירנו
המלך דון פדרו. יהי אלהים בעזרו [6]. ויגדיל

10 [חונדו] הדרו ושמח כרוע[ה] [7] עדרו] גדלו המלך וינשאהו [8] הקים את
כסאו מעל

11 כל השרים אשר אתו— נתן בידו כל אשר [לו ובלע]דיו לא ירים איש
את ידו [9] ואת רגלו וישתחוו לו אפים [10] האצילים

12 . . . . . (להיות גבור ל] . . .בכל הארץ מודעת [11] . . . . .ע שמעת יצא
בכל הארץ [12] שמעו ויהי לישראל למושיע [13]

B. A droite de l'autel (côté de l'Évangile) :

1 . . . . . [ל [נטל]ם] כל ימי עו[לם] ומיום גלותנו לא הגיע לרוממותו]
אחד מכל בני ישר[אל]

2 . . . . [איש הגדול החסיד והצדיק] נשיא נשיאי הלוי . . . . (המלומד
המשיב) . . . . . (ובשגנים קדמונים אין . . . ט) . . מתת אלהים איש

3 . . . . (הוסיף והגדיל על כל [אשר היו לפניו] לבנות) בית תפלה
לשם ה' אלהי ישראל . . . . [החל] (לבנות חבית [בשנת] . . . . .
ויבן את חבית ויכלהו [14] בשנת טוב

4 ליהודים [?] . . . . . (תהלות ותושבחות גדו)לות לאשר עזרהו להחל
(גדול כבוד הבית חנה [15] לא ראו) כמוהו עינים ולא שמעו אזנים
אין זה כי אם בית

5 [אלהים [16] . . . . . (וברחמיך ולמען שמך) בידך הפ[לאה והר]הבה
זכרה לו אלהיו לטובה [17] יאריך

6 [ימיו לראות בנין ב]ית עולמים] לעמד לשרת בשם ה' הוא ובניו כל
הימים [18] והעשה עמו

7 [לטובה אות] (ועל הבית הזה יהיו עיניך פקודות) ואזניו פתוחות
לשמוע [אל הרנת]

(1) II Sam., XXIII, 1. — (2) II Chron., XXXVI, 23. — (3) Ecclés., X, 20.
(4) 1 Sam., XVII, 10. — (5) Ps. LXXVI, 2. — (6) Ps. CXLVI, 5. — (7) Jérémie,
XXXI, 10. — (8) Esther, III, 1. — (9) Genèse, XLI, 44. — (10) Ibid., XIX, 1. —
(11) Isaïe, XII, 5. — (12) Isaïe, VI, 27. — (13) Ibid., LXIII, 8. — (14) I Rois,
VI, 9. — (15) Haggée, II, 9. — (16) Gen., XXVIII, 17. — (17) Néhémie, VI, 14.
— (18) Deutéron., XVIII, 5.

8 [ואל חתפלה] ..... (לו ימצאו חן בעיניך) לבנות מקדש אריאל
ולהושיע יהודה וישראל ובא לציון גואל[1].

La traduction par Rades de Andrada est ainsi conçue :

A. Las misericordias que Dios quiso hacer con nos, levantado entre nos Jueces é Principes para librarnos de nuestros enemigos y angustiadores. No habiendo Rey en Israel que nos pudiese librar despues del ultimo captiverio de Dios, que tercera vez fué levantado por Dios en Israel, derramamonos unos a esta tierra, y otros a diversas partes, donde estan ellos descando su tierra, è nos la nuestra. E nos los de esta tierra fabricamos esta casa con brazo fuerte y poderoso. Aquel dia que fué fabricada, fué grande é agradable à los Judios : los quales por la fama de esto vinieron de los fines de la tierra para ver si habia algun remedio para levantarse algun Señor sobre nos que fuese para nos como torre de fortaleza cón perfeccion de entendimiento para gobernar nuestra Republica. Non se halló tal Señor entre los que estabamos en esta parte : mas levantóse entre nos en la nuestra ayuda Samuel, que fué Dios con el è con nos ; é halló gracia e misericordia para nos. Era hombre de pelea e de paz, poderoso en todos los pueblos e gran fabricador. Aconteció esto en los tiempos del Rey Don Pedro, sea Dios en su ayuda : engrandesca su estado, prosperele, y ensalcele, é ponga su silla sobre todos los Principes. Sia Dios con el è con toda su casa : é todo hombre se humille á él : é los grandes é fuertes que oviere en la tierra le conozcan, é todos aquellos que oyeron su nombre se gocen de oirlé en todos los reynos, é sea manifesto que él es fecho á Israel amparo é defendedor.

B. Con su amparo é licencia determinamos de fabricar este Templo. Paz sea con él y con toda su generacion e alivio en todo su trabajo. Agora nos libró Dios del poder de nuestro enemigo : é desde el dia de nuestra captiverio no llegó a nos otro tal refugio. Hecimos esta fabricacion con el consejo de los nuestros sabios. Fué la gran misericordia de Dios con nos. Alumbrónos Don Rabi Myir : su memoria sea en benedicion. Fué nascito este para que fuese a nuestro Pueblo como tesoro : ca antes de esto los nuestros tenian cada dia la pelea a su puerta. Dió este hombre sancto tal saltura é alivio a los pobres qual no fué fecha en las dias primeros ni en los años antiguos. Non fué este Profeta sinon de la mano de Dios : hombre justo é que andubo en la perfeccion. Era uno de los temerosos de Dios; é de los que cuidaban de su sancto nombre. Sobre todo esto añadió que quiso fabricar esta casa é su morada, é acabola en muy buen año para Israel. Dios acrecentó mil e ciento de los

<hr>

[1] *Isaïe*, LIX, 20.

suyos despues que para el fue fabricada esta casa : los quales fueron
hombres grandes é poderosos, para que con mano fuerte é poder alto se
sustentase esta casa. Non se hallaba gente en los cantones del mundo
que fuese antes de esto menos prevalescida : mas ahe Señor Dios nuestro, siendo tu nombre fuerte é poderoso, quisiste que acabasemos esta
casa para bien, en dias buenos e años fermosos ; para que prevaleciesc tu
nombre en ella, é la fama de los fabricadores fuese sonada en todó el
mundo é se dixese : Esta es la casa de Oracion que fabricaron tus siervos,
para invocar en ella el nombre de Dios su Redemptor.

Cette traduction a seule fait loi jusqu'à présent, et, malgré l'intervention de la R. Académie d'histoire, les auteurs espagnols n'en
ont päs connu d'autre. Par suite, le comte de Cedillo, dans son ouvrage descriptif « Toledo, guia artistica pratica » (en 1890), avait
raison d'écrire : « De notre temps on n'a pas essayé de faire une traduction fidèle », après avoir dit que le *Transito* avait été bâti « sous
les ordres d'un certain Meyr. Abdeli » (*sic*), et le même écrivain
dit plus loin : « Du reste, tout se réduit à des louanges pour le roi
Don Pedro, pour Samuel Lévi et l'architecte ».

Ce dernier personnage est créé là de toutes pièces, sans avoir
jamais existé, et voici la raison, — issue d'une confusion — qui lui a
donné naissance : Dans son « Illustracion, etc. », le médiocre hébraïsant Heydeck, ou bien a falsifié volontairement, ou bien a ajouté
par cœur au milieu de l'inscription, la phrase « E nos los de esta
tierra fabricamos. . . a los Judios ». Le traducteur fantaisiste prouve
ainsi n'avoir pas eu le texte intégral sous les yeux et avoir masqué
son incompétence par un subterfuge.

La partie A est assignée par lui à l'édificateur de la synagogue,
à Samuel Halévi; tandis que la partie B semble attribuée à un
autre. Par le passage « Alumbronos R. M. » (ainsi nous a éclairés
R. Meir), le traducteur confond le père de Samuel Halévi — en
une eulogie mal rendue — avec un nouveau personnage, désigné
plus tard comme architecte !

Il n'est donc pas superflu de donner maintenant la traduction
suivante du véritable texte, rétabli par Grætz, ligne par ligne :

A

1   Rappelons les grâces de Dieu, louons-le de ce qu'il nous a gratifiés,
de ce qu'il nous a comblés de bienfaits, en instituant parmi nous
des juges et des princes qui nous ont sauvés de la main.

2 des ennemis et des oppresseurs. Bien qu'il n'y ait plus de roi en Israël, nous n'avons pas été privés d'un défenseur : c'est une résidence et une tour telle qu'il n'en a pas existé de semblable en Israël, depuis le jour de la captivité d'Ariel. Il est de la chaine

3 des généalogies, un supérieur dans l'élite de la terre, un de ses princes, de ses puissants qui se tiennent sur la brèche, le grand char céleste, base du pouvoir et de la suprématie, par le renom, l'éclat et la louange.

4 Son nom est connu en Israël depuis le jour où il existe sur son sol. Il se présente devant les souverains pour défendre la brèche. Il poursuit le bien de son peuple, comme chef de l'exil d'Ariel, le meilleur des princes, couronne de

5 gloire, grand personnage parmi les Juifs. A lui arrivent les gentils de tous les parages de la terre, pour occuper les chemins et maintenir les haies. Il règne sur le pays, comme un grand chêne, une forteresse puissante et une tour.

6 Il a gravi les degrés du pouvoir, selon l'ordre de celui qui décerne la louange, en sa grandeur. On le nomme saint, colonne de droite, sur laquelle s'appuient la maison de Lévi et celle d'Israël. Qui pourra énumérer ses mérites, ses qualités, ses vertus ?

7 Qui pourra les énoncer ? Qui saura épuiser la série des louanges ? Voile de l'autorité, valeur précieuse de la magnificence, placé en tête de l'ordre, prince élevé, le lévite Rabbi Samuel Halévi.

8 L'homme a été élevé haut. Que Dieu soit avec lui et l'élève encore. Il a trouvé grâce et faveur auprès du grand aigle, aux larges ailes, le vaillant guerrier, le lutteur virile, qui inspire

9 la crainte à toutes les nations. Parmi les peuples, grande est la renommée de ce souverain puissant, notre maître et seigneur le roi Don Pedro. Puisse Dieu l'aider et étendre

10 sa majesté et sa splendeur, se réjouissant comme le pasteur de son troupeau ! Le roi l'a agrandi, l'a élevé; il a placé son siège au-dessus de tous les autres princes qu'il a auprès de lui.

11 Il lui a remis en mains tout ce qu'il a, et sans lui nul ne lève la main ou le pied. Devant lui les puissants inclinent la face.

12 ... car il est fort, ... par toute la terre on sait, ... on a entendu ...; sa renommée s'est répandue sur tout le globe : il est devenu le sauveur d'Israël.

B

1 .... pour les prendre toute la durée du monde. Depuis le jour de notre captivité, nul parmi tous les enfants d'Israël n'a atteint son degré d'élévation.

2 .... l'homme grand, pieux, juste, prince parmi les princes de la
tribu de Lévi, ... l'homme instruit, sachant répondre, ...
et aux temps anciens personne... que Dieu donne un homme...

3 Il a ajouté, il a agi, plus grand que tous ses prédécesseurs, en éri-
geant une maison de prière au nom de l'Éternel Dieu d'Israël...
Il a commencé d'édifier cette maison l'an ...., il construisit
cette maison et l'acheva en l'année « bon

4 aux Juifs »... grandes louanges et reconnaissance de l'avoir aidé à
commencer. Grand est l'honneur de cette maison; les yeux n'ont
pas vu une pareille; les oreilles n'en ont pas entendu parler. Ce
ne saurait être qu'une maison

5 de Dieu... Par ta miséricorde, en faveur de ton nom, par ta main
pleine et largement ouverte, ô Dieu, tu te souviendras de lui
pour le bien, et prolongeras

6 ses jours; qu'il voie la construction de la maison éternelle, pour s'y
tenir et servir l'Éternel, lui et ses enfants, toujours. Accorde-lui

7 en bien un signe. Sur cette maison ouvre les yeux; prête l'oreille
pour entendre le chant

8 et la prière... Puissent-ils trouver grâce à tes yeux, pour construire
le sanctuaire d'Ariel, et pour sauver Juda et Israël, qu'un ré-
dempteur vienne à Sion !

En outre, dans cette même synagogue, une série de versets bibliques courent le long des frises, en longues lignes de plusieurs
centaines de mètres parallèles, agrémentés des plus fines arabesques,
jusqu'au sommet [1].

La première ligne, en commençant au point le plus élevé, part
de l'angle le plus oriental et contient les premiers versets du
ps. cxxxii, זכר י"י לדוד etc., en continuant ainsi, jusqu'à l'angle
opposé, par la fin du vers. 8 : וארון עזך.

De là, s'élève plus haut la même ligne, par la paroi qui, du
dehors regarde le nord, et de l'intérieur regarde la galerie des
femmes, côté sud; elle contient d'abord les vers. 8 à 10 du ps. lxv,
puis se transformant en lignes brisées, au grenier où se trouvait
vraisemblablement la suite de ce psaume, jusqu'à la fin, disparue
depuis lors.

Ensuite, sur cette paroi, la ligne se détourne, offrant là un verset du ps. lxvi, 5, יאר פניו אתנו סלה; puis, elle contourne la bordure à environ 6 pieds de l'autre paroi, qui du dehors est tournée
à l'ouest et de l'intérieur à l'est. Après quoi, apparaissent quelques

[1] Le ms. de Tolède, n° 428, en donne une longue analyse.

mots du ps. xlv, 5. A la suite. on trouve les mots[1] כל כבדה בת
(vs. 14), jusqu'aux mots תשיתמו לישרים (vs. 17). — On remarque
la particularité graphique du tétragramme divin : ⌐⌐, soit deux י
supportés par un angle droit, ressemblant à un ש.

La 2e ligne, au-dessous de la bordure, commence au-dessus de la
porte d'entrée, aux mots מבטח כל קץ (Ps. lxv, 6), et suit, sur cette
paroi, la continuation du texte biblique jusqu'aux mots שאון ימים
(vers. 8).

A la paroi N. et à la paroi S., on lit צדק וחסידיך (Ps. cxxxii, 9),
jusqu'au vs. 14, זאת מנוחתי, aboutissant en verticale au grenier. En
continuant de ce côté, on lit le ps. cxxxviii, 1-3, puis le vs. 13 du
ps. xxx, suivi du ps. cxxii et finalement du ps. cxxx (*de profundis*).

La galerie des femmes contient, en lignes tantôt horizontales,
tantôt verticales, les deux versets 20 et 21 de l'*Exode*, chap. xv.

C'est le chant de la sortie de l'Égypte entonné par les femmes
juives, sous la direction de Miriam, sœur de Moïse, après le cantique de la Mer Rouge chanté par les hommes.

En outre, le même parvis contient le petit psaume lxi, transcrit
de la même façon. Pour donner une idée nette, par image, de la
disposition des versets courant en lignes brisées autour des portants d'une fenêtre, voici une sorte de ligne « grecque », avec
avancement médial ; elle indique comment le texte biblique suit les
sinuosités de l'entablement, ou de ses appliques :

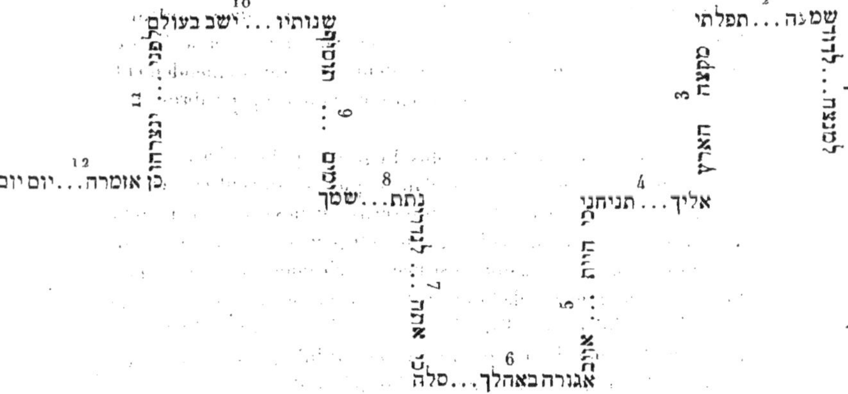

Les douze numéros superposés ici au-dessus des lignes ne se trouvent pas, bien entendu, sur les parois latérales de ladite galerie qui a servi de tribune aux femmes. Ils ont été ajoutés ici, pour indiquer au visiteur dans quelles dispositions les versets se suivent, par fragments. N° 1, verset 1; n° 2, vs. 2; n° 3 les premiers mots du vs. 3; n° 4, suite et fin du vs. 3; n° 5, vs. 4; n° 6, vs. 5; n° 7, premier hémistiche du vs. 6; n° 8, suite et fin du vs. 6; n° 9, premier hémistiche du vs. 7; n° 10, fin du vs. 7 et les deux premiers mots du vs. 8; n° 11, suite et fin du vs. 8; n° 12, vs. 9, dernier de ce psaume.

Cette galerie des femmes est un peu délabrée, ayant servi aux clercs comme chambre de débarras, tandis que la nef rayonne aujourd'hui dans toute sa splendeur et son éclat primitifs.

§ 2. Épitaphes.

A la fin d'un ms. donné par Tomaseo Valperga-Calusio à la Bibliothèque royale de Turin, on a trouvé les textes de 76 épitaphes hébraïques, lues au cimetière de Tolède durant le xv° siècle et transcrites par un hébraïsant médiocre. Elles ont été copiées sur ce ms. par Joseph Almanzi. Celui-ci offrit sa copie à Samuel David Luzzatto, qui, sous le titre de אבני זכרון « pierres de souvenir », a publié à Prague, en 1841, ces 76 épitaphes. Il les a numérotées, les accompagnant de notes explicatives et souvent même rectificatives; il les a aussi parfois vocalisées, en vue d'une bonne lecture primitivement douteuse, sans se contenter des rares amendements déjà faits par J. Almanzi et visés en conséquence par l'abréviation A L.

Toutefois, l'éditeur italien, plus linguiste qu'historien, n'a pris aucun souci de l'ordre bizarre dans lequel se suivent ces textes : le copiste du xv° siècle a dû les transcrire au hasard de sa marche à travers les tombes de Tolède, sans adopter aucune méthode de classement, sans succession justifiée, ni chronologique, ni généalogique, ni même alphabétique. Il nous a semblé utile de remédier à cet inconvénient des dispositions numériques, suivies fidèlement par Luzzatto selon le ms. qu'il avait devant lui, et de les modifier. Seulement, comme cette singulière numérotation a été adoptée par des historiens tels que Zunz et Graetz, qui l'ont souvent invoquée, il est indispensable d'établir la concordance suivante entre la numérotation de Luzzatto et celle qui paraît plus logique, selon l'ordre des années.

Luzzatto n° 1 est devenu n°	47		Luzzatto n° 39 est devenu n°	25
— 2 —	53		— 40 —	24
— 3 —	52		— 41 —	36
— 4 —	51		— 42 —	63
— 5 —	60		— 43 —	61
— 6 —	46		— 44 —	55
— 7 —	32		— 45 —	64
— 8 —	21		— 46 —	28
— 9 —	26		— 47 —	4
— 10 —	75		— 48 —	18
— 11 —	12		— 49 —	5
— 12 —	9		— 50 —	56
— 13 —	74		— 51 —	39
— 14 —	33		— 52 —	34
— 15 —	59		— 53 —	50
— 16 —	30		— 54 —	76
— 17 —	42		— 55 —	29
— 18 —	48		— 56 —	23
— 19 —	49		— 57 —	62
— 20 —	65		— 58 —	6
— 21 —	66		— 59 —	27
— 22 —	67		— 60 —	19
— 23 —	37		— 61 —	71
— 24 —	31		— 62 —	17
— 25 —	10		— 63 —	13
— 26 —	20		— 64 —	16
— 27 —	3		— 65 —	14
— 28 —	35		— 66 —	8
— 29 —	43		— 67 —	40
— 30 —	54		— 68 —	15
— 31 —	38		— 69 —	44
— 32 —	70		— 70 —	58
— 33 —	11		— 71 —	45
— 34 —	69		— 72 —	68
— 35 —	41		— 73 —	57
— 36 —	7		— 74 —	2
— 37 —	72		— 75 —	1
— 38 —	73		— 76 —	22

על מצבת החחכם השלם הנשיא ר' יוסף שושן‏ (‏Luz. 75). 1

(‏אשר בנה בית הכנסת החדש חי"ג‏)

האבן הראשה תשואות חן חן לה (1) מקום הצדק יקרא לה

כי נגנז תחתיה הנשר בעל הכנפים (2)

וכל שרי המלך משתחוים לו אפים (3) הנשיא הגדול הרב האריה (4)

גבור התורה ואלוף המִשְׂרָה בחיר ה' וידידו יסוד עולם ועמודו

מופת הדור ופלאו ממזרח שמש ועד מבואו (5)

הוד היקר וכבודו בשמים עֲדו ובמרומים סהדו

החן משוך אליו והחסד נטוי עליו מטעם המלך וגדוליו

המזלות דגליו והכבבים נשֵׂאֵי כליו (6)

איש חֲמָדות (7) ומבין חידות ובתבונות לו עשר ידות (8)

השר הטפסר אשר מדרכי ה' לא סר מחמד עינינו ומשא נפשנו

וּרְכֵּנו וּפָרשֵנו החכם המופלא הנשיא המעולה

מר' ורב' יוסף ן' שושן אשר היה רם ונשא וגבה מאד

בן כבוד הישיש החסיד פטיש החזק ר' שלמה תנצב"ה

נפטר בשלהי שבט שנת ויבן את הבית ויכלהו (9)

Sur la stèle du parfait savant, le prince R. Jos. b. Sosan, qui a érigé la synagogue neuve, que Dieu favorise (10).

A cette pierre placée en tête (supérieure), s'adresseront les exclamations : Grâce, grâce pour elle ! Elle sera appelée le lieu de justice, puisque, sous elle, est enseveli l'aigle aux ailes déployées. Tous les grands du roi se prosternent la face devant lui. Le grand prince, vaillant dans la Loi, chef du pouvoir, choisi et aimé par l'Éternel, fondement et colonne du monde, miracle et merveille de la génération, du lever du soleil jusqu'à son coucher, majesté précieuse et glorieuse. Au ciel est son témoin, et dans les hauteurs est son attestation.

(1) Allusion à Zacharie, IV, 7.

(2) *Ecclésiaste*, X, 20.

(3) *Genèse*, XIX, 1.

(4) Pour ces deux derniers mots, Luzzatto propose de lire : ולבו כלב האריה.

(5) *Ps.* CXIII, 3.

(6) C'est-à-dire : il est au-dessus des étoiles et des planètes (*Isaïe*, LII, 11).

(7) *Daniel*, X, 11.

(8) II *Samuel*, XIX, 44.

(9) I *Rois*, VI, 9. La supputation numérique des lettres de ces quatre mots donne un total de 963 (pour 4963), comme le dit bien le R. P. Fita dans le *Boletin*, t. XLVII, p. 315; mais, adoptant la restitution de date par J. S. RAPPOPORT (*Kérem Chémed*, t. VII, p. 249), GRÆTZ (*Gesch.*, t. VI, p. 224 et 393, note) avait fixé la date du décès à l'an 4965 = 1205, conformément aussi aux chroniqueurs anciens.

(10) Bien entendu, cette eulogie se réfère à l'édifice construit.

La grâce est attirée à lui, la faveur se penche de son côté, par ordre
du roi et de ses grands. Les planètes lui servent de bannières et les
étoiles sont ses écuyers (tant il plane au-dessus d'elles). Homme bien-
aimé, comprenant les énigmes, il a dix parts dans les raisonnements.
C'est le prince et chef qui ne s'est pas écarté des voies de l'Éternel, le
préféré de nos yeux, l'élévation de notre âme, notre cavalier, notre
coursier, le savant distingué, l'éminent prince, notre guide et maître,
R. Joseph ben Schoschan, qui était élevé, haut placé et supérieur, fils
de l'honorable, vénéré, pieux, le puissant marteau, R. Salomon, dont
l'âme sera enveloppée dans le faisceau de la vie. Il est décédé à la fin
du mois de Schebat de l'an « il construisit la maison et l'acheva ».

OBSERVATIONS.

Ce Rabbi Joseph b. Schoschan ou Sassoon était un écrivain
connu par son commentaire sur le traité *Abôth*; il devint *Almojarif*
(ministre des finances) d'Alphonse VIII; aussi pieux que riche, il
fit ériger une synagogue.

La grande et florissante communauté de Tolède, dit Kayserling [1],
possédait au xiie siècle plusieurs belles synagogues. A ces synagogues vint s'en ajouter une nouvelle, au commencement du
xiiie siècle, érigée aux frais de Joseph b. Salomon ibn Schoschan,
qui jouissait d'un crédit considérable à la cour d'Alphonse VIII.
On connaît ce fait par le récit du provençal Abraham b. Nathan,
surnommé Haÿyarḥi, qui visita Tolède en 1204, c'est-à-dire
presque immédiatement après la construction de la nouvelle synagogue et par des mots ajoutés avant l'épithaphe de Joseph ibn
Schoschan : אשר בנה בית הכנסת החדש חי"ג [2].

Cette dernière abréviation, dans la copie manuscrite des épitaphes de Tolède, publiée par S. D. Luzzatto, a été lue plus tard :
השלש עשרה. S'appuyant sur cette lecture, Grætz a dit [3] : « Dans sa
générosité, Joseph ibn Schoschan édifia, avec une pompe magnifique, la treizième synagogue de Tolède » après avoir écrit : « Tolède
possédait douze belles synagogues ». Il prétend que ce dernier
nombre est indiqué par Juda Alḥarisi dans son *Taḥkemoni* (porte 46);
mais, en fait, celui-ci parle de plusieurs synagogues, sans fixer leur

____

[1] *R. É. J.*, t. XXXVIII, p. 142.

[2] Évidemment, ces mots ne font pas partie de l'inscription tombale; ils
émanent du copiste primitif, qui a écrit ce renseignement.

[3] *Geschichte der Juden*, t. VII, p. 224 et 393.

nombre. C'est que l'abréviation הי״ג, en tête de notre épitaphe, ne doit pas être lue השלש עשרה « la treizième », mais dans son sens d'eulogie. Cette formule suit parfois la mention faite d'une synagogue, par ex. dans les Consultations dites *Zikhron Juda,* n°ˢ 21, 51 et 79. C'est l'abréviation des mots השם יגן גבולו ou ה' ירחיב גבולו « que Dieu protège, ou augmente son domaine! »

La synagogue construite par Ibn Schoschan, ajoute Kayserling, n'est pas — comme le croit A. Harkavy dans חדשים גם ישנים (n° 7, p. 90) — celle qui fut transformée ensuite en une église sous le nom de Sᵗᵃ Maria la Blanca, car cette dernière ne fut élevée que sous le règne d'Alphonse X le Sage. C'est probablement la plus ancienne des synagogues subsistantes, convertie en l'église Santo Cristo de la Luz.

2 (Luz. 74). ז״ל (*sic*) על מצבת החכם ר' אברהם בן אלפֿכאר
(והיתה שבורח ולא נשלמה קריאתה)

סור למערת המכפלה (2)	שכור מיין התרעלה (1)
. . . .	(3) . . . .
אברחם ראש כל מקהלה	. . . שמה קבר
על (4) כל משרת שר הללה	נגיד ושר אך למו סר
לחזות עדיה מתנצלה	בא קץ (5) לבא אל השדה
לא הוסיף ובאה המכשלה	ויאמר עד פה תבא (6)
עליון מתנכלה	. . . .
הבל כל אדם נצב (7) סלה	ובכה ונהה ואמור אך
. . . . (8)	על עפר ישכבון למעצבה
ובטח (9) הנצל משאולה .	. . . .
הוקם על (10) במאמר ובפעל	והנה בה קבר הגבר

---

(1) *Ps.* LX, 5.

(2) Ainsi appelée parce que c'est la tombe d'un certain Abraham, par allusion à *Genèse*, XXIII, 9.

(3) Il y avait là un vers inintelligible, que Luzzatto a laissé de côté.

(4) Sa suprématie était louée, en raison de son but moral.

(5) *Ézéchiel*, VII, 6.

(6) Deux fois un mot בא est ajouté par l'éditeur du ms.

(7) *Ps.* XXXIX, 6.

(8) *Isaïe*, L, 11.

(9) Ms., ובנוה להנצל.

(10) II *Sam.*, XXIII, 1.

סגלת המלכים [1] ותהלת הנסיכים שר וגדול המעוז המגדול

ר׳ אברהם בן כבוד החכם חמופלא הנשיא [2] בן אלפאכר

ונפטר בליל רביעי כ״ה יום לחדש טבת שנת ארבעת אלפים [3]

Sur la stèle du savant R. Abr. b. Alfakhar, d'heureuse mémoire.
(La pierre était brisée, imparfaitement lisible.)

Énivré du vin de l'étourdissement, détourne-toi vers la caverne de Makhpelah... [4].

Là, fut inhumé Abraham, le chef de toute communauté, prince et dignitaire. Tout prince allait vers eux deux seulement. Elle a été louée au-dessus de toute dignité de prince. Le temps est venu d'aller au champ (de repos), de voir son ornement (à elle [5]) dépouillé (l'âme envolée), et (Dieu) dit : tu iras jusque-là, pas plus loin; la chute est arrivée... complotée en haut.

Donc, pleure, gémis et dis : « Tout homme, même le mieux établi, n'est que vanité : Selah. Sur la poussière, ils seront couchés dans la souffrance... » Il aura confiance d'échapper [6] à l'enfer.

Là, a été inhumé l'homme haut placé par la parole et par l'action, le trésor des rois, l'objet de louange des princes couronnés, l'homme supérieur et grand, le puissant, la forteresse, R. Abraham, fils de l'honorable savant et distingué prince fils d'Alfakhar, décédé la nuit du mercredi 25 du mois de Tébet, l'an quatre mille.... (= fin 1239).

OBSERVATIONS.

Joseph b. Alfakhar, cité par un descendant de Maïmonide [7], était chef de la communauté de Tolède, où il était né, au milieu du

---

[1] *Ecclesiaste*, II, 8.

[2] Le prénom du père manque, de sorte que l'on ignore s'il s'agit du fils du fameux médecin R. Juda Alfakhar, adversaire du *Moreh*.

[3] Les chiffres suivants, centaine, etc., manquent selon l'hypothèse de Luzzatto. Mais S. L. RAPPOPORT, dans *Kérem Chémed*, t. VII, p. 248, précise la date et dit que c'était la dernière année de ce millénaire (= 1239), pas plus tard.

[4] M. Seligsohn me suggère l'hypothèse très plausible, qu'il s'agit ici de la tombe d'un mari et de sa femme. Le deuxième vers, perdu, se référait probablement à la femme; au commencement du troisième vers, il devait y avoir le mot וגם... « et aussi »...; ainsi se trouvent justifiés les féminins des vers suivants.

[5] De la femme.

[6] Il faut peut-être rapporter ce mot à la femme, et lire תנצל « elle échappera ».

[7] *Iggereth ha Rambam*, p. 26, invoquée par CARMOLY, *Histoire des médecins juifs*, t. I, p. 61.

xiiie siècle. Devenu docteur en médecine, il professa son art avec succès. Il était très instruit dans les lois traditionnelles des rabbins, et il était considéré comme un très bon casuiste par les docteurs de son temps.

Son fils Juda b. Alfakhar, également chef de la communauté juive, devint célèbre dans le procès des livres de Maïmonide. Seul parmi les rabbins espagnols, il ne souscrivit point à la condamnation prononcée par les adversaires de ces ouvrages. Entre lui et David Kimhi, délégué des synagogues de Narbonne et de Béziers, il y eut un échange de lettres très vives : aux emportements de l'Espagnol fanatique, le rabbin provençal répliqua avec une telle modération que les esprits se calmèrent, mais sans concession d'avis. Encore, ce résultat négatif, mais pacifiste, ne fut atteint qu'après maints tiraillements.

Les tendances antireligieuses de certains partisans exaltés de Maïmonide avaient précipité le mouvement contre son œuvre. Par réaction, le rabbin Salomon b. Abraham, à Montpellier, trouva une hérésie dans chaque ligne du *Moré*. Convaincu que le triomphe des doctrines de Maïmonide amènerait rapidement la destruction du Judaïsme, il n'hésita pas à se servir contre elles de l'arme dangereuse de l'excommunication. Aucun rabbin de la Provence ne voulut se joindre à lui dans cette voie; mais il eut l'appui de ses deux disciples, David b. Saul et Yona b. Abraham Gerundi, ou de Gerone. La lutte s'étendit dans toutes les communautés de Provence, de Catalogne, d'Aragon et de Castille.

L'importante communauté de Tolède ne se laissa pas entraîner dans le mouvement maïmoniste. Son chef, Juda b. Joseph, de la famille des Ibn-Alfakhar, qui était probablement le médecin du roi Ferdinand III, écrivit à Nahmani que lui et ses amis n'obéiraient jamais aux objurgations des « pécheurs de Provence », et que si les partisans de Maïmonide, assez nombreux à Tolède, se prononçaient contre Salomon de Montpellier, il se séparerait d'eux [1].

D'autre part, David Kimhi pensait qu'en obtenant l'appui de la communauté de Tolède, les Maïmonistes porteraient un coup décisif à leurs adversaires, et, dans ce but, il entreprit un voyage en Espagne. En route, il tomba malade, et sur son lit de douleur, il écrivit une lettre pressante à Juda ibn Alfakhar, pour lui reprocher

---

[1] Grætz, *ibid.*, t. VII, p. 115-116; trad., t. IV, p. 173-178.

son silence persistant dans une conjoncture aussi importante : il l'engageait à se prononcer en faveur des droits de la libre pensée. Dans son for intérieur, Juda ibn Alfakhar s'était déclaré depuis longtemps contre les Maïmonistes et il prenait en si sérieuse considération l'anathème lancé contre eux par les rabbins français, qu'il hésitait à répondre à Kimḥi. A la fin, il s'y décida, mais traita Kimḥi dédaigneusement, au grand désarroi des Maïmonistes.

3 (Luz. 27).   בן נחמיש

אב נכאב בלב נדאב

המצבה הזאת ירה (1) וקדרה לו בצרת אורה

יען תחתיה (2) נטמן צנצנת מן (3) קטן בניו מחמד עיניו

אהוב מבנים נער בשנים מבין מזקנים

כלול בטובות מדות איש חמדות

צועק האב בחילו כי אפלה לו

אני הגבר ראה עני (4) כי ארד אבל שאולה אל בני (5)

הכין אצלו קברי בימי חלדי לעת בוא מועדי

וכה אמר בלב מר בני בני הוחל עד בוא זמני

ושכבת וערבה שנתך (6) ובא אביך לראותך (7)

ואצל קבורתך קבורתי בקברי אשר כריתי לי (8)

ואת יהודה שלח לפניו (9) בן כ"ז שנין עלה דרך גבולו

אל המקום אשר היה שם בתחלה אהלו (10)

בעשרים ואחד בטבת שנת חמשת אלפים (11)

נקרא יהודה נ"ע בן משה בן נחמיש·

Ben Naḥmias.

Un père affligé, au cœur endolori, a dressé cette stèle; à cause de ce chagrin, la lumière s'est obscurcie pour lui; car, sous elle [12], est enfoui un vase de mane, le plus jeune de ses fils, le chéri de ses yeux, le plus aimé des enfants, jeune d'années, et plus intelligent que des vieillards, parfait par ses bonnes qualités, homme délicieux. Le père crie, dans sa douleur, que c'est l'obscurité pour lui : moi-même je vois ma misère, car je descendrai en deuil dans la tombe vers mon fils, pour préparer ma tombe à ses côtés, au terme de ma vie, lorsque mon époque sera venue. Ainsi,

---

[1] Genèse, XXXI, 51. — [2] Ms. תחתיו. — [3] Exode, XVI, 33. — [4] Lament., III, 1. — [5] Genèse, XXXVII, 35. — [6] Prov., III, 24. — [7] II Sam., XIII, 5. — [8] Genèse, L, 5. — [9] Ibid., XLVI, 28. — [10] Ibid., XIII, 3. — [11] Il manque peut-être un chiffre ou deux, unité et centaine. — [12] Sous la stèle.

il parle avec amertume : mon fils, mon fils! attends que mon temps soit venu; alors tu te coucheras d'un sommeil agréable; ton père viendra te voir; à côté de ta tombe sera la mienne, au sépulcre que j'ai creusé. — Il a envoyé Juda au-devant de lui, âgé de 27 ans; il a gravi le chemin de son domaine, le lieu où dès l'abord était sa tente, le 21 Tébeth 5000 (= 17 décembre 1239). Il se nommait Juda, reposant au Paradis, fils de Moïse ben Nahmias.

OBSERVATIONS.

Zunz (*Zur Geschichte u. Literatur,* p. 419) suppose cette épitaphe bien postérieure, et l'assigne à l'an 1350; mais c'est une hypothèse aussi hasardée qu'inutile, en raison des origines des Nahmias, qui sont bien antérieures.

Le plus ancien membre connu de cette famille juive à Tolède est Joseph Nahmias, gendre de Josué, fils d'Isaac ibn Saidoun, en 1112. En 1231, Abu al-Hadjadj Josef, fils d'Isaac ibn Nahmias, était un copiste de manuscrits arabes, et dans la seconde moitié du même siècle vivait Todros ibn Nahmias.

Le plus célèbre d'entre eux fut Josef ben José Nahmias à Tolède, disciple de R. Ascher, fils de Iehiel. Entre 1330 et 1350, il composa en arabe le *Nour al-'Alam* (lumière du monde), œuvre d'astronomie, puis des commentaires sur le Pentateuque, sur les *Pirké Aboth* (maximes des pères), et sur les *Proverbes*.

Les autres membres de cette famille sont : David b. Joseph Nahmias, mort avec ses trois fils en Tamouz 1349, savoir : Moïse Nahmias, collègue de R. Judah, fils d'Ascher, et dont le fils Juda est mort aussi durant la peste de 1349, âgé de 20 ans, et Joseph, fils d'Abraham N., qui traduisit en hébreu une partie du Commentaire de Salomon ibn Yaïsch sur le *Canon* d'Avicenne [1]. On les retrouvera ci-après, n° **55** (Luz. 44).

Hors de Tolède, il y eut plus tard Isaac N., juge à Cordoue, puis rabbin à Fez (vers 1420); Abr., fils de José ibn Nahmias, traducteur vers 1490 à Ocaña; David N. et son fils Samuel, imprimeurs à Constantinople (1505); Abr. Nahmias, talmudiste, mort en 1529, et Abraham ibn N., médecin, né à Lisbonne, vivant à Constantinople (1530).

Enfin, un ms. au Vatican daté de l'an 5055 = 1295, contenant

---

[1] STEINSCHNEIDER, *Hebr. Uebersetzungen,* p. 723.

des variantes du Targoum (version chald. de la Bible), émane d'un juif converti nommé Giulio Morosini, qui avant sa conversion s'appelait Samuel b. David Naḥmias, de Venise. Il en existe une copie manuscrite à la Bodleiana, fonds hébreu n° 2341 (Catal. Neubauer. col. 816-817).

4 (Luz. 47).　　　בעמור אחד אצל ר' יונה ז"ל

בליל זה נגזרו עלי שתים
הלא לילי (1) כבר שבת משושי
חטסי עם שארי (2) על זמני
אשר גנו ארון קדושי
ולא ירא לשחת את משיחי
וחלל עוד גאון עזי וקדשי
יצו האל לחדש את כבודי
וילוה י"י לי לאישי (3)
ויוסף חי יקימהו לנגיד
ישימהו עטרת הוד לראשי
ובימיהם אסיר תקוה (4)
(5) . . . .

Sur une colonne, près de R. Iona d'heureuse mémoire :

En cette nuit, deux décisions malheureuses ont été prises contre moi. Déjà, en ma nuit, la joie n'a-t-elle pas cessé ? La violence dont je souffre et ma chair dévorée proviennent du temps qui a caché ma sainte arche et n'a pas craint de détruire mon oint, ni de profaner la majesté et la splendeur de ma puissance et de ma sainteté. Puisse l'Éternel ordonner de rénover ma gloire! Puisse-t-il m'être attaché comme un époux! Joseph est encore vivant : puisse Dieu l'élever à la dignité de prince; qu'il en fasse une couronne somptueuse sur ma tête, et que, durant leurs jours, le captif de l'espérance (6) . . . . .

Comme cette pierre, maintenant fragmentaire, se trouvait près

(1) Peut être une allusion à la nuit du 9 Ab.
(2) *Jérémie*, LI, 35.
(3) *Genèse*, XXIX, 34.
(4) *Zacharie*, IX, 12.
(5) Il manque la suite du poème, dont l'en-tête ou la fin a dû contenir le nom du défunt, avec date du décès.
(6) Une fâcheuse lacune interrompt la phrase avant le verbe.

de la tombe de R. Ionah, elle remonte probablement à la seconde moitié du XIIIe siècle, suppose Zunz (*Zur Gesch. u. Literatur*, p. 419).

5 (Luz. 49).   בן דאוד

נגנו בקבר זה גביר משרה שר היקר במהלל שרה

מֹשֶׁה בנו יוסף בנו דאוד   גְבַר בְּרֹב עֵצָה וּבִגְבוּרה

עבד לעבריים וחלקו לו   מלכי ערב כבוד וגם משרה[1]

גבר בעז ובהוד ובנכסים   ויקנאוהו לבעלי סרה

...בא אל ספרד   או התנכלו עליו בני סורה

.....לשמטון תהית   והרגיו יחזו צרת

מת בחמשת האלפים[2]   וְבַתְמוֹז עשרה־בו ביום עברה[3]

...נפשו בגן עדן   תהיה ויתכסה כסות[4] אורה

A Ben Daoud.

Dans cette tombe est enterré un maître du pouvoir, un prince de dignité; il a régné par ses qualités louables : Moïse, fils de Joseph ben Daoud, a dominé par l'étendue de son conseil et par la force. Esclave à l'égard des Hébreux (ses frères), il a reçu des rois d'Occident les honneurs et la suprématie. Il l'a emporté par la puissance, par la majesté et la fortune, en butte à la jalousie des calomniateurs.

... Il est venu en Espagne. Alors, les fils de la dégénérée (?) ont conspiré contre lui; .... elle sera ruinée, et ses assassins verront l'angoisse. Il est décédé l'an 5000, le 10 Tamouz [5], un jour de colère.

... Son âme reposera au jardin d'Éden, et la lumière se couvrira comme d'un vêtement.

6 (Luz. 58).   ז' אלדנייא

איש תם וישר[6]   וְבכל מעשין מאשר

שם טוב קנה לעצמו[7]   ועל טוב יזכר שמו[8]

---

[1] Non moins modeste avec ses frères qu'élevé en honneurs chez les autres.

[2] Peut-être manque-t-il ici l'année précise, centaine et unité.

[3] *Prov.*, XI, 4.

[4] *Deutéron.*, XXII, 12.

[5] Soit 1er juillet 1240, peut-être quelques années plus tard, dit ZUNZ (*Zur Gesch. u. L.*, p. 419).

[6] *Job*, I, 8.

[7] *Pirké Aboth*, II, 8.

[8] *Jérémie*, XI, 19.

אִישׁ אֱמוּנוֹת רַב בְּרָכוֹת אֲשֶׁר בֵּרְכוּ ה׳ צְבָאוֹת [1]

אֹסֵף מִקְנֶה וְקִנְיָן וְלַעֲנִיִּים נָתַן קִנְיָן

כִּי חִנְּנוּ ה׳ וְכִי יֶשׁ לוֹ כֹל וּבֵרַךְ אֶת אַבְרָהָם בַּכֹּל [2]

וַיִּתֶּן לוֹ מַעֲשֵׂר מִכֹּל [3] וּלְאַבְרָהָם הֵטִיב בַּעֲבוּרָהּ [4]

וַיַּנִּיחֵהוּ בְגַן עֵדֶן לְעָבְדָהּ וּלְשָׁמְרָהּ [5] וְדִגְלוֹ עָלַי אַהֲבָה [6]

וַיָּמָת אַבְרָהָם בְּשֵׂיבָה טוֹבָה [7]

הוּא הַזָּקֵן הַנִּכְבָּד ר׳ אברהם בּר׳ יצחק נ״ע בן אלדויא

יצא מאפלה למקום אורה

Ben al-Doya.

Homme intègre et droit, bienheureux dans tous ses actes, il a acquis un bon renom pour lui-même, et son nom sera rappelé en bien. C'était un homme de foi, grand par les bénédictions dont Dieu l'a comblé. Il a amassé des biens et de la fortune; aux pauvres il a distribué une part de ses acquisitions, car l'Éternel l'a favorisé; il possédait de tout; Dieu a béni Abraham en tout, lequel a prélevé la dîme sur tout. A Abraham il a fait du bien en sa faveur. Il l'a placé au jardin d'Eden pour le cultiver et le garder; la bannière déployée au-dessus de lui est celle de l'amour. Abraham mourut en grande vieillesse. C'est le vieillard honoré R. Abraham b. R. Isaac, qui repose au Paradis, ben Aldoya. Il a quitté l'obscurité pour se trouver dans un lieu éclairé.

REMARQUE.

Dans le Répertoire biographique de H. I. Azoulai (1ʳᵉ partie, n° 59 de la lettre א), se trouve un « R. Abraham b. Isaac, de Grenade », מרמון ספרד, auteur de l'œuvre, ברית מנוחה (*Ibid.*, 2ᵉ partie, n° 113 de la lettre ב). Il n'est pas impossible que ce savant, originaire d'Espagne [8], ait été enterré à Tolède; mais on ne saurait affirmer que c'est le même personnage.

7 (Luz. 36).   בני מכיר נ״ע

חכם חרשים אומן רופא נאמן חיי בשרים לב מרפא [9]

רפא ירפא [10] צרי גלעד לנשוך מכה מכל החי [11]

[1] *Is.*, XIX, 25. — [2] *Genèse*, XXIV, 1. — [3] *Ibid.*, XIV, 20. — [4] *Ibid.*, XII, 16. — [5] *Ibid.*, II, 15. — [6] *Cantique*, II, 4. — [7] *Genèse*, XXV, 8. — [8] Le terme *Rimon* (Grenade) s'applique au pays entier, et non à la seule ville de Grenade. — [9] *Prov.*, XIV, 30. — [10] *Ex.*, XXI, 19. — [11] Ms., החיות.

וכל הנשוך וראה אותו וחי[1] לכל נגוע וּמָכָה ונספה
חובש שברו ומהץ מכתו ירפא[2]. מֵראוח עיניו ברע עוצֶם[3]
מתוק לנפש ומרפא לעצם[4] ובמתק מְלָיו משובב נפשים
טוב עם ה' ועם אנשים[5]
הוא ר' אברהם בן כבוד ר' יצחק נ"ע בן מכיר
משנה שכר שכיר עבדיו מנעוריו אשרי בניו אחריו[6]
וקרא לו אשר אין לו תחלה וּתְכֶלה
אל המקום אשר היה שם אהלו בתחלה[7]
לפנים לפָנָי ויקרא שם אברהם בשם ה'[8]
עלה לשוב למרומו ואברהם שב למקומו[9]

La famille des Makhir, reposant au Paradis.

Savant opérateur de merveilles, médecin habile; il est la vie de la chair, le cœur réconfortant; il a su guérir. Il est le baume de Galaad contre les morsures blessantes de tout animal. Quiconque était mordu et le voyait survivait. A tout individu atteint d'une plaie, ou blessé, ou épuisé de maladie, il donnait avec soin ses pansements. Il guérissait la blessure reçue; il empêchait les yeux de voir le mal. Doux à l'âme, remédiant au corps, par la douceur de ses paroles, il réconfortait les esprits : bon avec Dieu et avec les hommes. C'est R. Abraham, fils de l'honorable R. Isaac reposant au Paradis, ben Makhir[10].

Il a gagné un double mérite, ayant servi dès sa jeunesse : heureux ses enfants après lui! Il a été appelé par celui qui n'a ni commencement ni fin, vers le lieu où se trouvait sa tente primitivement, à l'intérieur, devant moi. Là, il appela Abraham au nom de l'Éternel. Il est monté pour retourner dans sa hauteur, et Abraham revint en son lieu.

8 (Luz. 66). הֵמִית צבי ישראל האזינה רועה אבן ישראל[11]
בן יוסף הֻכה מכת ··· ונפל חלל ובעשור לחדש בשבט[12]
יזכר זכרו כזית רענן ובנים לא היו לו

Pasteur de la pierre d'Israël, écoute la voix plaintive de la beauté d'Israël : le fils de Joseph a été frappé d'un coup terrible, et il est tombé

(1) *Nombres*, xxi, 8. — (2) *Is.*, xxx, 26. — (3) *Ibid.*, xxxiii, 5. — (4) *Prov.*, xvi, 24. — (5) *I Sam.*, ii, 26. — (6) *Prov.*, xx, 7. — (7) *Gen.*, xiii, 3. — (8) *Ibid.*, xii, 8. — (9) *Ibid.*, xviii, 33. — (10) CARMOLY, *Hist. des médecins juifs*, I, p. 100. — Ce nom était célèbre en France, depuis Makhir de Metz en 1036, et un autre Makhir, promoteur d'études religieuses à Narbonne. — (11) *Gen.*, xlix, 24. — (12) L'année manque.

mort le dix du mois de Schebat… Son souvenir subsistera comme un olivier verdoyant, n'ayant pas laissé de fils.

9 (Luz. 12).   על החכם הרב ר' מאיר הלוי ז"ל

וכבוד אֶל הסתירו דבר(2) ?   .   איך(1) שמש בעפר נקבר
כבוד וישב במדבר(3) ?   איכה יצא מן המקדש
איכה חל על קדש גְבָר?   איכה מאור נטמן בחול
ולעמק הבכא חָבָר   גלה   כבוד מישראל
ארבע בימי ניסן עבר   בחמשת אלפי שנים גם
בשלישי אל עמיו נדבר   . . . . . .(4)
גאון כל מטֶה עז שבר(5)   קרא האל מועד לשבור

חֲזה ציון קרית מועדנו(6) ומקוה. סוחרי תלמודנו
זה הים גדול(7) ורחב ידים ורוח אלהים מרחפת על פני המים(8)
זה מקום פנואל ומחנים(9) אין זה כי אם בית אלהים וזה שער השמים(10)
נגנז בקבר זה צפירת תפארת גולת אריאל חכם כאיתיאל
איש חמודות כדניאל
אחרי הולידו את מהלל-אל(11) ויקם עדות ביעקב ותורה שם בישראל(12)
הוא נשיא נשיאי הלוים ר' מאיר הלוי וצול בן כבוד הרב המובהק ר' טודרוס
הלוי רִי"ת(13)

Au savant maître R. Meir Halévi (Aboulafia).

Quoi! Le soleil est enterré dans la poussière! Une chose a pu cacher la gloire de Dieu [14]! Comment la gloire a-t-elle pu quitter le sanctuaire pour habiter le désert? Comment la lumière est-elle enfouie dans le sable? Comment le profane a-t-il vaincu le sacré? L'honneur est exilé d'Israël; il a été joint à la vallée des pleurs, l'an cinq mille et quatre; il a trépassé aux jours de Nissan… un 3ᵉ jour (? mardi), il a rejoint les siens; Dieu a appelé une époque pour briser la grandeur; il a brisé tout sceptre du pouvoir. Ô Sion, vois notre ville de réunion et le concours de ceux qui compulsent notre Talmud, cette grande mer, à la large surface;

(1) Ms. אִיה. — (2) *Prov.*, XXV, 2. — (3) *Ex.*, XXI, 21. — (4) Le quantième manque; mais puisqu'il est mort durant Pâques, et comme l'épitaphe parle d'un mardi, ce devait être le 18 Nissan. — (5) *Jérémie*, XLVIII, 17. — (6) *Is.*, XXXIII, 20. — (7) *Ps.* CIV, 25. — (8) *Gen.*, I, 2. — (9) *Ibid.*, XXXII, 3. — (10) *Ibid.*, XXVIII, 17. — (11) *Ibid.*, V, 15. — (12) *Ps.* LXXVIII, 5. — (13) Abrégé des trois mots רוח י"י תניחני, pris d'*Isaïe*, LXIII, 14, selon l'avis du beau-père de Luzzatto, le R. Segré. — (14) Le poète personnifie ainsi le défunt, et il se demande pourquoi cette extinction s'est produite.

l'esprit de Dieu planait sur ces eaux; voici le domaine de Penuel et des deux camps (d'anges). Ce n'est là que la maison de Dieu, et voici la porte du ciel.

Dans cette tombe est ensevelie la splendeur brillante d'Ariel, savant comme Itiel, l'homme aimé comme Daniel, après qu'il eut engendré *Mahallel* [1], celui qui loue Dieu. Il a dressé le témoignage (sacré) en Jacob, et il a posé la Loi en Israël. C'est le prince des princes lévites, R. Meir Halévi, de pieuse et sainte mémoire, fils de l'honorable maître, l'expert R. Todros Halévi. Que l'esprit divin nous guide !

Le personnage en question ici était connu dans la France méridionale. Du vivant de Maïmonide, sa philosophie religieuse avait soulevé des objections; mais l'enthousiasme de ses admirateurs était alors tellement vif qu'on n'écoutait pas ses détracteurs. Après sa mort, le rabbin de Tolède, Meir b. Todros Hallévi Aboulafia, avait exposé, dans une lettre adressée aux « sages de Lunel », les scrupules que le système de Maïmonide faisait naître dans son esprit. Ses critiques ne furent pas accueillies en Provence, où Ahron b. Meschoullam, de Lunel, défendit contre lui les idées du maître, avec une grande science et une conviction ardente; mais elles rencontrèrent un terrain favorable dans le nord de la France. Là, les talmudistes, et à leur tête Simson de Sens, témoignaient une aussi profonde vénération pour le Talmud que pour la Bible, et ils n'admettaient pas qu'on put l'interpréter à sa guise. Ils s'associaient donc pleinement aux attaques de cet Aboulafia contre Maïmonide [2].

Juda al-Harizi, dans son *Tahkéméni* (porte 46) et Zacuto (*S. Youhassin*, p. 100) parlent de l'orgueil de cet Aboulafia, et Aron b. Meschullam dans sa lettre de polémique (*Taam Zekénim*, p. 66) s'y réfère aussi.

C'est sans doute de notre Meir Halevi, fils de Todros, non de son homonyme fils d'Isaac (ci-après, n° **65**), que parle Menahem b. Zerah [3], le disant venu de Burgos et décédé à Tolède durant Pâques 5004 = 1244.

10 (Luz. 25).‎ מראה אדם עיר וְקָדִישׁ [4] לְמֹשֶׁה אִישׁ הָאֱלֹהִים
הוא החכם הרופא ר' משה הלוי תמ"ך

[1] Après s'être acquis la sympathie du monde.
[2] Grætz, *Geschichte*, t. VII, p. 39-40; trad., t. IV, p. 172.
[3] Dans l'ouvrage צדה לדרך, préface, fol. 4 ".
[4] *Ps.* xc, 1.

בן כבוד החכם השלם ר'מאיר הלוי מ"ב הנקרא אבולעפייא
נפטר כי"ב באב שנת הוד(1) והדר פעלו וצדקתו

A Moïse, l'homme divin, à l'aspect d'un citadin et sacré, au savant
médecin R. Moïse Halévi, qu'il repose avec gloire, fils de l'honoré et
parfait savant R. Meir Halévi (2), reposant glorieusement, dit Aboulafia,
décédé le 12 Ab l'an « son œuvre et sa justice sont de majesté et de splendeur » (ou [50]15 = 17 juill. 1255).

11 (Luz. 33).   . . . . . . בני שושן נ"ע

Voici (dit le ms.) le poëme que j'ai trouvé dans la maison de
Feran Rodriguez d'Aguilar :

בקבר זה נגיד שרים ורמים
. . . . . (3) קצין איים ואמים
אדון משרה כליל מעלה אשר חוא (4)
וחכמה נולדו יחד תאומים
שמואל בן כבוד יצחק בחיר אל
בנו שושן גביר כל החכמים
אבוי לדור אשר נעלה כבודו (5)
והוא אשריו אשר שבן מרומים
שנת אוי על חמשת האלפים באב י"ד (6)
אמת צורת יקר היה עליהם
והיום נשארו אחריו יתומים (7)

Les fils Sosan, reposant au Paradis.

Dans cette tombe gît le chef des seigneurs et des grands . . . . le supérieur des îles et des nations, le maître du pouvoir, parfait en élévation ;
lui et la sagesse sont nés à la fois, comme des jumeaux. C'est Samuel,
fils de l'honorable Isaac, élu par Dieu, fils de Sossan le chef de tous les
sages. Malheur à la génération de David dont la gloire a été enlevée ;

---

(1) Ce mot seul vaut comme chronogramme le nombre 15 ; Ps. cxi, 3.

(2) V. Carmoly, *Hist. des médecins juifs*, I, p. 104.

(3) Le premier hémistiche de ce vers manque.

(4) Ces deux mots, manquant au ms., ont été suppléés par l'éditeur.

(5) Allusion à *Ezéchiel*, ix, 3.

(6) Après le quantième, il y a peut-être une lacune pour l'année de centaine.

(7) Ce dernier mot, justifié par le sens, manque au ms. et a été rétabli par
Luzzatto.

mais lui est bienheureux, car il demeure dans les hauteurs, l'an 17 après
les 5000 (= 1257), le 14 Ab (= 26 juillet). En vérité, une image
de dignité était au-dessus d'eux, et après lui, il reste aujourd'hui des
orphelins.

12 (Luz. 11) : על מצבת החסיד החכם הרב רבנו יונה זצ"ל

בני ציון בציון זה בכו נא	לשמש בעפר ארץ טמונה
שחקים לבשו קדרות(1) ובשו.	כסליחם(2) וחפרה הלבנה(3)
ביום נאסף פאר תורה ונזרה	במרחשון תכם עליו עננה
שנת עשרים וארבע והמשת	אלפים, אל תחי בה(4) רננה
ישיבתו כחליל תהמה(5) לו	ותורתו במר תהגה כיונה
פרצי מי יהי גדר ומי זה	יריעות משכנותי(6) יט כיונה

נגנו בקבר זה אבי התעודה חמדת ישראל ויהודה

הרב אשר הגיד תעלומות חכמה והוציא לאור משפטיה

זהאיר אל עבר פניה(7) מעין החכמת והתבונה

מנורת המאור תיוצאים מצדיה(8) קני חכמה קני בינה

הרב הגדול החסיד רבנו יונה זצו"ל

בן כבוד החכם הנכבד ר'אבדהם ז"ל מגירונת

תהי נפשו בצרור החיים צרורה ומצבת(9) קבורתו מזבח(10) כפרה

בער השארית הנשארה

Sur la stèle du pieux savant maître R. Yôna; le souvenir du juste est
béni.

Fils de Sion, devant cette stèle, pleurez le soleil enfoui sous la poussière de la terre; le firmament s'est revêtu d'obscurité; les constellations
sont honteuses; la lune rougit, au jour où a été ensevelie la gloire de la
Loi, son diadème. Une nuée l'a couvert au mois de Ḥeschwan de l'an
vingt-quatre et cinq mille : on n'entendra plus chanter. Sa *Yeschiba* [11]
comme une flûte gémira sur lui; sa loi comme une colombe [12] roucoulera
amièrement : Qui réparera ma brèche? Qui étendra comme Jonah les
rideaux de mon habitation?

Dans cette tombe est enseveli le père du Témoignage, le favori d'Is-

---

[1] *Is.*, L, 3. — [2] *Ibid.*, XIII, 10. — [3] *Ibid.*, XXIV, 23. — [4] Peut-être,
observe Luzzatto, faut-il ajouter le mot קול, «voix». V. *Job.*, III, 7. —
[5] *Jérémie*, XLVIII, 36. — [6] *Is.*, LIV, 27. — [7] On retrouve la même expression plus loin, n° 52 (Luz. 3). — [8] *Exode*, XXV, 32. — [9] Ms. ומצות (Al.).
— [10] Ms. סוכת (Al.). — [11] École talmudique. — [12] Par allusion au prénom Iona, que portait le défunt.

raël et de Juda, le maître qui a énoncé les mystères de la sagesse et a produit ses jugements au grand jour, éclairant en face d'elle la source de la science et de l'intelligence, le flambeau de lumière sortant de ses côtés en nids de savoir et d'intellect; le rabbin, grand et pieux, notre maître Jonah d'heureuse et sainte mémoire, fils de l'éminent savant l'honorable R. Abraham, d'heureuse mémoire, natif de Gérone. Puisse son âme être enveloppée du faisceau de la vie; que sa pierre sépulcrale soit un autel d'expiation en faveur des restes qui subsistent.

Le rabbin Jonah nommé ici a joué un rôle dans l'histoire littéraire du Midi de la France. Pour triompher de ses adversaires maïmonistes, Salomon de Montpellier alla jusqu'à faire intervenir l'Inquisition, que le pape Grégoire IX venait d'introduire en Provence : les écrits de Maïmonide furent partout recherchés et détruits par le feu.

Cet événement réunit les rabbins des deux côtés des Pyrénées dans une commune indignation contre Salomon et ses partisans. Kimḥi, qui était alors à Burgos, fit demander à Judah ibn Alfakhar s'il continuait à protéger son ami Salomon de Montpellier. Confus, Naḥmani et Mar Aboulafia craignaient d'élever la voix. La cause du fanatique rabbin était jugée : personne n'osait plus le défendre.

Même Jonah Girondi, son plus zélé partisan, se repentait de l'appui qu'il lui avait donné. Seul parmi les adversaires du parti maïmoniste, il survivait encore après les autodafés du Talmud en 1244. Très peu de temps auparavant, il avait vu les œuvres de Maïmonide disparaître en fumée à Paris, par la main des Dominicains et des Franciscains. Lorsque Jonah voit que la haine de l'Inquisition agissait non moins violemment contre le Talmud, il regrette amèrement les violences qu'il avait suscitées par haine des théories de Maïmonide. Pénétré de remords, il confesse publiquement ses regrets dans la synagogue de Paris, et fait vœu d'aller en pèlerinage à Tibériade, sur le tombeau de Maïmoni, pour invoquer le pardon de l'outrage qu'il avait contribué d'infliger à la mémoire du savant de Cordoue.

A cet effet, il se met de suite en route, quitte Paris, se rend à Montpellier où il renouvelle publiquement ses expressions de repentir (selon une lettre de Hillel de Gérone). Cette démarche apaise les esprits, et la haine des partis fait place à l'union. Mais Jonah ne put exécuter son plan; car, avant de le laisser partir pour la

Palestine, les communautés de Barcelone et de Tolède insistèrent
pour qu'il vînt séjourner parmi elles et y enseigner le Talmud.
Dans ses cours, il prononça le nom de Maïmonide avec grand respect. Cette conversion fut d'autant plus remarquée que Jonah était
un grand talmudiste, auteur d'œuvres distinguées. Après avoir dif-
féré son pèlerinage projeté, il mourut subitement [1].

13 (Luz. 63). איש אמונה [2] ראו ציון לסופר תחכמני יפה נוף רובץ עליה

שמו יצחק וישראל [3] ונפטר שנת נדד בכסלו נד ופנה

ומלאך רחמים מעל קראו ואמר לו עלה סופר ושב נא [4]

Voyez la stèle d'un écrivain imbu de science [5], un beau site y do-
mine. C'était un homme de foi appelé Isaac et Israël, décédé l'an « il
est parti » (ou 58 = 1297). Au mois de Kislew, il émigra et s'en alla.
Un ange de miséricorde l'a appelé d'en haut, lui disant : « Monte, écrivain, et reste là ».

14 (Luz. 65). מִקְרָא [6] בחיר בנים יהודה בן שלמה יליד נחמד וישראל

בראש אלול ובשנת החמשת אלפים מת [7] וששים ליצירה

Une élite parmi les fils, Juda fils de Salomon, enfant chéri, surnommé Israël. Il est mort au commencement d'Eloul de l'an 5060 de la
Création (= 16 août 1300).

15 (Luz. 68).   ן' קרישֿף (sic)

עם פעלי צדק פעלותיו   נגנו בקבר זה איש עָנָו

היה וגם תמים בדרותיו [8]   יָשר וסר מרע ואיש צדיק

לכל אמת [9] נודעו אמונותיו   יצחק בנו יוסף שמו בן קרישף

ה"י באלול נטמן בעפרותיו   בשנת שתים נד ועוד ששים

[1] V. Graetz, *Geschichte*, etc., t. VII, p. 66-69, 118; trad. franç., t. IV,
p. 179 et suiv.

[2] Copie inexacte, selon Luzzatto : *Ps.* XLVIII, 3.

[3] De la famille Israéli.

[4] Allusion au nom du scribe Schebna : *Isaïe*, XXII, 15.

[5] II *Sam.*, XXIII, 8.

[6] Comme ci-dessus, un membre de la famille Israéli.

[7] Ce mot manque au ms., et Luzzatto l'ajoute par hypothèse.

[8] *Genèse*, VI, 9.

[9] « En vérité ».

Ibn-Cresph.

Dans cette tombe, se trouve enseveli un homme modeste; il accomplit ses actions auprès des ouvriers de justice. Droit, éloigné du mal, c'était un homme juste, intègre dans sa génération. Il s'appelait Isaac fils de Joseph ben Cresph. Ses croyances étaient connues en toute vérité. L'an soixante-deux, il émigra; le 18 Eloul, il fut enfoui dans la poussière (12 septembre 1302).

Le savant nommé dans cette épitaphe paraît être de la famille de R. Josef ha Cohen ibn Crispin de Tolède, dont il est question dans les consultations de R. Ascher b. Yehiel, § LV, n° 10, ou dans celles de R. Juda b. Ascher, n° 75. Un autre membre de cette famille, Moïse ha Cohen ibn Crispin, de Tolède, est auteur d'observations sur les travaux d'Isaac Israéli, qui se trouvent parmi les mss hébreux de la Bibliothèque nationale à Paris[1] (n° 1070, 2°).

16 (Luz. 64).

לישראל [2] נודו אשר חשכה שמשו

והרעים היום זמן וירעישו [3]

שנת ששים נאסף [4] ושלש ליצירה

ולאלחיו נכסף ולו כלתה נפשו [5]

ראה [6] את יצחק בנך בכורך [7] ישראל

אשר אהבת שים ימינך על ראשו [8]

Plaignez Israël, dont le soleil est obscurci : le temps a tonné aujourd'hui, et l'on a tremblé. — Il a été enseveli l'an 63 de la création (= 1303), il a langui vers son Dieu, et son âme l'a désiré ardemment. Isaac, vois ton fils, ton aîné Israël, celui que tu as aimé. Mets ta droite sur sa tête.

REMARQUE.

En raison de cette date du décès, ce ne saurait être Isaac b. Joseph Israéli, auteur de l'œuvre *Yessod 'olam*, composée vers 1310, et de l'ouvrage astronomique *Scha'ar ha Schamaim* terminé au mois de Nissan de l'an 90 (avril-mai 1330), écrit pour son fils Joseph,

[1] Voir CARMOLY, *Itinéraires de la Terre-sainte*, p. 224 et 285. — [2] A ce membre de la famille Israéli. — [3] Ms. והרע רישו. — [4] Mot omis au ms. — [5] *Ps.* LXXXIV, 3. — [6] Le ms. ayant seulement la particule d'accusatif את, Luzzatto a ajouté le verbe «vois». — [7] *Exode*, IV, 22. — [8] *Genèse*, XLVIII, 18.

conservé parmi les mss hébreux de la Bibliothèque nationale (n°s 1073-74. Carmoly, *ibid.*).

De même, le *S. Youḥassin* donne, pour date du décès d'un Isaac Israéli, l'an 1312.

17 (Luz. 62). ז' ישראל עוד

מקנה השדה והמערַ' אשר בו לאַחֻזַת קבר (1)

לאיש מצאהו שוד ושבר על מות לַבֵן בחור וטוב כגן רטוב

קם עליו כזדונים גוי עז פנים (2) השקהו מי רוש (3) בא עד הראש

ויכהו בצדיה (4) מַכה טריה (5) לָאָרֶץ חַיָתו דָכָה וַיִצָק דם המַכָה

נתנהו בדמו מתגאל (6) נער ישראל הוא ר' ישראל בר' מֹשה

בן ישראל · דמו יֵחָשֵב כדם קרבן אשֶה (7)

הַצְבִי ישראל חלל בשנת על במותיך חלל (8) אי (9) ניסן [נס (10) לקחהו תבל]

וראש לא נשא מיום נָפְלו עד בא המשחִ°ת אל ביתו

בפסח וימֶת אותו תהי מיתתו כפרה לנשמתו ויאסף אל עמיו (11)

תהיה נפשו בסוד נקיים צרורה בצרור החיים

יפרוש כנפיו עליו האל אלהי ישראל

Autré membre de la famille Israéli.

Acquisition a été faite de ce champ et de la caverne qu'il contient, pour être une propriété sépulcrale, par un homme frappé de désolation et de dévastation à cause de la mort du fils (12), jeune et bon comme un jardin frais. Contre lui s'est levé avec arrogance un païen au visage dur, qui l'a abreuvé d'une eau empoisonnée : il l'a atteint à la tête, l'a frappé avec mauvais dessein, d'un coup saignant. Il a brisé sa vie à terre, a versé le sang de la plaie : il a laissé souillé dans son sang ce jeune israélite, R. Israël fils de R. Moïse ben Israël. Son sang sera compté comme un sacrifice consumé par le feu. La beauté d'Israel a été profanée l'an « il a été tué sur tes montagnes (13) », le 11 Nissan... Depuis le jour

---

(1) *Genèse*, XXIII, 4. — (2) *Deutéronome*, XXVIII, 50. — (3) *Jérémie*, IX, 14. — (4) *Nombres*, XXXV, 20. — (5) *Isaïe*, I, 6. — (6) Ms. נתנאל. — (7) *Lévitique*, XXII, 27. — (8) II *Sam.*, I, 19. — (9) Ces deux lettres donnent le quantième 11 du mois. — (10) Hémistiche incompréhensible, selon la remarque de S. D. Luzzatto. — (11) *Genèse*, XXV, 8. — (12) Adaptation de l'expression *Mouth-la-ben* du *Ps.* IX, 1. — (13) A défaut de lettres ponctuées dans ces mots de chronogramme, l'année est indéterminée. Probablement le dernier mot est en compte : il donne le nombre 68 (= 1308).

où il est tombé (frappé), il n'a plus relevé la tète; l'ange destructeur est venu dans sa maison, à Pâques, et l'a tué [1]. Puisse sa mort servir de rachat à son âme!

Il a été enseveli auprès des siens; son âme sera dans le conseil des gens purs, enveloppée dans le faisceau de vie. L'Éternel Dieu d'Israël étendra sur lui ses ailes.

18 (Luz. 48).   ר' ישראל ז"ל [2]

אבן יקרה בשהם לא תֻסָלה
הכי על איש אלהים מסוככת בשוליה
אתן מקומה כאבן השתיה
אשר שֶׁכן כבוד אל לעמתה ועליה.
מה נורא המקום הזה [3] מחזה שַׁדַי יחזה [4] כל איש אשר נשאו לבו [5]
לראות בו כי בו נגנזו כלי המקדש ההראל הארון וישראל
איש אשר הקדישו האל מכל סגלתו קרש ישראל לה' ראשית תבואתו [6]
צדיק שומר אמונים [7] פזר נתן לאביונים
תחכמוני [8] ראש השלישים [9] חכם הרשים באר כל תעלומי התורה
אחת מהנה לא נעדרה [10] הכין לבבו לדרוש דת אל
ויקם עדות ביעקב [11] ותורה שם בישראל
הוא הרב החסיד העניו ר' ישראל זצ"ל בן כבוד ר' יוסף רית"ב ע
בשנת החסיד [12] בו"ך מרחשון סף בתר החכמים וצבים
ויתנצלו בני ישראל את עדים [13] ועלה בית אל ומקדשיו
אבי אבי רכב ישראל ופרשיו ויקרא לו אלהים תפארת ישראל
שב לימיני [14] זית רענן יפה פרי תאר ישראל אשר בך אתפאר [15]

R. Israël, d'heureuse mémoire.

Ô pierre précieuse, même le diamant ne saurait être son équivalent, par la raison qu'elle abrite un homme divin dans ses bords. Je l'estime à l'égal de la pierre *schatiya* (fondement du Temple), en face de laquelle et sur laquelle a résidé la gloire de Dieu.

Combien ce lieu est redoutable! C'est avoir une vision du Tout-puis-

<hr>

[1] Contrairement à l'*Exode*, **xii**, 23, lors de la sortie d'Égypte. — [2] Luzzatto suppose que c'était le frère de R. Isaac Israéli, ci-après n° 24 (cf. n° 40). — [3] *Genèse*, **xxviii**, 17. — [4] *Nombres*, **xxiv**, 4. — [5] *Exode*, **xxxv**, 21. — [6] *Jérémie*, **ii**, 3. — [7] *Isaïe*, **xxvi**, 2. — [8] II *Samuel*, **xxiii**, 8. — [9] I *Chroniques*, **xi**, 11. — [10] *Isaïe*, **xxxiv**, 16. — [11] *Ps.* **lxxviii**, 5. — [12] Des points se trouvent sur quatre lettres, החסד (moins le י), de ce mot, ce qui donne en total le nombre 77. — [13] *Exode*, **xxxiii**, 6. — [14] *Ps.* **cx**, 1. — [15] *Isaïe*, **xlix**, 3.

sant pour tout homme que son cœur portera à regarder là. Il renferme des ustensiles du sanctuaire, la montagne divine, l'arche sainte et Israël, un homme consacré par Dieu parmi tous ses biens, le saint d'Israël à l'Éternel, prémice des produits; juste gardien des fidèles, donnant largement aux pauvres, personnifiant la sagesse, chef des officiers, savant merveilleux, il a expliqué tous les mystères de la Loi, sans en excepter une seule. Il a disposé son cœur à expliquer la loi divine; il a établi le témoignage dans Jacob, et il a placé la loi en Israël. C'est le maître pieux et modeste R. Israël, de juste mémoire, fils de l'honorable R. Joseph, que Dieu le guide au jardin d'Éden, l'an du «pieux», le 27 Heschwan (= 13 novembre 1316). La couronne des sages, leur gloire, a péri, et les israélites ont été dépouillés de leur parure. Le père du chef de la cavalerie d'Israël et de ses chariots est monté à la maison divine, à son sanctuaire. Dieu l'a appelé, disant : ornement d'Israël, assieds-toi à ma droite, olivier florissant, beau fruit de l'aspect d'Israël, car par toi je serai glorifié.

19 (Luz. 60). בן בקואה

נקבר בקבר איש משכיל ותלמיד ירא את ה' במצוהיו חפץ תמיד [1]
וקבע עתים לתורה נושא ונותן באמונה

דובר אמת [2] גבעת הלבונה [3] משכמו ומעלה [4] גדל בשם טוב ונפטר בשם טוב
שמו יוסף בר' יהודה נ"ע בן בקואה

אשר צפה לישנעה נקנה נחטף מלוה ה' חונן דל [5] והוא בן טל [6]
[7] בתשרי שנת אגלי טל [8] על חמשת אלפים לקחו [9]
ונאמנה את אל רוחו [10] בטל ירוה צחיחו
ובמקום גדולים ישים [11] מנוחו ובעת יהיה מתים משיחו
יעמד יוסף בטעמו וריחו

Ibn-Baqouah.

Dans cette tombe est enterré un homme intelligent et studieux, craignant l'Éternel, ayant toujours aimé ses préceptes. Il avait fixé les heures d'étude de la Loi, s'adonnant au commerce avec probité. Il énonçait le vrai, comme la colline de l'encens, au-dessus de son épaule. Il a grandi en bon renom, et il est parti dans le même état. Il s'appelait

---

(1) *Ps.* CXII, 1. — (2) Là et après les mots suivants, il y a peut-être une lacune. — (3) *Cantique*, IV, 6. — (4) I *Sam.*, IX, 21. — (5) *Proverbes*, XIX, 7. — (6) Probablement allusion à l'âge de 39 ans qu'avait ce Joseph. (7) Le quantième du mois est défectueux en tête, le ms. ayant בם'. — (8) *Job*, XXXVIII, 28. — (9) Dieu l'ayant pris. — (10) *Ps.* LXXVIII, 8. — (11) Ms., ישרים.

Joseph fils de R. Juda, reposant au Paradis, ben-Baqouah, qui a observé le salut. Celui qui, prêtant à l'Éternel, favorise le pauvre, a été enlevé, âgé de 29 ans [1], pris au mois de Tisri de l'an « les gouttes de rosée » (ou 83) après les 5000 (= 1323); son esprit a été confiant en Dieu. Par la rosée, il fertilisera son terrain aride; il placera son repos à la résidence des grands, et à l'époque où son oint ressuscitera les morts, Joseph se lèvera en son bon goût et avec son parfum.

20 (Luz. 26).   ואלה דברי דוד האחרונים [2] זכרון לראשונים [3]

מְפֻתָּחוֹת בְּמִלּוּאוֹתָם [4] מַעֲשֵׂה חָרַשׁ אֶבֶן [5] פִּתּוּחֵי חוֹתָם

הַגֶּבֶר הוּקַם עַל [6] חֵלֶק אֱלוֹהַּ מִמַּעַל [7].

לִפְנֵי מְלָכִים יִתְיַצָּב [8] וְקָמָה אֲלֻמָּתוֹ [9] וַתִּתְצַּב

וְהָיָה גָּרֹל נֶרֶב בַּעֲדַת אֲרִיאֵל וְהוּא שָׁפַט אֶת יִשְׂרָאֵל [10]

בַּנְּעִמִים נָפְלוּ לוֹ חֲבָלִים [11] וְשָׁפַט בְּצֶדֶק דַּלִּים [12]

וַיְהִי דָּוִד עוֹשֶׂה מִשְׁפָּט וּצְדָקָה לְכָל עַמּוֹ [13]

וַתְּהִי מִשְׂרָה עַל שִׁכְמוֹ [14] וְעַל טוֹב יִזָּכֵר שְׁמוֹ

יוֹעֵץ וַחֲכַם חֲרָשִׁים [15] טוֹב עִם ה' וְעִם אֲנָשִׁים

הוֹלֵךְ תָּמִים וּפוֹעֵל צֶדֶק מְחַזֵּק הַבֶּדֶק

הוּא הָרַב ר' דוד בר' גדליה מ"ב בן יחייא

בְּאֶרֶץ פּוֹרְטוּגָאל הָיוּ מוֹלְדוּתָיו [16] וּלְאֶרֶץ קַשְׁטִילִייָא נָעוּ מַעְגְּלוֹתָיו

וַיִּשְׁכַּב דוד עִם אֲבוֹתָיו [17] בְּחֹדֶשׁ תִּשְׁרִי שְׁנַת וְצַדִּיק יְסוֹד עוֹלָם [18]

נֹכַח מִקְדָּשׁ וְאוּלָם עָלָה דֶּרֶךְ גְּבוּלוֹ

לַחֲזוֹת בְּנֹעַם ה' וּלְבַקֵּר בְּהֵיכָלוֹ [19]

Voici les dernières paroles de David, en souvenir pour les premières gens, gravées dans leur enchâssure, œuvre du sculpteur sur pierre, intaillant le cachet. L'homme haut placé a une part de Dieu d'en haut, devant les rois il se présenta; sa gerbe s'est levée et s'est tenue debout. C'était un grand et un maître dans la communauté d'Ariel, et il a jugé Israël. Son sort lui est échu parmi les meilleurs, et il a rendu justice aux pauvres avec équité. David a accompli la justice et la juridiction pour tout son peuple. Il a eu la charge du pouvoir sur les épaules, et son nom sera rappelé en bien, conseiller, sage que tous écoutent en silence,

---

(1) Littéralement: fils de la rosée. — (2) *II Sam.*, XXIII, 1. — (3) *Ecclésiaste*, I, 11. — (4) *Exode*, XXVIII, 20. — (5) *Ibid.*, 11. — (6) *II Sam.*, XXIII, 1. — (7) *Job*, XXXI, 2. — (8) *Prov.*, XXII, 29. — (9) *Genèse*, XXXVII, 7. — (10) *Juges*, XVI, 31. — (11) *Ps.* XVI, 6. — (12) *Isaïe*, XI, 5. — (13) *I Chron.*, XVIII, 14. — (14) *Isaïe*, IX, 4. — (15) *Ibid.*, III, 3. — (16) **Ms.** תולדותיו, corrigé par Luzzatto. — (17) *I Rois*, II, 10. — (18) *Prov.*, X, 25. — (19) *Ps.* XXVII, 4.

bon vis-à-vis de Dieu et des hommes, marchant avec intégrité et accomplissant la justice, réparant les brèches. C'est le maître R. David, fils de R. Guedalia [1], reposant glorieusement, fils de Yahia, né en Portugal, que ses pas ont conduit en Castille.

David s'est couché auprès de ses ancêtres au mois de Tisri l'an « le juste est le fondement éternel » (ou 86 = sept. ou oct. 1325), en face du sanctuaire et du parvis. Il a gravi le chemin de son domaine, pour contempler la magnificence de l'Éternel et visiter son Temple.

21 (Luz. 8).   עַל אשת הראש ז"ל

לזאת יקרא אשה [2] אשת חיל עטרת אישה [3]

אחות לשרה על נשי דורה שרה

צָדְקַת בארץ וְנִקְיַת כפים [4] גם חסידה בשמים [5]

מדת הטהורה אשת הראש אשר נתיב היושר צעדה [6]

הנאהבים בהייהם [7] ובמותם לא נפרדו

בכ"ה באב שנת פ"ז ליצירה נפטרה הכשרה

תהי נפשה הברה בצרור החיים צרורה [8]

Pour la femme de R. Ascher.

Celle-ci sera appelée une femme forte, une couronne pour son mari, une sœur à Sara [9]. Elle a dominé les femmes de sa génération, aussi juste sur terre et de mains nettes que pieuse au ciel, est la Dame pure [10], épouse du R. Ascheri, qui marche dans le sentier de la droiture; ils se sont aimés durant leur vie et n'ont pas été séparés après leur mort [11]. — Le 25 Ab de l'an 87 de la création (12 août 1327), est

---

[1] Carmoly, *Histoire des médecins*, I, p. 105; du même, *Imré Schéfer*, p. 26 et 27, d'après סגולת משוררים (ms.), fol. 6 et 7.

[2] *Genèse*, II, 23.

[3] *Proverbes*, XXXI, 10.

[4] *Ps.* XXIV, 4.

[5] *Jérémie*, VIII, 7.

[6] Peut-être, observe S. D. Luzzatto, faut-il corriger le suffixe de ce mot et lire צעדו. — Le prénom de la femme manque.

[7] II *Sam.*, I, 23.

[8] I *Sam.*, XXV, 29.

[9] Vertueuse comme Sara.

[10] C'est peut-être une allusion, suppose S. L. Rappoport (*Kérem Chémed*, t. VII, p. 246), au prénom Clara.

[11] Le mari est mort 72 jours plus tard, le 9 Heschwan 5088 (24 octobre 1327). On peut inférer de l'épitaphe qu'elle a été écrite après la mort des deux époux.

décédée la juste. Puisse son âme pure être enveloppée dans le faisceau de la vie !

22 (Luz. 76).   האבן הראשה תשואות [1] חן חן לה

A la pierre supérieure (en tête), s'adressent les exclamations : grâce, grâce pour elle !

OBSERVATION.

Au sujet de cette épitaphe inscrite en appendice dans le ms. de Turin, après le mot תם « fin », Luzzatto ajoute des remarques finales : il s'étonne de la place négligée qu'elle occupe et surtout de sa concision. Il essaie ensuite de justifier cette dernière, en observant que le second mot de ce petit texte implique le mot ראש (abréviation du nom de R. Ascheri), et que les deux derniers mots חן לה donnent le nombre 5088, date du décès de l'abréviateur du Talmud. C'est bien peu, semble-t-il, pour un écrivain aussi éminent. Faut-il plus simplement admettre que c'est le premier vers d'une épitaphe non continuée ! L'embarras est grand, devant ces arguments contradictoires, lorsqu'il s'agit d'une illustration.

Ascher ben Yeḥiel, né vers 1250, mort en 1327, était originaire des provinces rhénanes et descendait d'une famille de savants qui ne voyaient rien au-dessus et en dehors du Talmud. Disciple du célèbre Meir de Rothenburg, il déployait dans son enseignement la pénétrante perspicacité de l'école française des Tossafistes, mais avec plus de méthode et de netteté, et à la mort de son maître, il était déjà un des rabbins les plus influents d'Allemagne ; d'un rare désintéressement, de sentiments élevés, d'une piété profonde, Ascher ressentait une haine de fanatique contre la science. Dans ces conditions, exilé de son pays natal par la persécution, il vint en Espagne et y importa sa doctrine [2], comme rabbin de Tolède.

23 (Luz. 56).   אבי זמרה

איש חמדות [3] מדבר בו נכבדות [4] חכם בדת התמימה
בישישים חכמה [5] בחר בכשר ומאס בעשר

---

[1] *Zacharie*, IV, 7. — [2] GRÆTZ, *ibid.*, t. VII, p. 267, 268, 271-74 ; t. IV, p. 243, 245, 251-53. — [3] *Daniel*, IX, 23. — [4] *Ps.* LXXXVII, 3. — [5] *Job*, XII, 12.

הישיש החכם ר' יהודה בר' אפרים בן אבי זמרה

עד מותו עמד בכחו לא כהתה עינו ולא נס לחו [1]

ויאמר נער הייתי גם זקנתי [2] בשער החכמה ישבתי [3]

הנה אנכי היום בן המש ושמנים שנה עודני היום חזק בדעת ובבינה

ובכ'ח במרחשון שנת תשעים ואחת בקש לנפשו נחת

לשרת לפני עושה פלא ויאמר ה' יהודה יעלה [4]

Abi-Zimra.

Voici un homme excellent, dont on dit le plus grand bien, un savant dans la loi pure; car la sagesse est dans les vieillards. Il a préféré la rectitude, méprisant les richesses, le vénérable et savant R. Juda fils de R. Efraïm ben Abi Zimrah. Jusqu'à sa mort, il a conservé ses facultés; son œil n'a pas été troublé, et sa sève n'a pas diminué, disant : j'ai été jeune et suis devenu vieux, en étant assis à la porte de la science. Me voici âgé aujourd'hui de 85 ans, encore apte en ce jour, capable de comprendre et de savoir. — Le 28 Ḥeschwan de l'an 91 (= 10 novembre 1336), il chercha le calme pour son âme, afin de servir l'opérateur de merveilles... Et l'Éternel dit à Juda de monter.

24 (Luz. 40).   בן ישראל [5]

בקבר זה נגנז צרור המר [6] אשכל הכפר [7]

הישיש הנותן אמרי שפר [8] משכיל בכל חכמה ויודע ספר

וידא את ה' מנעוריו וחרד אל דבריו

הבחור הנחמד והנעים ר' יוסף נ"ע בר' יצחק ישראלי

שקצרו ימי עלומיו ועלה בחצי ימיו ונאסף אל עמיו

בכ"ח בטבת שנת תשעים ואחת ליצירה

תחי נפשו בצרור החיים צרורה

ושומר נפשות חסידיו [9] יצור נשמתו

וישים כבוד מנוחתו ותהיה באור החיים

Ben Israél.

Dans cette tombe est enterré un bouquet de myrrhe, une grappe de raisin de Chypre, l'homme qui émet de belles paroles, intelligent en toute science, connaissant les livres. Il a révéré l'Éternel dès sa jeunesse,

---

(1) *Deutéron.*, XXXIV, 7. — (2) *Ps.* XXXVII, 25. — (3) Le ms. ajoute le mot ונעתי, peu compréhensible ici. — (4) *Juges*, 1, 2. — (5) Un membre de la famille Israeli, dont le premier est cité ci-dessus, n° 13. — (6) *Cant.*, 1, 13. — (7) *Ibid.*, 14. — (8) *Gen.*, XLIX, 21. — (9) *Ps.* XCVII, 10.

était attentif à ses préceptes. C'est le jeune, aimé et agréable R. Joseph,
reposant au Paradis, fils de R. Isaac Israeli, dont les jours de jeunesse
ont été abrégés. Il s'est élevé au milieu de sa vie, et a été enseveli auprès des siens le 28 Tébet de l'an 91 de la Création (7 janvier 1331).
Que son âme soit enveloppée dans le faisceau de la vie! Celui qui garde
les âmes de ses fidèles préservera aussi son âme; il mettra son repos
dans l'honneur, et elle jouira de la lumière d'une existence future.

Le grand-père d'El-Israïli, Abou'l Fadhl Daoud b. Abou'l Beja
Soleiman b. Mobarek Djedid Eddin, né au Caire en 1161, est lon-
guement apprécié par Ebn Abi Oseibia, dans son *Histoire des médecins*, pour le profond savoir médical et les guérisons obtenues par
Daoud b. Soleiman.

Al-Harizi, dans son *Tahkemôni* (chap. 46), cite le poète Juda b.
Ishak, médecin à Barcelone, qu'Al-Harizi nomme une « source
d'éloquence ». Le défunt nommé ici était peut-être un fils de R. Isaac
Israeli, auteur du *Iessod olam* (I, chap. xiv, n° 41; cf. Carmoly,
ibid., p. 70).

25 (Luz. 39).   אלפאטש

בקבר זת נטמן בחור נטע נאמן
לדרך מוסר סר ומדרך ישר לא סר
ו״ך שנים חיה וזך לבב היה ובו״ך במרחשון פנה
ועזב את אביו בן שבעים שנה נאנח מַשָׁמִים כי ארכו לו אחריו הימים
ובשנת חמשת אלפים ותשעים ושלש נלכד הפח ופחת (1)
ומַבֵין רעיו נאסף ונכתש (2) בתוך מכתש
הוא משה נ״ע בר יצחק ב״ע בן אלפאטש
אלתיר ירחם עליד ויגנח ויעמד לקץ חימין לגורלו

El-Fats.

Dans cette tombe est enfoui un jeune homme, plant de délices; il
s'est dirigé vers le sentier de la morale, sans s'écarter du droit chemin.
Il a vécu 27 ans, son cœur était pur [3], et le 27 Heschwan il est parti,
délaissant son père âgé de 70 ans, languissant de désolation; car depuis
lors il trouvait les jours longs, et l'an 5093 (= 16 novembre 1332), il

---

[1] *Isaïe*, xxiv, 18.
[2] Ms. ונשכח, corrigé par Luzzato.
[3] Jeu de mots sur le double sens de זך « pur » et « 27 ».

a été pris par l'effroi et la ruine : du milieu de ses amis il a été recueilli et comme écrasé sous l'enclume. C'est Moïse reposant au Paradis, fils d'Isaac reposant au Paradis ben El-Fats. Dieu le prendra en grâce, le fera reposer, et à la fin des jours, il le relèvera à l'appel de son sort.

26 (Luz. 9).   על אשה חשובה (1)

הציון והמצבה מֵהַר שפר חֻצֲבה
נגנזה תחתיה אשה גדולה טובת שכל פעלה (2)
מרת גאטילא (3) בת ר' יקותיאל הלוי אשת הה'ר' ר'
שלמה בן כבוד הראש ז"ל ונפטרה בחדש אלול
שנת הביאני חמלך חדריו נגילה ונשמחה בך (4)

Ce monument funèbre ou stèle a été taillé dans une belle montagne (en marbre); sous elle est ensevelie une grande femme, dont l'œuvre est bonne et droite, dame Gütele, fille de R. Yekutiel Halévi, épouse du maître R. Salomon, fils de l'honorable R. Ascheri, d'heureuse mémoire; elle est décédée au mois d'Eloul de l'année «le roi m'a amenée dans ses appartements; soyons joyeux et réjouissons-nous en toi».

27 (Luz. 59).   ן' ששון עוד

עד הגל הזה   ועדה המצבה (5)
כי שם נגנז בחור וטוב דגול מרבבה (6)
ויהי ה' את יוסף ויהי איש מצליח (7)
הולך בטוב וריחו כריח המר מרחוק יריח
ובכל הארץ זאת מודעת (8) כי נגעה ידו בעץ הדעת
ואכל מפריו (9) כי מה טנבו ומה יפיו והשכיל בתבונה ובדעת ומזמה
ויסכר שחקים בחכמה (10) ובמעלות השמש אחז ולא אניס ליח כל רז (11)
וספר רפואות עמו נגנז וכל מעשיו נחמדים מזהב ומפז (12)
ואם נגעה ידו בעץ הדעת בעץ החיים לא יָכלה לגעת
כי נחטף צעיר ימים ברוך מְבָנים (13)
ולא זָכתָה נפשו להיות כל ביתה לבוש שנים (14)

<hr>

(1) Le titre dit : «une femme considérée», au lieu de nommer la bru de Rosch. — (2) Luzzatto propose de corriger en וישר פעלה. — (3) C'est probablement le nom allemand *Gütele*, puisqu'il s'agit d'une femme venue d'Allemagne. — (4) *Cantique des cant.*, I, 4. A défaut de lettres pointées, la date de l'année reste inconnue. — (5) *Gen.*, XXXI, 52. — (6) *Cant.*, V, 10. — (7) *Gen.*, XXXIX, 2. — (8) *Isaïe*, XII, 5. — (9) *Gen.*, III, 6. — (10) *Job*, XXXVIII, 37. — (11) *Daniel*, IV, 6. — (12) *Ps.* XIX, 11. — (13) *Deut.*, XXXIII, 24. — (14) *Prov.*, XXX, 21.

 וקראהו אסון ⁽¹⁾ והוא כאלונים הסון ⁽²⁾ הוא יוסף בר אברהם בן ששן

ומנורת אביו היתה בשמנה נרות נר לכל אחד מבניו והיו למאורות ⁽³⁾

ואחר אשר כבה נר יוסף ביום עברות אל מול פני המנורה יאירו ז' הנרות ⁽⁴⁾

ויאסף אל עמיו ⁽⁵⁾ ויצא מאפלה לאורה

בשמנה עשר יום לחדש אדר שנת תשעים ושש ליצירה

תהי נפשו בצרור החיים צרורה

Encore un Ben-Sosan, ou Sasson [6].

Ce monceau est témoin, et cette stèle atteste que, sous elle, est enseveli un homme jeune et bon, qui se distingua entre dix mille. L'Éternel fut avec Joseph, qui avait été un homme prospérant, marchant dans le bien, et dont le parfum se répandit au loin, comme l'odeur de la myrrhe. Sur toute la terre, c'est un fait connu que sa main a touché l'arbre de la science, qu'il a mangé de ce fruit, observant combien celui-ci est bon et beau. Il a compris le raisonnement, le savoir, la réflexion; il a décrit les cieux avec sagesse; il a saisi la gradation du soleil, et aucun secret n'a échappé à sa pénétration. Le livre des remèdes a été enterré avec lui. Toutes ses œuvres sont plus précieuses que le vermeil et l'or pur, et s'il est vrai que sa main a touché l'arbre de la science, elle n'a pas pu atteindre l'arbre de la vie; car il a été enlevé encore jeune d'années, le plus béni des fils. Son âme n'a pas eu le bonheur de voir sa maison vêtue de vêtements d'écarlate [7]. Un accident lui survint, bien qu'il fût fort comme un chêne. C'est Joseph, fils de R. Abraham ben Sasson. La lampe de son père se composait de huit lumières, dont une pour chacun de ses fils qui devinrent des flambeaux. Depuis qu'en un jour d'orage la lumière de Joseph s'est éteinte, les sept lumières éclairent vers le devant du lampadaire. Il fut enseveli auprès des siens, et de l'obscurité il est sorti à la clarté, le 18 du mois d'Adar de l'an 96 de la création (= 3 mars 1336). Que son âme soit enveloppée dans le faisceau de vie !

Josef b. Sason est originaire de Séville (Carmoly, *ibid.*, I, p. 99). En cette même ville est décédé son parent Isaac b. Meir Sosan, ci-après, n° 41. Jacob b. Sosan est considéré par Isaac Israeli, son disciple, comme l'un des plus grands médecins de son temps (*ibid.*, p. 98).

---

[1] *Gen.*, xlviii, 38. — [2] *Amos*, ii, 9. — [3] *Gen.*, i, 15. — [4] *Nombres*, viii, 2. — [5] *Gen.*, xxv, 8. — [6] A ne pas confondre avec son homonyme du numéro 1, peut-être le grand-père. — [7] Le défunt n'était pas marié.

28 (Luz. 46).   בת הרר' יעקב ז'צ'ל

אשת חיל כבת אביחיל [1] חגרת בעז מתניה ותרד שנתה מעיניה [2]

ולעשות רצון קונה באיש חיקה [3] וכבנה

לא יכבה בלילה נרה ליושבים לפני ה' יהיה סחרה [4]

היא מרת [5] בת החכם הר' יעקב בן הר"אש ז"ל

ובעשור לאב עלתה לחסות בצל יוצרה

נשפה בכיסה [6] על חמשת אלפים ליצירה

La fille de R. Jacob, d'heureuse mémoire.

Une femme forte, comme la fille d'Abihail [7], a ceint avec force ses reins; le sommeil a quitté ses yeux. Pour accomplir le désir de son Créateur, afin de pourvoir aux besoins de l'homme de son giron (mari) et de son fils, elle ne laissait pas sa lumière s'éteindre la nuit (par labeur); pour ceux qui sont assis devant l'Éternel, elle avait le souci du gain. C'est la dame, fille du savant maître R. Jacob, fils de R. Ascheri, d'heureuse mémoire. Le 10 du mois d'Ab, elle est montée pour s'abriter à l'ombre de son Créateur. Elle languit dans son sac [8] (?), après les 5000 de l'ère de la création.

29 (Luz. 55).   דון אברהם ב' שושן

תורה וגדלה במקום אחד נגנזו תחת האבן הזאת יחד

היא אבן השתיה כי שמה קבר אבי התושיה

איש אשר רוח אלהים בן [9] תורת אלהיו בקרבו יועץ וחכם חרשים [10]

תחכמוני [11] ראש חשלישים איש חמדות [12] מדבר בו נכבדות [13]

עץ חיים אשר לא יבלו [14] עליו כל עץ בגן אלהים לא דמא אליו

ותהי המשרה על שכמו [15] נודע בישראל שמו

ר' אברהם ב' שושן היה למשפט חשן [16] אשכול הכפר [17] הנותן אמרי שפר [18]

אב לתלמוד אם למקרא באר לחידות התורה

כמה ספרים לתלמוד חבר ובמקרא אין לו חבר

לא הגיה חכמה שלא למד כמה נסיונות נתנסה ובכלם עמד

[1] *Prov.*, XXXI, 10-18. — [2] *Gen.*, XXI, 40. — [3] *Deut.*, XXVIII, 56. — [4] *Prov.*, *ibid.* — [5] Le nom de la femme est omis. — [6] Ici devait se trouver le chiffre de l'année restée obscure; le montant numérique du mot בכיסה est 97 (= 1337). — [7] *Esther.* — [8] Ou : linceul. — [9] *Ex.*, XXI, 3. — [10] *Isaïe*, III, 3. — [11] II *Sam.*, XXIII, 8. — [12] *Dan.*, IX, 23. — [13] *Ps.* LXXXVII, 3. — [14] *Ps.* I, 3. Peut-être fallait-il lire יִנְבְּלוּ, prétend Luzzatto. — [15] *Isaïe*, IX, 5. — [16] *Ex.*, XXVIII, 5. — [17] *Cant.*, I, 14. — [18] *Gen.*, XLIX, 21.

וקבלם בשמחה וכחבה ונפטר באהבה רבה
כ״ד באלול שנת צ״ט [1] ועלה לשמי שוכן מעוני
ואברהם עודנו עומד לפני ה׳ [2]

Don Abraham ibn Sosan.

La Loi et la grandeur ont été ensevelies ensemble, en un seul endroit, sous cette pierre, qui est comme une pierre de fondation; car là est enterré le père de la sagesse, l'homme qui possède l'esprit divin; il porte dans son sein la loi de son Dieu; il est de bon conseil, savant merveilleux, pénétré de science, chef des officiers, homme de prédilection, dont on dit beaucoup de bien, un arbre de vie dont les feuilles ne se fanent pas; aucun arbre dans le jardin de Dieu ne lui ressemble. Il a eu la charge du pouvoir, et son nom est connu en Israel.

R. Abraham ben Schoschan a servi de rational pour le jugement; c'est une grappe de raisins de Chypre, qui émet de belles paroles. Père en Talmud, mère en lecture de la Bible, il a expliqué les difficultés (énigmes) de la *Tôra*; il a composé de nombreux livres explicatifs sur le Talmud, et il n'a pas d'égal en études bibliques. Il n'y a pas de science qu'il n'ait abordée. Il a été éprouvé maintes fois, et il a supporté toutes ces épreuves, s'y soumettant avec joie et amour. Il est décédé en cet état affectueux le 24 Eloul de l'an 99 (= 28 août 1339), et il est monté aux cieux habiter la suprême demeure. Abraham est encore debout devant l'Éternel.

30 (Luz. 16). נגנז בקבר זה ר׳ שלמה נ״ע בר׳ יהודה הלוי האל ינחמהו
בר׳ מאיר הלוי הנקרא אבולעפייא ונפטר באישבילייא בקצרות שנים
ב׳ ימים לחדש כסלו שנת חמשת אלפים ומאה ליצירה

Dans cette tombe est enseveli R. Salomon, qui repose dans le Paradis, fils de R. Juda Halévi, — puisse Dieu le consoler! — fils de R. Meir Halévi, surnommé Aboulafia. Il est décédé à Séville, encore jeune, le second du mois de Kislew de l'an cinq mille et cent de la Création (= 3 novembre 1339).

Ici apparaît pour la première fois le nom Aboulafia en la personne de R. Salomon, mort « encore jeune », devançant dans la tombe son père R. Juda et son oncle R. Joseph; on lira l'épitaphe

---

de ce dernier ci-après, n° 33 (Luz. 14), également rabbin à Séville, mais décédé à Tolède, tandis que le neveu R. Salomon a été
transporté là après décès. La famille Aboulafia est célèbre par son
intervention dans la supercherie de Moïse de Léon au sujet de l'antiquité du Zohar (Graetz, *Geschichte*, t. VII, p. 245 et note 12).

31 (Luz. 24).   מצבת קבורת אשת גדולה עם בן גילה
מרת דונה [1] בת הנשיא ר' מאיר הלוי רי"ת
אשת גדול הדור ונשיאו ושר צבאו.

Stèle funéraire d'une noble femme, avec son mari [2], dame Donna,
fille du prince R. Meir Halévi, que l'esprit divin guide, épouse d'un
grand de sa génération, son prince, son chef d'armée.

32 (Luz. 7).   להחכם הר' יעקב בן הראש [3] ז"ל

עדה המצבה הזאת מחזה עליון [4] לחזות
כי תחתיה נגנז איש תם יושב אהלים [5] רב פעלים [6]
צדיק מושל ביראת אלהים [7] הר' יעקב בן הראש ז"ל
אמרתו כטל תזל [8] מפי ספרים אשר חבד בשפה ברורה
פרוש לפסקים ולתורה ופסקים לשלשה סדרים
ומלאכת ארבע טורים אבן העזר וחשן משפט לנחשלים
יורה דעה וארחות חיים לנכשלים כל ימיו היו מכאובים [9]
וסבל יסורין בחבה ונפטר באהבה רבה
זבי"ב בתמוז הובא עד אבין הר"אש ז"ל לשכב אצלו [10]
בקבר אשר כרה לו [11] והנה חמשה בניו באו גבולו
שנים מימינו ושלשה משמאלו להם אמר אל נורא
אליכם אישים אקרא [12] לעלות דרך הקדש אל המקור העליון
שיורד על הררי ציון [13] כי שם צוה ה' את הברכה

---

[1] Luzzatto corrige ce mot en דינה « Dinah », et dit que peut-être il faut lire
בונה « bona »; ce n'est pas l'avis de Zunz, *Zur Geschichte u. Literatur*, p. 414;
cf. *Namen der Juden*, p. 73. — [2] Littéralement : son compagnon. — [3] Voir
la généalogie, à la fin de ce paragraphe. — [4] *Nombres*, XXIV, 4. — [5] *Gen.*,
XXV, 27. — [6] I *Chron*, XI, 22. — [7] II *Sam.*, XXIII, 3. — [8] *Deut.*, XXXII, 2.
— [9] Dans *Tour Oraḥ Hayim*, § 242, il note son état nécessiteux. — [10] Le
ms. a בצלו « à son ombre ». Ce texte réfute l'assertion du *Schalscheleth ha-ḳab-
balah*, qui prétend que ce R. Jacob est resté en Allemagne. — [11] II *Chron.*,
XVI, 14. — [12] *Prov.*, VIII, 4. — [13] *Ps.* CXXXIII, 3.

שטורה וערוכה לאשר לעבדו כמהים ·
ויעקב הלך לדרכו ויפגעו בו מלאכי אלהים (1)

על האבן הראשה

אבן העזר ראשו בנוי לתלפיה (2)
כי יעקב בחר לו יה (3)
לרגליו
אורח חיים למעלה ריחו (4) יפיח כמור ורגלי חסידיו ישמור (5)

Au savant R. Jacob, fils du Rosch, d'heureuse mémoire.

Cette stèle atteste, comme une vision divine à voir, que sous elle est enseveli un homme pieux, habitant de tentes [d'études], grand par ses actes, juste, régnant par la crainte de Dieu, R. Jacob fils de R. Ascher, d'heureuse mémoire. Sa parole coule comme la rosée, d'après les livres qu'il a composés en langue claire, commentaire sur les « décisions » (Pesakim) et sur le Pentateuque, des décisions sur les trois ordres (6) [mischniques], et le travail en quatre rangées, savoir : *Eben Haëzer* (pierre de secours) et *Ḥoschen Mischpat* (pectoral de justice) pour ceux qui sont faibles, *Yoreh Déah* (qui enseigne la connaissance) et *Oraḥ Ḥayim* (chemin de la vie) pour ceux qui trébuchent. Tous ses jours ont été endoloris ; il a supporté les maux avec amour, et il est décédé au milieu d'une grande affection [pour Dieu]. Le 27 Tamouz (7), il a été porté auprès de son père R. Ascher d'heureuse mémoire, pour être couché à ses côtés, dans la tombe qu'il s'était creusée. Ses cinq fils sont venus dans son voisinage, deux à sa droite, trois à sa gauche (8). A eux le Dieu redoutable a dit : Je vous appelle, hommes, pour gravir la voie sacrée, vers la source supérieure, qui descend aux monts Sion ; là, l'Éternel a

---

(1) *Gen.*, XXXII, 12.

(2) Ms. לתלפיות, au pluriel, selon l'expression biblique (*Cant.*, IV, 4), mais contraire à la rime de la suite.

(3) *Ibid.*, CXXXV, 4, au sens renversé.

(4) Ms. וברכו (Al.).

(5) I *Sam.*, II, 9.

(6) V. *Koré ha-Dóroth*, f. 25 a.

(7) Peu avant l'an 5100 (= 1340), dit ZUNZ, *Zur Geschichte u. Literatur*, p. 419.

(8) Il s'agit des fils de R. Ascher enterrés à sa droite et à sa gauche. Au décès de R. Jacob, cinq fils étaient morts, et les autres sont morts plus tard. — L'épitaphe n'est pas nettement datée.

ordonné la bénédiction, gardée et rangée pour ceux qui le servent avec ardeur. Jacob suivit son chemin, et des anges de Dieu le rencontrèrent.

En tête de la pierre :

« Pierre de secours », dont la tête est construite comme un fort, car Dieu s'est choisi Jacob.

Aux pieds de la stèle :

« Chemin de la vie » vers la hauteur (au Ciel); son odeur s'exhale comme la myrrhe et garde les pieds de ses fervents.

Jacob, fils d'Ascheri, né vers 1280, mort vers 1340, subit la plus dure des destinées; toute sa vie ne fut qu'une suite de peines et de souffrances; mais il supporta tout avec la plus courageuse résignation. A son arrivée en Espagne, son père avait quelque fortune et vécut constamment dans l'aisance; mais Jacob fut toujours très pauvre. Malgré son profond dénûment, il n'accepta jamais aucun traitement pour ses fonctions de rabbin. Très versé dans le Talmud, il se distinguait plutôt par son érudition que par l'originalité de son esprit. Il eut pourtant le grand mérite de mettre un peu d'ordre dans le chaos talmudique et de codifier les nombreuses prescriptions disséminées dans cet immense recueil. Utilisant tous les travaux antérieurs de ce genre, notamment ceux de Maïmonide, Jacob composa un code divisé en quatre parties appelées *Tourim* (rangées), qui contiennent les lois rituelles et civiles, ainsi que les lois relatives à la morale et au mariage. L'apparition de ce code marque une nouvelle phase dans le développement intérieur du judaïsme [1]. On y trouve souvent cité son frère aîné R. Yeḥiel, une fois (*Tour Oraḥ Ḥayyim*, § 417) son frère Judah, et une fois son oncle R. Ḥayyim (*ibid.*, § 49). En tout cas, la présente épitaphe démontre que ce Jacob n'est pas mort à Chio, כיאו, comme le prétend à tort Azulaï, *Schem ha-Gdólim*, I, s. v. (p. 86, édition Is. Ben Jacob, Wilna, 1852).

----

[1] GRÆTZ, *Geschichte*, t. VII, p. 346-350; trad., t. IV, p. 270; Max Seligsohn, dans *Jewish Encyclopedia*, à ce nom.

33 (Luz. 14).   נגנז בקבר זה ר' יוסף חלוי נע בר' מאיר חלוי מב
הנקרא אבולעפייא שהיה רב באישבילייא
ונפטר בטוליטולה עיר מולדתו
בשלהי תשרי שנת חמשת אלפים וק"ב ליצירה

Dans cette tombe est enseveli R. Josef Halévi, qui repose au Paradis, fils de R. Meir Halévi reposant dans la gloire, surnommé Aboulafia [1], qui avait été rabbin à Séville, décédé à Tolède sa ville natale, à la fin du mois de Tisri l'an cinq mille cent deux de la Création (= octobre 1341).

34 (Luz. 52).   וֹ' אלפאנדרי

קרבו נא כל עוברי דרך   אל קבר איש נעים נאהב
ושאו עליו תמיד קינה   אמרו איכה יועם זהב [2]
נגנז בקבר זה ר' יצחק בר' יהודה נ"ע בן אלפנדרי
ונפטר ביום   ראשון לחדש כסליו
שנת חמשת אלפים   ושתים לבריאת עולם

Alphandery.

Approchez-vous, tous passagers, de la tombe d'un homme agréable et aimé; énoncez toujours pour lui une élégie; dites : comment l'or s'est-il obscurci?

Dans cette tombe est enseveli Isaac, fils de R. Juda, reposant au Paradis, ben Alphandery, décédé le premier jour du mois de Kislew l'an 5002 de la Création du monde (= 10 novembre 1341).

La famille Alphandery, qui subsiste encore à Paris, non sans gloire, a été célèbre dès le xive siècle, car Jacob, fils de Salomon Alfandery, à Valence, en 1367, aida Samuel Çarça à traduire le *Séfer ha-Atsabim*, de l'arabe en hébreu (Steinschneider, *Hebr. Uebersetzungen*, p. 448). Ce nom de famille dérive peut-être du nom de lieu espagnol Alfambra (= Alhambra). Voici, pour les

[1] Par homonymie de ce Joseph Aboulafia avec son cousin, on est enclin à commettre une confusion qu'il faut éviter : Joseph ben Todros Halevi Aboulafia est mort un peu après 1304 (dit Graetz, *ibid.*), tandis que le défunt nommé ici est fils de R. Meir. Voir ci-dessus, n° 30 (Luz. 16) et ci-après, n° 42 (Luz. 17).

[2] *Lamentations*, IV, 1.

xviie et xviiie siècles, sous forme de généalogie, les principaux d'entre les membres de cette famille en Orient :

JACOB.
|
HAYYIM,
né en 1588, professeur de Talmud à Constantinople,
disciple d'Aron b. Josef Sasson, auteur du *Maguid me-Reschith*,
mort vers 1640.

JACOB,
auteur du *Moutsal mé-Esch*,
mort vers 1690.
Par ses propres notes,
on sait qu'il était très âgé en 1686.
|
ELIYAH,
rabbin à Constantinople,
a écrit sur les questions matrimoniales
des livres parus à Constantinople
en 1719 et 1723.

Isaac RAFAÉL,
à Constantinople au xviie siècle,
mort vers 1690.
Une partie de ses Consultations
a paru avec celles de son père
en 1710.
|
HAYYIM,
auteur de *Esch Dath*,
rabbin à Constantinople,
mort très âgé en Palestine,
au commencement du xviiie siècle.
|
Aron b. MOÏSE,
talmudiste, né à Smyrne en 1700,
mort en 1774 à Hébron.

Des descendants de ces écrivains vivent encore à Beyrouth, et il y a encore des représentants de la branche cadette à Avignon, issus des médecins de ce nom en la même ville, qui ont vécu et professé à Avignon en 1506 et 1558 (*Revue des études juives*, t. V, p. 308; t. XXXIV, p. 253 et 280; cf. l'article du baron David de Gunzburg, dans la *Jewish Encyclopedia*, s. v.).

35 (Luz. 28). בני אלנאקוה

נגנז בקבר זה איש חיל רב פעלים רב הַמַהֲלָלִים
ובמעלות המדות היו לו עשר ידות (1)
דורש טוב לעמו (2) וגודר (3) בפרץ עם מלכים ויועצי ארץ (4)
וסדרש בנה להגות בו התורה היקרה

(1) II *Sam.*, XIX, 44.
(2) *Esther*, X, 3.
(3) Ne serait-il pas plus logique de lire ‏ועומד‏, suppose Luzzatto.
(4) *Job*, III, 14.

לְאוֹר היום והלילה בנר מצוה ותורה

וביח דירה לאברהם למקנה

והקדישו לאורחים הבאים מכל פנה

ונתן בו מטה שלחן וכסא ומנורה (1) ומזון לסעודה

לכל אורח המחסר צדה ואחרי זאת הוליכוהו רגליו

אל המקום אשר נגזר עליו

ובמקום תקע אהלו (2) ערב יום הכפורים שם שם לו (3)

וקם בבקר והוא לא ידע כי השטן לשטנו (4)

הוא עומד על ימינו

והוא אומר אשכיר חצי מדם (5) ואפרוחיו (6) יעלעו דם (7)

וממנו לא נזהר ויכהו בחניתו חץ פתאום היה מכתו

וַיֵשֶׁב יום אֶחֶד והוא מהֻמָּכָה ככפיר ינהם

ויגוע וימת אברהם (8) הוא אברהם

בן שמואל בן אלנקאוה המתאבל עליו והוא יושב כאיש נדהם (9)

על הגזרה אשר קרת (10) את אברהם

ונפשו הטהורה עלתה לשמי שמי ערץ ויהי הגשם על הארץ (11)

ונחלתו בעדן גן תשפר ולארץ לא יְכֻפַּר

בי אם בדם שפכו ארי שעלה מַמבכו (12)

והמת ויגוח עם חסידים ותמימים נח איש צדיק תמים (13)

ויעמוד לגורלו לקץ הימים

והגזרה הזאת נגזרה בחדש תשרי שנת ק״ב ליצירה

Ben-Al-Naqouah.

Dans cette tombe est enseveli un homme de valeur, grand par ses
actes, un maître parmi les gens célébrés; il a eu dix parts dans les degrés de qualités, recherchant le bien de son peuple, réparant la brèche,
auprès des rois et des conseillers du pays. Il a construit une école pour
y étudier la Loi précieuse, pour éclairer le jour et la nuit à la lumière
des préceptes et des doctrines, ainsi qu'une demeure à Abraham en
acquisition. Il l'a consacrée aux hôtes arrivant de tous les coins; il y a
placé lit, table, siège, lumière, nourriture à manger, pour chaque hôte
manquant de provision. Après quoi, ses pas l'ont mené à son lieu de

<hr>

(1) II *Rois*, IV, 10. — (2) *Gen.*, XXXI, 25. — (3) Allusion à I *Sam.*, XV, 2. —
(4) *Zach.*, III, 1. — (5) *Deut.*, XXXII, 42. — (6) Ms. ואפרוחיו, et le mot sub-
séquent דם manque. — (7) *Job*, XXXIX, 30. — (8) *Gen.*, XXV, 8. — (9) *Jér.*,
XIV, 9. — (10) Cette forme grammaticale, semblable à ועשת, vise l'accident
survenu. — Le manuscrit, sans souci de la rime, intervertit les deux premiers
mots de ce vers avec les deux derniers mots de la ligne précédente. — (11) *Gen.*,
VI, 12. — (12) *Jér.*, IV, 7. — (13) *Gen.*, VI, 9.

destination. Là, il a planté sa tente; c'est survenu la veille du jour du grand pardon. Il s'est levé le matin, sans savoir que Satan se tenait à sa droite pour le faire trébucher, disant : J'enivrerai mes flèches de sang, et les poussins le suceront. Ne se gardant pas de Satan, il a été frappé de sa lance, par un coup subit. Au bout d'un jour, rugissant de douleur comme un léopard, Abraham expira et mourut. C'est Abraham, fils de Samuel ben Al-Nqaoua, en deuil pour lui, assis comme un homme stupéfait de la décision (divine) qui a frappé Abraham. Son âme pure s'est élevée aux cieux terrifiés, et la pluie est tombée sur la terre. Son héritage brille au jardin d'Éden; à la terre il ne sera pardonné que contre le sang de celui qui l'a versé. Le lion est monté de sa futaie. Le défunt reposera près des gens pieux et intègres, comme Noé l'homme juste, parfait. A la fin des jours, il se lèvera à son appel au sort. Ce malheur est survenu au mois de Tisri l'an 102 de la Création [1] (septembre ou octobre 1341).

36 (Luz. 41). עַל ר' שמעון בן הראש ז"ל

בני ציון בציון זה ספדו והתאבלו

על מות שמעון הצדיק בן חרא"ש ז"ל אשר בו בני דורו

התפארו והתהללו דעתו ושכלו לא נחקרו ולא נגבלו

עמד על חוג ארץ ולו שערי שמים לא ננעלו

מעשיו בתורה ובמצות על דור גילו גדלו

לָמַד וּלְמֵד ידו פָרַשׁ ללא שאלו בְּמֶתֶק פיו רבים מֵעָוֹן חדלו

מאס כבוד תבל וכל מזמותיו געלו הליכות עולם [2] ולמקום אסיפתו יעלו

. . . . וְלֹא לו [3]

ובי"ב באלול בשבת נחטף בשנת ק"ב ונקי שכב עם הויו אשר עלו

להסתפח בנחלתים [4] אשר נחלו

אישים [5] קראוהו למקום עליון אל עוזו חביון [6] ודרך ציון ישאלו [7]

שם ינוח ויעמור לגורלו עולה לציון יעלו

[1] Le manuscrit a קכ, 120; mais Luzzatto propose de lire ce nombre ק"ב, 102, puisqu'il résulte de cette longue épitaphe que le père du défunt, R. Samuel, vivait encore au décès du fils, tandis que l'épitaphe suivante 43 (Luz. 29), portant la date 109, note R. Samuel comme défunt, ז"ל. Ce n'est pas à dire que cette dernière eulogie se réfère peut-être, non au père R. Samuel, mais à R. Salomon, d'autant plus qu'au numéro 54 (Luz. 30), R. Samuel est nommé sans cette désignation (feu), puisque à coup sûr, en 1355 (ci-après, n° 70), R. Abraham est désigné comme défunt. — [2] *Hab.*, III, 6. — [3] Il doit manquer là un hémistiche, observe Luzzatto. — [4] 1 *Sam.*, XXVI, 19. — [5] Les anges, observe Luzzatto. — [6] *Hab.*, III, 4. — [7] *Jér.*, L, 5.

Sur la stèle de R. Simon, fils du Rosch.

Fils de Sion, à cette stèle, gémissez et soyez en deuil sur la mort de Simon le juste, fils de R. Ascheri [1], d'heureuse mémoire; les gens de sa génération étaient fiers de lui et se louaient en lui. Sa science et son intelligence étaient sans borne, ni limite. Il s'est tenu au-dessus du globe de la terre [2], et pour lui les portes du ciel n'ont pas été closes [3]. Ses actions, en fait de pratique de la Loi et des préceptes religieux, se sont élevées au-dessus de l'époque de sa génération. Il a appris et enseigné; il a tendu la main à qui ne la demandait pas. Grâce à ses douces paroles, beaucoup de gens se sont abstenus de pécher. Il a méprisé les honneurs mondains; tous ses desseins lui ont fait rejeter la marche du bas monde; car ils s'élevaient vers le lieu de sa retraite future, si non pour lui.....

Il a été ravi le 12 Eloul, un samedi, de l'an 102 (= 14 août 1342); il s'est couché auprès de ses parents, qui sont montés pour s'attacher à l'héritage qu'ils ont recueilli. Les gens virils (anges) l'ont appelé à une place supérieure, vers une demeure puissante, cherchant la voie de Sion. Là il repose, et il se relèvera à l'appel de son sort lorsqu'on remontera vers Sion.

37 (Luz. 23).   גגנז בקבר זה ר'יצחק הלוי
בן הרב המובהק ר'טודרוס הלוי נ"ע בן אל־לאוי
שנפטר בט"ו טבת ה' אלפים [4] וק"ב ליצירה
השם ברחמיו ירחם עליו

Dans cette tombe est enseveli R. Isaac Halévi, fils du maître compétent R. Todros Halévi, reposant en gloire, fils d'Allavi, décédé le 15 Tébet 5102 de la création (25 décembre 1341). Dieu, dans sa miséricorde, aura pitié de lui.

38 Luz. (31).   זקן ושבע ימים [5] הולך־תמים [6] תפארת ישישים
טוב עם ה' ועם אנשים [7] נקי כפים ושח עינים
ר' שמואל בר' יוסף נ"ע בן אלנאקוה
נפטר בחדש מרחשון לחסות בצל האל
[8] שנת קום עלה בית אל [9]

[1] Le huitième et dernier fils. — [2] *Isaïe*, XL, 22 : il connaissait bien le globe terrestre. — [3] Il était fort en astronomie. — [4] Le mot « mille » manque dans le Ms., après le chiffre 5, observe S. D. Luzzatto, qui l'a restitué. — [5] *Gen.*, XXXV, 29. — [6] *Ps.* XV, 2. — [7] I *Sam.*, II, 26. — [8] Dans le Ms., il y a des points sur le premier mot, équivalent du nombre 146; probablement, il faut pointer le second mot, qui donne 105 (= 1345). — [9] *Gen.*, XXXVI, 1.

Vieux, rassasié de jours, marchant avec intégrité, ornement des vieillards, bon avec Dieu et avec les hommes, les mains nettes, les yeux purs, R. Samuel fils de R. Joseph, reposant au Paradis, Ben Al-Nqaouah est décédé au mois de Heschwan, pour se réfugier à l'ombre de Dieu, l'an « lève-toi monte à la maison de Dieu ».

39 (Luz. 51). נ׳ חמיד

אבן מוסדה לאות ולעדה כי תחתיה נטמן בחור נאמן
ישר דרך שפל ברך תפארת רעים נחמד ונעים
ר׳ אברהם בר׳ אליסף בן חמיד
עודנו באבו נקטף (1) ומבין אחיו נחטף ועזב את אביו ומת
ובירח תמוז שנת חמשת אלפים ומאה ושבע ליצירה
שב למרומו עם בניו (נ) וכל עמו ואברהם שב למקומו (2)

Ibn-Ḥamid.

Une pierre a été fixée comme signe, et pour attester que, sous elle, est caché un jeune homme fidèle, qui suivit le droit chemin, d'allure modeste, l'ornement de ses compagnons, aimé et agréable, R. Abraham fils de R. Eliasaf ben Hamid. Il a été cueilli étant encore en sa floraison et ravi du milieu de ses frères. Il a délaissé son père, et il est mort. Au mois de Tamouz de l'an 5107 de la création (= juillet 1347), il est retourné dans les hauteurs célestes, auprès des siens et de son peuple : Abraham est revenu en son lieu.

40 (Luz. 67). בן טשאט

זאת ליהודה (3) נצב על העדה
כי היה ישר ונאמן מהיר במלאכתו. . (4) ללמד את בני ישראל תורה
כדת וכשׁורה לדרושׁ לרבים להדריכם בדרך ישׁרה
הוא ר׳ יהודה נ״ע בר׳ אברהם בן טשאט
נפטר בחדש מרחשון בק״ח ליצירה.

Ibn Tschat.

Cette stèle est à Juda, qui avait été à la tête de la communauté. C'était un homme droit, honnête, prompt au travail, pour enseigner aux enfants d'Israël la Loi selon la règle et l'ordre, pour prêcher à la

---

(1) *Job*, VIII, 12. — (2) *Gen.*, XVIII, 33. — (3) *Deut.*, XXXIII, 7. — (4) Le Ms. a ici le mot וחומת, incompatible avec le contexte, observe Luzzatto.

foule, afin de faire marcher dans le droit chemin. C'est R. Juda reposant au Paradis, fils de R. Abraham ben Tschat, décédé au mois de Heschwan l'an 108 de la Création (octobre ou novembre 1347).

41 (Luz. 35).   נגנו בקבר זה ר' יצחק הרופא
בר' מאיר הרופא נ"ע בן שושן
נפטר בגבול אישבילייא בן כ"ה שנים במגפה שנת מנוֹחה

Dans cette tombe est enseveli R. Isaac le médecin, fils de R. Meir médecin [1], reposant au Paradis, ben Sossan, décédé dans le district de Séville, à l'âge de 25 ans, lors de la peste, l'an du « repos » (ou 109 = 1349).

42 Luz. 17).   מי לך פה חתן כי שמת מושבך איתן [2]
ומאסת שכון טירות וביתָן [3]
והנך עצור בנקרת הצור [4] ומדוע הלוך מָהרתָ עם האשה אשר אהבת!
אני הגבר ראיתי שד ושבר [5] ודם ודְבר וקצרו ימי עלומי [6]
ויחטפוני פתאום בדמֵי ימי [7] נער ורך שנים חליים רעים [8] ונאמנים
וכגדל כאבי ועצם מחלתי עזבתי את ביתי נטשתי את נחלתי [9]
והדָבר הכחיד בבהלה החתן עם הכלה
וישָם את ביתי לחרבה ולשממה [10] טרם מלאת שנה תמימה
ולא עזבני בשובה ונחת [11] נקי לביתי [12] שנח אחת
ובמותי עלה שמיר ושית [13] ויספון את הבית [14]
וכן אין לי לרשת את נחלתי ולהזכיר את שמי
בתוך בני עמי אני הוא המדבר הנני ושומע קורותי יחגני
יוסף בר' מאיר מ"ב הנקרא אבולעפייא המררי זה שמי לעולם וזח זכרי [15]
נפטרתי במגפה שנת האם תמנו לגוֹע על חמשת אלפים ליצירה
ועזבתי אֶם שוממה סוערה בטר בוכיה נשארה [16]

[1] Voir Carmoly, *ibid.* — [2] *Nombres*, XXIV, 21. — [3] Ce dernier mot manque au Ms. (AL.); la rime l'exige. — [4] *Exode*, XXXIII, 22. — [5] *Isaïe*, LIX, 7. — [6] *Ps.* LXXXIX, 46. — [7] *Isaïe*, XXXVIII, 10; les deux mots manquent aussi (AL.). — [8] Ms. à tort : רכם; *Deutér.*, XXVIII, 59. — [9] *Jér.*, XII, 7. — [10] *Ib.*, XLIV, 6. — [11] *Isaïe*, XXX, 15. — [12] *Deut.*, XXIV, 5. — [13] *Isaïe*, IX, 17. — [14] I *Rois*, VI, 9. — [15] *Ex.*, III, 15. — [16] Ms. נשארה במר בוכיה contraire à la rime (AL.).

ותרם מתה ביגון ואנחה כנות שלחה (1)

ותשאר שכולה וגלמודה (2) רק היא יחידה

Qui es-tu ici, toi fiancé [3], pour que tu aies fixé ta demeure dans le roc, et que tu aies dédaigné d'habiter des palais et des châteaux ? Te voici enfermé dans la crevasse du rocher. Pourquoi tant de hâte à t'en aller avec la femme que tu as aimée ? Moi-même [4] j'ai vu la désolation et le malheur, le sang versé, la peste, qui ont écourté mes jeunes années et m'ont enlevé subitement, encore jeune, ayant peu d'années, dans les meilleures années de ma vie, par de graves et dangereuses maladies. Dans ma grande souffrance et mon fort mal j'ai abandonné ma maison, j'ai délaissé mon héritage; la peste a exterminé avec rapidité le fiancé et la fiancée; elle a fait de ma maison une ruine et une désolation, avant l'achèvement d'une année entière. Elle ne m'a pas abandonné dans la paix et le repos, libre dans ma maison une année complète. A ma mort, les ronces et les épines ont poussé, ont envahi la maison. Je n'ai pas de fils qui hérite de mon patrimoine et rappelle mon nom. Parmi les gens de ma nation, je suis celui qui se déclare présent, et celui qui entend mes vicissitudes me favorisera.

C'est Joseph fils de R. Meir reposant glorieusement, surnommé Aboulafia l'affligé, qui est mon nom à jamais, tel est mon souvenir. Je suis décédé dans la peste l'an « avons-nous cessé d'expirer ? [5] » (= 1349) après les 5000 de la création. J'ai abandonné une mère désolée, abattue, restant à pleurer amèrement. Avant de mourir de chagrin et d'angoisse, elle avait envoyé ses filles au dehors; elle reste privée et solitaire, tout à fait seule.

REMARQUE.

On ne saurait confondre le jeune homme en question ici, malgré une certaine homonymie, ni avec son parent Joseph Aboulafia Halévi, nommé ci-dessus n° 30 (Luz. 16), fils de Todros, ni avec un autre Aboulafia Halévi, ci-dessus n° 33 (Luz. 14), également fils d'un R. Meir, mais qui devait être un homme âgé, lorsque, après

---

[1] Allusion à *Juges*, XII, 9; ayant marié ses filles, le décès de son fils laissa la mère isolée.

[2] Ce mot manque au Ms. (AL). Voir *Isaïe*, XLIX, 21.

[3] *Gen.*, III, 12. Jeu de mots sur le double sens du mot חתן, « gendre » et « fiancé » qu'a le défunt.

[4] A la question précédente le défunt répond.

[5] Ou : allons-nous tous périr ? *Nombres*, XVII, 28.

avoir été rabbin à Séville, il vint finir ses jours à Tolède l'an 102
(= 1341).

43 (Luz. 29).   תמים דעים [1] יפה אף נעים [2]

נפטר במגפה הוא ואשתו ובניו וכל אשר לו

אין שריד באחלו [3]

ולא נשאר לו זולתי בת קטנה רק חיא יחידה

הוא ר׳ שלמה בר׳ שמואל נ״ע בן אלנאקוה

שנת האם תמנו לגוע

D'idées pieuses, beau et agréable, il est décédé lors de la peste, lui,
sa femme, ses fils; de tout ce qu'il avait il ne reste plus rien sous sa
tente, sauf une fille enfant, toute seule. Ce fut R. Salomon, fils de
R. Samuel reposant au Paradis, ben Al-Nqaoua, l'an « périrons-nous
tous ? » (= 1349).

44 (Luz. 69).   ן׳ אלחרב

בשׁנת מאה ותשע לפרט היצירה שנת עברה וזעם וצרה [4]

היא שנת המגפה אכלה יבול הארץ [5] וקטפה

עקרה הרים ושטפה ונכרת בגזירת עושה חזיזים [6]

בן מבין ומשכיל בחור כארזים בו נכללו כל נתיבות מישרות ומעלות טובות

ר׳ שלמה בר״ שמואל נ״ע בן אלחרב עלה למנוחה

יקיץ לקץ הימין עם המנויים הכתובים להיים

Ibn Al-Ḥarab.

L'an cent neuf de l'ère de la Création, année de colère, de fureur,
de malheur, l'année de la peste, a dévoré les produits de la terre et
tout arraché; elle a déraciné les montagnes et les a dévastées. Par la
décision de celui qui fait les éclairs, un homme intelligent et d'esprit,
élégant comme les cèdres, réunissant en lui toutes les voies justes et
les bonnes qualités, a été retranché : c'est R. Salomon fils de R. Samuel
reposant au Paradis, ben Alḥarab; il s'est élevé à son lieu de repos; il
s'éveillera à la fin des jours, avec les élus qui sont inscrits pour la vie
future.

---

(1) *Job*, XXXVII, 16. — (2) *Cant.*, I, 16. — (3) *Job*, XX, 26. — (4) *Ps.* LXXVIII,
49. — (5) *Juges*, VI, 4. — (6) *Zach.*, X, 1.

45 (Luz. 71).   בן׳ ישראל עוד

נגגו בקבר זה ר׳שלמה בר׳ יצחק נ״ע ן׳ ישראל
אשר שם מגמתו לעסוק בתורה ונפטר שנת מנֿוחה

Autre membre de la famille Israeli.

Dans cette tombe est enterré R. Salomon fils de R. Isaac, reposant au Paradis, ben Israël, qui s'est assigné pour objet l'étude de la Loi. Il est décédé l'an de « repos » (109 = 1349).

46 (Luz. 6).   על בן הרב ר׳ יעקב בן הראש ז״ל

תורה יראה ענוה חלק ונחלה
לשלמה[1] בן הר׳ יעקב בן הר״אש ז׳ל
בא אל אבוחיו כניסן שנת אל המנוחה

Le fils du Maître Jacob fils de R. Ascher, d'heureuse mémoire.

Loi, respect, modestie, sont en partage et héritage à Salomon fils de R. Jacob fils de R. Ascher, d'heureuse mémoire. Il a rejoint ses ancêtres au mois de Nissan, l'an « vers le repos », — soit 5 140[2] (= 1380).

47 (Luz. 1).   על האבן הראשה כתוב זאת

על זאת האשה סלו סלו המסלה[3]
אשר לבית אל עולה[4]
וחלצו נעליכם בשדה תרומות[5] ומעגלה
ודרך הקדש יקרֶא לה[6] .
חלקת הטובה אשר שם קֶברה גֶברה ואצילה
אשה גדולה
חיא טרת כונה[7] בת האיש אדני הארץ
אשר עמד בעד עם ה״ בפרץ[8]
ר׳ יהודה בר׳ פתחיה מ״כ בן סחואן
אשת האדם הגדול

---

[1] Ce mot « à Salomon », dans le Ms., au lieu d'être placé ici, est en tête de la ligne 1. — [2] Comptant tout. — [3] *Isaïe*, LXII, 10. — [4] *Juges*, XXI, 19. — [5] II *Sam.*, I, 21. — [6] *Isaïe*, XXXV, 8. — [7] A la qualification *Bona* correspond l'épithète précédente « bonne part ». La copie du Ms. a סדבונה, que le R. P. Fita (*Boletin*, XI, p. 451) transcrit : *sit buena*. — [8] *Ps.* CVI, 23.

חסן ישועות[1] ומגדול

ר׳ מאיר הלוי בר׳ יצחק הלוי מ״כ

נפטרה במגפה בחדש ‎.סיון שנת מנוחה ‎.

בת נדיב אשריך ואשרי חלקך

כי הרבית חסדך וצדקתך ותַרְבִּי צֵדה לדרכך

מכשרון מפעליך ומיושר צדקותיך ומעלליך

הרחיבי מקום[2] בגנת עדניך תחת כנפות צורֵך כי הוא עדניד

ולקץ הימין[3] יקימך לשָׁלום תגמול פעֲלותיך

ויש תקוה לאחריתך בהחיות מֵתֵי חסידיך

יאמר לך אל תדאבי התנערי מעפר קומי[4] שבי

Sur la pierre en-tête (supérieure) est écrit ceci :

Pour cette femme, cheminez, frayez la voie qui monte à la maison de
Dieu; déchaussez-vous au champ des oblations et sur sa route. Ce chemin sera appelé sacré, soit la bonne part de sol où est enterrée la ma-
trone, l'éminente, la femme supérieure. C'est Dame Sadbona, fille d'un
homme parmi les seigneurs du pays, qui, sur la brèche (ou : lors d'une
persécution), s'est levée pour défendre le peuple de Dieu, savoir :
R. Juda b. R. Petahia, qui repose dans la gloire, fils de Saḥwan. Elle
fut l'épouse d'un homme supérieur, un trésor de salut, une forteresse,
de R. Meir Halévi[5] fils de R. Isaac Halévi, reposant au Paradis. Elle
est décédée durant l'épidémie (la peste) au mois de Siwan de l'an repos
soit : (5) 109 (= mai-juin 1349).

O fille de prince, tu es heureuse et ton sort est heureux, car tu as accompli beaucoup de bonnes œuvres et de bienfaits; tu as augmenté tes
provisions de route, par la rectitude de tes actions, la droiture de tes
bontés et de tes actes. Élargis la place dans le jardin de tes délices
(Éden), sous les ailes de ton rocher, car il est ton maître. A la fin des
jours, il te fera lever en payement de rémunération de tes œuvres;
l'espoir subsiste pour ta fin, lors de la résurrection des morts parmi tes
gens pieux; on te dira : ne te désole pas; dégage-toi de la poussière,
lève-toi, captive.

48 (Luz. 18).   האבן הזאת לזכרון למען ידעו דור אחרון[6]

כי נגנז תחתיה נר המערכה וצניף המלוכה[7]

---

[1] Isaïe, XXXIII, 6. — [2] Ib., LIV, 2. — [3] Dan., XII, 13. — [4] Isaïe, LII,
2. — [5] Celui-ci est mort deux ans après sa femme en 1351, comme on verra
ci-après n° 65. — [6] Ps. LXXVIII, 6. — [7] Isaïe, LXII, 3.

פאר הנגידים (1) וגדול ליהודים (2)

מגדל עוז וחומה בצורה (3) ומחסה וסתרה

מעשות צדקות ומישרום (4) לא חדל בין נדיבים (5)

עם סוד קדושים הקרובים לעבודת מקדש האלהים (6) נגשים

מגן עליו קדוש ה' אשר בחרבו מכל אותנו (7)

ועדים נאמנים על מעלות בני היצחר (8) חרב המובחק וחרם

תפארת חדגם (9)

הוא דון מאיר הלוי מ"ב הנקהא אבולעפייא בן אל־לאוי (10)

בן כבוד הרב ר' יוסף חלוי ר"ת בן אל־לאוג

ונפטר במגפה במדש סיון שנת האם תמנו לגוע

שבה אל אל רוחו להלך גכוחו (11) ומזבח לקחו לקח צדה לארחו

וישם בצורו מבטחו וימאס בחיי העולם הזה

הבל והרוה ויבחר בעולם הבא אשר אין למובו קצבה

הסתקן לעובדי האל ועמו ליראי ה' ולחושבי שמו (12)

והנה הוא חונה עם אבותיו הלוים סבוב למשכן קדשם

וחוא לוי (13) והוא גר שם.

Cette pierre sert de souvenir, pour apprendre aux dernières générations que, sous elle, est enseveli le flambeau du sanctuaire, le signe de la royauté, la parure des chefs, un grand parmi les Juifs, une tour puissante, un mur fortifié, un refuge, une protection. Il n'a jamais cessé de pratiquer les vertus et la droiture, au milieu des gens généreux, dans la société des saints, prêts et disposés à accomplir le service du sanctuaire de Dieu. Le saint de l'Éternel, qu'il a préféré à tous les puissants, lui est un bouclier : ce sont des témoins véridiques, au-dessus des degrés des fils de l'huile (lévites), le rabbin compétent et élevé, la parure de leur gloire. C'est Don Meir Halévi, reposant glorieusement, surnommé Aboulafia ben 'Allavi (14), fils de l'honorable maître R. Joseph Halévi, que l'esprit de l'Éternel conduit, fils d'Allavi.

(1) Ms. הגבירים (AL.). — (2) Esth., x, 3. — (3) Isaïe, II, 15. — (4) Prov., II, 9. — (5) Ms. נדיבי. — (6) Ms. באלהיו. — (7) Pour que la rime avec le vers précédent soit observée, S. D. Luzzatto a corrigé la leçon du Ms. en איתָנִי; faisant parler la stèle funéraire à la 1re personne. — (8) Imité de Zacharie, IV, 14. — (9) Ms. הדר. — (10) Un nom de famille. — (11) Isaïe, LVII, 2. — (12) Mal., II, 16, — (13) Allusion à Juges, XVII, 7. La leçon du Ms., qui était une copie évidemment inexacte, avait והובא אליו; S. D. Luzzatto l'a corrigée dans son édition. — (14) Luzzatto raconte, à propos de ce nom d'une

Il est mort de la peste au mois de Siwan l'an « périrons-nous tous »
(soit 109 = 1349). Son esprit est retourné vers Dieu, pour marcher
droit devant lui, et sur l'offrande de son savoir il a prélevé des provisions de route. Il a placé sa confiance en son Créateur, méprisant la vie
de ce bas monde, pauvre et inféconde. Il a préféré le monde futur, dont
la bonté n'a pas de limite, préparé pour les serviteurs de Dieu, pour
son peuple, pour ceux qui craignent l'Éternel et qui estiment son nom.
Désormais, il campe avec ses ancêtres les Lévites, autour de leur demeure sainte. Il est lévite, et il séjourne là.

49 (Luz. 19). מכני אבולעפיא עוד שם

עד חגל הזה ועדה המצבה (1)

כי נגנז תחתיה חטר המשָׂרָה ומקל תפארה (2)

יסוד היחס והגדלה שרש היקר והתהלה

חמדת הזמן ונשיאו וקצינו ושר צבאו

איש חיל רב פעלים (3) כאחד הגדולים

בנו יצהר מאיר כמו צהר מגזע לוי אשר בחר בו ה' (4) מכל עמו

לשרתו ולברך בשמו (5) טהור לבב וכַפָּיי נקיים (6) ככל אחיו הלוים (7)

הוא ר' מאיר הלוי הנקרא אבולעפייא

בן כבוד ר' שלמה מ"ב בן אל-לאוי

ונפטר בשנת המגפה בחדש סיון

שנת ובא חלוי (8) וחמשת אלפים ומאה ליצירה

כלתה רוחו (9) אל צור קדושו ושבה אל אל נפשו

ועלה דרך גבולו לחזות בנעם י"י ולבקר בהיכלו (10)

לחסות תחת כנפין ושולו עם הנגשים אל ה'

ורוחך בגן עדן תניחנו (11) ולקץ הימין תעמידנו (12)

ולתחיית המתים מן העפר תקימנו

והלוי אשר בשעריך לא תעזבנו (13)

ונחך ה' תמיד והשביע בצחצחות נפשך ועצמותיך יחליץ
והיית כגן רוה (14)

tournure arabe, qu'à Padoue un rabbin possède l'*Emouna rama* de Raabad I,
manuscrit traduit de l'arabe par R. Salomon b. Lavi, לביא, orthographe
différente du nom usité.

(1) *Gen.*, XXXI, 52. — (2) *Jér.*, XLVIII, 17. — (3) II *Sam.*, XXIII, 20. —
(4) Le nom divin manque au Ms. — (5) I *Chron.*, XXIII, 13. — (6) *Ps.* XXIV,
4. — (7) *Deut.*, XVIII, 7. — (8) *Ibid.*, XIV, 29. — (9) *Ps.* CXLIII, 7. — (10) *Ps.*
XXVII, 4. — (11) *Isaïe*, LXIII, 14. — (12) *Dan.*, XII, 13. — (13) *Deut.*, XIV,
27. — (14) *Isaïe*, LVIII, 11.

Autre membre de la famille Aboulafia.

Ce monceau est témoin et cette stèle atteste que, sous elle, est enseveli un sceptre de pouvoir, un bâton de magnificence, base de haute lignée et de grandeur, principe de valeur et de considération, l'aimé de son temps, son prince, son seigneur, son chef d'armée, homme de valeur, maître par ses actes, à l'égal de l'un des grands. Son fils Yiçhar (d'huile) éclairé [1] comme une fenêtre; il est de la souche de Lévi, que l'Éternel a choisie parmi tout son peuple pour le servir et pour bénir en son nom, le cœur pur, les mains nettes, comme tous ses frères lévites.

C'est R. Meir Halévi surnommé Aboulafia, fils de l'honorable R. Salomon reposant glorieusement fils d'Allavi. Il est décédé l'année de la peste, au mois de Siwan, l'an « le lévite vint » (soit 9) plus cinq mille et cent de l'ère de la Création (= 1349). Son esprit a passé à son saint Créateur; son âme est revenue à Dieu; elle a gravi le chemin de son domaine, pour contempler la magnificence de l'Éternel et visiter son parvis, pour s'abriter sous ses ailes, à son bord, avec ceux qui s'approchent de l'Éternel. Ton souffle le guidera au jardin d'Eden; à la fin des jours, tu le relèveras; à la résurrection des morts, tu le redresseras de la poussière; tu n'abandonneras pas le lévite qui est à tes portes. L'éternel te guidera toujours; il rassasiera ton âme dans les plus grandes sécheresses; il fortifiera tes os, et tu seras comme un jardin fertile.

50 (Luz. 53).   פלכון

נגנז בקבר נבחר בבנים משכיל כבן שמנים
אברהם בר' משה ז'פלכון ונחטף
והובא בחדש סיון שנת ה אלפים וק"ט ליצירה וכעודו באבו נקטף [2]
כי עתי הבדק ונחטף [3] וימת בחיי אביו ואמו

Falcon.

Dans cette tombe est enseveli le préféré des fils, intelligent comme un homme de 80 ans, Abraham fils de R. Moïse ben Falcon, porté ici au mois de Siwan l'an 5109 de la création (= mai-juin 1349). Il a été cueilli en sa floraison; car c'est le temps de l'épreuve [4], et il a été cueilli, mort du vivant de son père et de sa mère.

[1] Jeu de mots sur le sens du prénom Meir.

[2] *Job*, VIII, 12.

[3] Luzzatto déclare ne pas comprendre cet hémistiche, qui a pu être mal transcrit, par un lecteur peu instruit.

[4] Littéralement : « de l'examen », si toutefois la lecture est exacte.

REMARQUE.

Un R. Schem-Tob Falcon a établi un usage rituel à Majorque
(relatif aux lectures bibliques du Sabbat), indiqué par Simon Duran, dans ses *Consultations* III, fol. 17 *a*; cf. Kayserling, *Geschichte
der Juden in Mallorca*, dans « Jahrbuch für Geschichte d. Juden »,
I, 60, p. 81. Cette famille subsiste encore.

51 (Luz. 4).   נפטר בסופה בן י"ד שנים

חיים בן הה"ר ר' יהודה בן הר'א'ש ז"ל

בי"ט בסיון שנת לו החיים עלה לאור החיים

Est parti dans la tempête, à l'âge de 14 ans, Ḥayim fils de Maître
R. Juda fils de R. Ascher, d'heureuse mémoire; le 19 du mois de Siwan
l'an « à lui la vie » (soit 109 = 8 juin 1349), il s'est élevé à la lumière,
par la clarté de la vie.

Il faut observer que chronologiquement l'épitaphe de cet enfant, un petit-fils de R. Ascheri (Rosch), a sa place numérique
ici, non en généalogie bien entendue; puisque l'on trouvera plus
loin l'épitaphe de ses parents morts plus tard.

52 (Luz. 3).   אשת חן כבוד תָמָכָה[1] ומן היושר שלחנות ערכה

ויין בכושר מסכה ותעד מן העגוה רדידֶיה

ותקשור מסהרונֵי התְתָמָה[2] רבידיה

היא פרת מרים בת ר' שלמה בן הר'אש ז"ל

אשת החכם ר' יהודה בן הראש ז"ל

אשר בא עד תכלית סודות התורה ומצפוני והאיר אל עבר פניה[3]

עד בא הקפָדָה[4] לתעודה ויחר אף ה' בישראל[5] וביהודה

ויגל את מסך יהודה[6] וישאר עם ה' תועה[7]

כצאן אשר אין להם רועה במגפה בשלהי סיון שנה מנוחה

הלכה למצוא מנוח לכף רגלה חלך אישה אחריה במחיצה העליונח

כאשר היתה אתו באמנה[8] אשת חבר הרי היא כחבר[9]

[1] *Prov.*, XI, 16. — [2] *Ms.*, מסהרוניה תותת יד, corrigé par Luzzatto.
— [3] *Ex.*, XXV, 37. — [4] *Ézéch.*, VII, 25. — [5] *Nombres*, XXV, 3. —
[6] *Isaïe*, XXII, 8. — [7] *Nombres*, XXVII, 17. — [8] *Est.*, II, 20 — [9] *Talmud
B*, Bekhòroth, fol. 30 *b*.

— 334 —   [106]

Femme gracieuse, elle a obtenu l'honneur; elle a préparé des tables de droiture et versé le vin approprié; elle a orné ses voiles de modestie, et rattaché ses colliers avec des liens de candeur. C'est Dame Miriam, fille de R. Salomon fils de R. Ascher, dont le souvenir est béni, femme du savant R. Juda, fils de R. Ascher, qui est arrivé à la limite des mystères et des secrets de la Loi, qui a produit la lumière en face d'elle, jusqu'au moment de l'arrivée de la mort pour cette savante. Alors, la colère de l'Éternel s'est enflammée contre Israël et Juda; il a découvert le voile de Juda [1]; le peuple de Dieu est resté errant à l'aventure, comme un troupeau sans pasteur.

Pendant la peste, à la fin du mois de Siwan, l'an (5) 109 (= 18 juin 1349), elle est partie pour trouver un refuge, où poser le pied. Son mari l'a suivie dans la demeure supérieure, comme elle était avec lui en toute sincérité [2] : une femme de savant est l'égale d'un savant.

53 (Luz. 2). ‫אשר אזר בכח מתנים (3) נגנז בקבר זה איש הבינים
לעמוד בער עם ה'בפרץ עם כל גויי הארץ
פאר העדה והדרתה ויוצא ובא לכל עבודתה
וישב במושב'זקנים (4) ועשה משפט לאביונים
והיה לעמו מעיר לעזור (5) ואחור לא נזור
הוא ר' שמואל בן כבוד ר' יוסף בן מזאח
ונפטר במגפה בחדש תמוז שנת מנוחה
לחמתופף בצל אלהיו להיות שלו ושלאנן (6) והיה עלהו רענן
ונגע לא יקרב באהלו כי מלאכיו יצוה לו (7)
כי בסתר כנפי צורו סכו ומעונתו ותשובתו הרמתה כי שם ביתו (8)‬

Dans cette tombe est enseveli un champion [9], qui avec vigueur a ceint ses reins pour se tenir en faveur de la nation de Dieu sur la brèche en face de toutes les nations de la terre, ornement et orgueil de la communauté. Tout au service de celle-ci, il allait et venait, siégeait au Conseil des anciens, rendait justice aux pauvres; il accourait auprès de son peuple pour l'aider, sans reculer. C'est R. Samuel, fils de l'hono-

(1) *Isaïe*, XXII, 8. — (2) Littéralement : «Comme lorsqu'elle était sous sa tutelle». Citation d'*Esther* II, 20. Comme le prénom de la défunte manque, faut-il voir le nom Esther dans l'allusion biblique? C'est possible. — (3) I *Sam.*, XVII, 4. — (4) *Prov.*, XXXI, 23. — (5) II *Sam.*, XVIII, 3. — (6) *Job*, XXI, 23. — (7) *Ps.*, XCI, 10 et 11. — (8) I *Sam.*, VII, 17. — (9) Littéralement : «un homme de milieu», un combattant ou un géant, par allusion à Goliath ainsi nommé.

rable R. Joseph ben Mezaḥ [1], décédé durant la peste au mois de Tamouz de l'an (5) 149, pour se tenir à l'ombre de son Dieu, être calme
et paisible. Sa feuille sera verdoyante; nulle plaie n'atteindra sa tente,
car il (Dieu) l'ordonnera à ses anges. Abritée par les ailes de son pro-
tecteur, sa tente et sa demeure sera cachée; il retournera au ciel élevé [2],
où se trouve sa maison.

54 (Luz. 3o).   איש צדיק תמים [3] גלוי לכל העמים [4]

שפל רוח וענין לא גבה לבו ולא רמו עיניו [5]

פזר נתן לאביונים [6] לחמו נָתַן מימיו נאמנים

ר׳ יוסף בר׳ שמואל בן אלנקאוה נפטר בחדש תמוז שנת מנוחֹה

Un homme juste et parfait, accessible à tous les peuples, d'humeur
humble et modeste, son cœur n'était pas orgueilleux, ni ses yeux
exaltés. Il a répandu largement des dons aux pauvres; son pain a été
donné de son temps avec ferveur. C'est R. Joseph, fils de R. Samuel
ben Al-Nqaouah, décédé au mois de Tamouz de l'an « repos » (ou 109
= 1349).

55 (Luz. 44).   נ׳ נחמיש

אבן מוסדות תחתיה דוד מסתתר במצדות [7]

אשר מגזע חסידים ומורע נגידים

הנשיאים המיוחסים אנשי המזמות אשר נקבו בשמות [8]

ואבותיו היו מימי גולת אריאל אצילי בני ישראל [9]

הוא ר׳ דוד מ״ב בן כבוד ר׳ יוסף רי״ת בן נחמיש

נפטר במגפה ברוח סערה וסופה

בחדש תמוז שנת האם תֹמנו לגֹוע וחמשת אלפים ליצירה

בבוא הקרץ החל באדמה ועזבה לכלָה וחרץ

ועלה מן הארץ לחסות בצל אלוה בשמי מעוניו

הוא ושלשה בניו ויעל מעלה אל המנוחה ואל הנחלה

המוכנת מקדם תחת כנפי צור ישעי [10] לדוד ולזרעו ונאמר אסן

(1) Sur ce personnage, qui d'après l'épitaphe semble avoir occupé une haute
fonction, on n'a pas d'autre renseignement que cette inscription. — (2) Jeu de
mots sur le double sens du mot רמת, nom de ville et «élevé», terme pris
dans I *Sam.*, VII, 17, en raison du prénom. — (3) *Gen.*, VI, 9. — (4) *Esther*,
III, 14. — (5) *Prov.*, XXX, 13. — (6) *Ps.*, CXII, 9. — (7) I *Sam.*, XXIII, 19. —
(8) *Nombres*, I, 17. — (9) *Ex.*, XXIV, 11. — (10) II *Sam.*, XXII, 47 et 51.

Ibn-Naḥmias.

Sous cette pierre de fondation se cache en un fort David, qui est de la souche des gens pieux, de la race des chefs, des princes, de haute lignée, des gens habiles devenus célèbres, dont les ancêtres remontent au temps de l'exil d'Ariel, parmi les puissants d'Israel. C'est R. David reposant glorieusement, fils de l'honorable R. Josef que l'esprit de l'Éternel guide, ben Naḥmias. Il est décédé de la peste, par un vent d'orage et de tempête, au mois de Tamouz l'an « expirerons-nous tous » et 5ooo de la Création (= juin-juil. 1349). Quand la destruction survint, il renonça au sol, l'abandonna à la destruction, se détacha et s'éleva de la terre, pour s'abriter à l'ombre de Dieu, aux cieux de son séjour, lui avec ses trois fils [1]. Il monta toujours plus haut, vers le repos et à l'héritage préparé dès longtemps sous les ailes du créateur, son salut pour David et sa race, et disons : Amen.

56 (Luz. 5o).   ז׳ טוריאל

האבן הזאת לזכרון למען ידעו דור אחרון [2]

כי נגנז תחתיה פרח נעים ילד שעשועים [3] תמים דעים [4]

היה קורא בתורה ושונה במשנה ובגמרא

למד מאביו מה שלמד מרבותיו את חקי האלהים ואת תורותיו

והיה בן ט״ז שנים ובדעת כבן שמנים

ברוך מבנים [5] אשר נ״ע בר׳ יוסף בן טוריאל האל ינחמהו

נפטר במגפה בחדש תמוז שנת ק״ט

וימים אחדים לפני מותו בנה ביתו

ואמש נהפך קול חתן וקול כלה קול יללה [6] וישב אב נכאב ונדאב

אלהי מרומים ישלם לו נחומים ולשובב נפשים [7] זרע אנשים

Ibn-Toriel.

Cette pierre est érigée en souvenir, pour apprendre aux dernières générations que, sous elle, est ensevelie une fleur agréable, un enfant délicieux, d'idées pieuses. Il lisait la Loi, étudiait la Mischna et la Guemara; il a appris de son père ce que celui-ci avait appris de ses maîtres, savoir les préceptes de Dieu et ses commandements. Il était âgé de 15 ans et avait l'intelligence d'un homme de 80 ans. Le plus béni des fils Aser (Félix), reposant au Paradis, fils de R. Joseph ben Toriel; que

---

[1] Cf. ci-dessus, n° 3 (Luz. 27). — [2] *Ps.* LXXVIII, 6. — [3] *Jér.*, XXXI, 20. — [4] *Job*, 37, 16. — [5] *Deut.*, XXXIII, 24. — [6] *Séfania*, 1, 10. — [7] *Ps.* XXIII, 3.

Dieu le console! Il est décédé lors de la peste, au mois de Tamouz de l'an 109 (juil. 1349). Quelques jours avant sa mort, il avait bâti sa maison (s'était fiancé). Mais hier, la voix du fiancé et de la fiancée a été changée en complainte : le père s'est assis endolori et peiné. L'Éternel d'en haut lui enverra des consolations, et, pour rasséréner son âme, lui rendra une postérité humaine [1].

57 (Luz. 73). הנמצא כזה נטמן בקבר זה

בן נחמד ונעים וילד שעשועים [2] מֵבִין רֵעִים אהוב תמים דעים [3]
והוא עודנו נער [4] מארץ ננער
ר׳ יצחק נ"ע בן החכם ר׳ שלמה תנ׳צב׳ה ן׳ אלמסעודיה
הלך ופנה והוא בן י"ח שנה קצר שנים
ולכבו בָן כבן שמנים נפטר במגפה בארבע בתמוז שנת האם חמנו לגוע

Trouve-t-on son pareil? Dans cette tombe, est caché un fils aimé, charmant, enfant délicieux, chéri de ses compagnons, de pensées pieuses. Encore jeune, il a été arraché de la terre : c'est R. Isaac, reposant au Paradis, fils du savant R. Salomon, que son âme survive, ben Al-Massoudia. Il a marché, et il est parti âgé de 18 ans, en courte vie, ayant l'esprit ouvert comme s'il avait eu 80 ans, décédé lors de la peste, le 4 Tamouz de l'an « mourrons-nous tous » (109 = 19 juin 1349).

58 (Luz. 70). סארקאסן

בקבר זה נקבר איש שכל ונבון דבר [5] נקי כפים ובר [6]
מלא הוד וחכמה ודעת ומזמה
יועץ וחכם חרשים טוב עם ה׳ ועם אנשים [7] רופא מחַלִים הנפשים [8]
ומזרע קדושים שמו ר׳ יעקב ב"ר יצחק נ"ע ן׳ אלסארקסטן [9]
נתן כל ימיו אל לבו לאהוב את ה׳ ולדבקה בו [10]
וכאשר בארץ פרץ פרץ בקדושים אשר בארץ
ותפרץ בם המגפה [11] נאסף אל עמו
ועזב את הארץ ועלה לשכון [12] מרומו

[1] C'est-à-dire : puisse Dieu lui rendre un autre fils ! — [2] *Jér.*, XXXI, 20. — [3] *Job*, XXXVII, 16. — [4] II *Chron.*, XXXIV, 3. — [5] De Saragosse. — [6] *Ps.* XXIV, 4. — [7] 1 *Sam.*, II, 26. — [8] Imité d'*Ézéch.*, XIII, 20. — [9] Cette orthographe diffère de celle de l'en-tête : סארקאסן, aussi inexacte. [10] *Deut.*, XXX, 20. — [11] *Ps.* CVI, 29. — [12] Ms. ולשוכן. Métathèse du ו, corrigée par Luzzatto.

ובי"ב כתמוז שנת מנוחה חיתה יד אלהיו עליו
לשובב יעקב אליו [1] לתת לו יד בין חסידיו ולעבור בראשם
ויאמר ה' אל יעקב קום עלה בית אל [2] ושב שם
ויעקב הלך לדרכו לראות פני דר נגהים ויפגעו בו מלאכי אלהים [3]

Saraqosti (ou de Saragosse).

Dans cette tombe, est enterré un homme d'esprit, éloquent, pur, aux mains nettes, plein de dignité, de sagesse, de savoir, de perspicacité, homme de conseil, sage merveilleux, bon avec Dieu et avec les hommes, guérissant les personnes de leurs maladies, de la race des saints. Il se nomme : R. Jacob fils de R. Isaac, reposant au Paradis, ben Alsaraqosta. Toute sa vie, il a eu à cœur d'aimer l'Éternel et de s'attacher à lui. Lorsque sur la terre la plaie se fut abattue, parmi les saints du pays, et que la peste y accomplit des ravages, il fut recueilli parmi les siens : il abandonna la terre et monta à son séjour supérieur. Le 12 Tamouz de l'an «repos» (109 = 27 juin 1349), la main de Dieu s'est appesantie sur lui, pour ramener Jacob à lui, pour lui donner un rang parmi ses fidèles, et le placer à leur tête. L'Éternel dit à Jacob : lève-toi, monte à la maison de Dieu et reste là. Jacob suivit son chemin, afin de voir en face la résidence de ceux qui brillent, et des anges de Dieu le rencontrèrent.

En hébreu, le nom Saragosse est סרקוסטה; il se rapproche de la dénomination de ville latine : *Caesaraugusta;* d'où Saraqosti; ici le י final est devenu ן, sauf que l'orthographe de ce nom dans le titre diffère de celle usitée ligne 4. Voir Tourlouton, *Jaime I le Conquérant, roi d'Aragon*, II, 376 et suiv.; *Boletin*, XVII, 83 et suiv., XXII, 89 et suiv.; *R. E. J.*, XXVIII, 115 et suiv.

59 (Luz. 15). נגנז בקבר זה ר' יהודה הלוי בר' מאיר הלוי מ"ב
הנקרא אבולעפייא
נפטר י"ד בתמוז שנת ק"ט על חמשת אלפים ליצירה

Dans cette tombe est enseveli R. Juda Halevi, fils de R. Meir Halévi, reposant dans la gloire, surnommé Aboulafia, décédé le 14 Tamouz de l'an 109 après les cinq mille de l'ère de la Création (= 29 juin 1349).

---

[1] *Is.*, XLIX, 5. — [2] *Gen.*, XXXV, 1. — [3] *Ibid.*, XXXII, 1.

60 (Luz. 5).   להחכם הר' ר' יהודה בן הראש ז"ל

אני הנצבת לאות ולמזכרת

שתחתי נקברת גְּוִיַת איש יהודה בן הראש

בן הר' יחיאל בן הר' אורי בן הר' אליקים בן הר' יהודה

הגולד באשכנז יום ששי לעת ערב בט' באב

ויצא משם יום ראשון כ"ב בתמוז בָּאֲנָי שמצא

[ובא] אל טוליטולה שלישי ביום הַלֵּל בר"ח אייר (1)

ונשא את בת אחיו הר' יחיאל ערב סכות שנת הס"ו

אחר יום הכסא בא ביתו ובעפר נטמן

ובנה לו בית נאמן בת אחיו ר' שלמה ויתנהו ה' לחן בעיני עמו

וישב על כסא אביו תכף עת פטירתו

ויחזק בא"ך שנים בישיבת אבותיו ונפטר בי"ז תמוז שנת ק"ט

אב חכם בן יְשַׂמַּח (2) ותחתיו פרי צדיק עץ חיים יצמח (3)

יחסה ויתלונן (4) בצל אלהי ישראל אשר בו במח והאמין (5)

וינוח ויעמוד לגורלו לקץ הימין

Au savant maître R. Juda, fils d'Ascheri, d'heureuse mémoire.

Je suis placée là comme signe, et pour rappeler que, sous moi, est enterré le corps d'un homme, R. Juda fils de R. Ascher, fils de R. Ichiel, fils de R. Ouri, fils de R. Eliakim, fils de R. Juda; né en Allemagne, un 6ᵉ jour (vendredi), au crépuscule du 9 d'Ab (6). Il est parti le dimanche 22 Tamouz (7) [5063 = 1303] sur un navire qu'il a trouvé (8); il est arrivé à Tolède un 3ᵉ jour (mardi), au moment de réciter *Hallel*

(1) Voir note 1, p. suiv.

(2) *Prov.*, X, 1; XV, 20.

(3) Ms. ישמח (Al.).

(4) *Ps.* CXI, 1.

(5) *Gen.*, XV, 6.

(6) Le 9 Ab ne peut jamais être un vendredi. C'était sans doute au crépuscule du vendredi soir, qui compte pour le lendemain samedi.

(7) Il est arrivé en Espagne l'an 65 (1305); mais le départ d'Allemagne a dû précéder de deux ans, passés à voyager à travers la Savoie et la Provence, selon ses notes d'autobiographie dans l'ouvrage מנחת קנאות (offrande d'indignation), relatant les querelles entre Maïmonistes et anti-Maïmonistes. En effet, dans l'année 63, équivalent numérique du mot באני qui suit sur l'épitaphe, le 22 Tamouz est un dimanche. Pour ces dates, cf. *Abné Zikaron*, notes additionnelles, n. 29.

(8) Ce terme est une allusion à l'expression biblique «il trouva un navire allant à Tarschisch» (*Jonas*, 1, 3), pour comparer l'expatriation d'Ascheri à la fuite du prophète Jonas.

[5065] de la néoménie d'Adar [1], et il a épousé la fille de son frère R. Yehiel, la veille de la fête des Tentes l'an [2] 5066.

Après le jour de fête, sa maison (femme) s'est éteinte [3] et fut ensevelie. Il a reconstruit une maison véridique, en épousant la fille de son frère R. Salomon [4]. Dieu [5] l'a rendu agréable aux yeux de son peuple ; il s'est assis sur le trône de son père dès la mort de celui-ci, occupant 21 ans le siège paternel, et il est décédé le 21 Tamouz [6] an 109 (= 6 juillet 1349). Un fils réjouit un père sage, et à la place du fruit juste, l'arbre de vie pousse. Il a confiance et il séjourne à l'ombre du Dieu d'Israel, dans lequel il a espéré et cru. Il se reposera et se lèvera pour son sort à la fin des jours.

REMARQUE.

Juda ben Ascher égalait son frère Jacob en savoir et en vertu, mais ne possédait pas comme lui un esprit d'ordre et de rigoureuse méthode. Après la mort de son père, il lui succéda comme rabbin de Tolède. Il remplit ses fonctions avec une conscience scrupuleuse et une parfaite impartialité : il avait le droit de se faire rendre par la communauté le témoignage que jamais il ne s'était rendu coupable de la moindre faute. Mais il se sentit toujours dépaysé en Espagne, et il paraît que, dans son testament, il conseilla à ses

[1] Par un jeu de mots visant la récitation du *Hallel* au jour de la néoménie, il est fait allusion au nombre 65, montant numérique du mot הלל. Toutefois, en l'an 65, la néoménie a eu lieu le dimanche et le lundi, non un mardi ; il faudrait donc corriger Iyar en Adar I, qui avait sa néoménie le mardi et le mercredi. Au contraire, la néoménie d'Iyar a bien eu lieu un mardi et mercredi de l'an 64, année en laquelle R. Juda a, comme on sait, devancé son père, avant de se fixer à Tolède.

[2] Le chiffre הטו du manuscrit est certes erroné : c'est ou הס"ו (5066 = 1306), ou הפן (5090 = 1330).

[3] C'est-à-dire «sa femme est décédée».

[4] Après le deuxième mariage avec une nièce, il n'est pas question du troisième mariage avec la fille de R. Jacob, auteur des *Tourim*, qu'indique le *Youhassin*.

[5] Le sujet du verbe, «Dieu», n'est pas dans la copie manuscrite.

[6] Dès le décès de R. Ascher en 88 (= 1328), R. Juda succéda dans le poste rabbinique à son père durant 21 ans, soit jusqu'en 5109 (= 1349). Selon la juste remarque de S. D. Luzzatto, cette épitaphe généalogique ne dit pas que des membres de cette famille se seraient tués mutuellement, comme le racontent des historiens juifs. Donc, leur récit, se référant à la même famille, concerne une autre génération, qui, en 1391, échappa au baptême par une mort volontaire.

cinq fils de retourner en Allemagne. Les persécutions que subirent
alors les juifs d'Allemagne, pendant la période de la peste noire,
engagèrent probablement les fils de Juda à rester en Espagne, où
ils se trouvaient sans doute plus en sécurité que dans la patrie de
leur aïeul [1]. — Cette épitaphe confirme le fait que Juda succéda
à son père dans les fonctions rabbiniques, contrairement à l'assertion erronée de Zacuto, dans le *Youhassin* (éd. de Londres, p. 223),
qui attribue ce poste à Jacob.

61 (Luz. 43).　　לזאת יקרא אשה [2] ולה יקרא דרושה
חיתה בארץ נקית כפים וחסידה בשמים
היא מרת דונה בת ר' שלמה נ"ע בן אלבגאל
אשת ר' אברהם בר' משה נ"ע ז' ששון
נפטרה בירח אב שנת הק"ט ליצירה

Celle-ci doit être appelée une femme (noble), et d'elle on peut dire
qu'elle a été recherchée. Sur terre, elle a eu les mains pures, et au Ciel
elle est pieuse. C'est la dame Donna, fille de R. Salomon reposant dans
l'Éden, ben Albāgāl, épouse de R. Abraham, fils de R. Moïse, reposant
dans l'Éden, ben Sasson, décédée au mois d'Ab l'an 5109 de la Création (= juill.-août 1349).

La présente épitaphe offre un avantage matériel, celui de rejeter
la lecture Dina, selon la modification proposée déjà pour le numéro 31 (Luz. 24), par Juda Arieh Ossimo, et repoussée par
Zunz, *ibid.* Cette fois, grâce à la présence de la pierre, le doute
n'est plus possible : on lit bien דונה *Donna*. Elle constitue, en effet,
au Musée de Tolède (*Catalogo*, n° 47), une énorme pièce quadrangulaire, d'une largeur de 2 m. 50, trouvée en 1771 place de la
Roperia, non loin de la rue de la *Sinagoga*, au nord de la cathédrale. Elle est coupée horizontalement en deux morceaux : le premier a 0 m. 44 de haut (3 lignes), le second a 0 m. 40 (2 lignes).
Le mot אלבגאל, dit en note à ce sujet le R. P. Fita [3], dérive de
l'arabe البكال « l'honoré ». Cf. *R. É. J.*, t. XV, p. 196.
D'autre part, on sait que, portant ce titre, un fermier espagnol
des taxes a vécu à Villa-Real ou Ciudad-Real, sous le règne de Maria

---

[1] GRÆTZ, *ibid.*, 3ᵉ édition, p. 298; traduction, t. IV, p. 271.
[2] *Gen.*, II, 23.
[3] Cf. *Boletin*, t. XI, p. 443.

de Molina (1300-1310). Possesseur d'un moulin à foulon, nommé *Batanejo*, à Guadiana, il en tirait la somme de 15,000 maravédis d'or (environ 260,000 francs). Il fut plusieurs années en procès avec son associé Israél Alḥadad, pour une grande somme. Finalement, la reine soumit la cause à R. Ascher b. Yeḥiel de Tolède (selon les *Consultations* de celui-ci, § 107, n° 6). — Sa femme se nommait Joanita. De leurs deux enfants, l'un, Samuel, vivait à Villa-Real, et la fille, Donna, avait épousé Abr. b. Xuxan (Shushan), aussi fermier des taxes, mort lors de la peste [1]. C'est peut-être notre Abraham ben Sasson.

62 (Luz. 57).   בן ששון

האבן הזאת וחמצבה בחר שפר חצבה

כי נגנו תחתיה מאיר עינים מר עובה לכל אפים [2]

שמן ששון מרקחו נרדו נתן ריחו [3] גבה ונשא והצליח ועשה

בראש הכבוד נצב ולפני מלכים התיצב [4]

הוא ר' מאיר מ"ב בן כבוד ר' אברהם רי"ת בן ששון

נפטר במגפה בחדש אב שנת מנוחה

עזב את האדמה לכלה [5] וחרץ ועלה מן הארץ

דרך גבולו לחלקו ולגורלו

Ben-Sasson.

Cette pierre sépulcrale a été taillée dans une montagne de beauté (marbre); car, sous elle, est enseveli celui qui éclaire les yeux, de la myrrhe coulant librement pour toutes les faces. Son aromate est de l'huile de joie [6]; son nard a répandu son parfum; il est monté, s'est élevé, a prospéré dans ses actions, placé en tête des honneurs et se tenant devant les rois. C'est R. Meïr, reposant glorieusement, fils de l'honorable R. Abraham, que Dieu guide, ben Sasson [7]. Il est décédé lors de la peste, au mois d'Ab de l'an « repos » (ou 109 = août 1349). Il a abandonné la terre à son anéantissement. Il s'est détaché, s'est élevé de la terre, pour aller à son domaine, à sa part, à son sort.

[1] Voir *R. É. J.*, t. XXXIX, p. 314. — [2] *Cant.*, v, 5. — [3] *Cant.*, i, 12. — [4] *Prov.*, XXII, 29. — [5] II *Chron.*, XII, 12. — [6] Jeu de mots sur le sens du nom Sasson. — [7] Voir Carmoly, *ibid.*, I, p. 117.

63 (Luz. 42).   על ר' שלמה בן כהרר יהודה בן הראש ז"ל

אבן בחן פנה יקרה לעטרת צבי וצפירת תפארה [1]

כי נגנז תחתיה שתיל הבינה והחכמה

וענף עץ הדעת והמזמה [2] תפארת בחורים

חלך בדרך אלהיו ומשתקד תמיד לקרות החקים והמשפטים [3]

והתורות הוא ר' שלמה ס"ב

בן החכם הרב הגדול רוח אפינו [4] וככב נשפגו [5] ואור עפעפינו

ראש גולת אריאל עיני כל ישראל

ר' יהודה וצול בן הרא"ש ז"ל

ונפטר במגפה בט"ו באב שנת מנוחה עלה דרך גבולו

לחזות בנועם ה' [6] ולבקר בהיכל אלהים לשמי מרומו

Pour R. Salomon, fils de maître R. Juda, fils du Rosch, d'heureuse
mémoire.

Une pierre de choix, un coin précieux, est érigé comme une couronne de gloire et un diadème de beauté; car sous elle est enterré un
plant d'intelligence et de savoir, une branche de l'arbre de la science
et de compréhension, l'ornement des jeunes gens. Il a suivi le sentier
de son Dieu et s'est toujours préoccupé de lire les préceptes, les jugements et les lois. C'est R. Salomon reposant glorieusement, fils du savant et éminent maître, l'esprit de notre visage, l'étoile de notre crépuscule, la lumière de nos prunelles, le chef de l'exil d'Ariel, les yeux
de tout Israél, R. Juda d'heureuse et sainte mémoire, fils de R. Aschéri,
de mémoire bénie. Il est décédé durant la peste, le 15 Ab de l'an
« repos » (ou 109 = 29 juillet 1349). Il a gravi le chemin de son domaine pour voir la magnificence de l'Éternel, et visiter le parvis de
Dieu, dans les cieux élevés.

64 (Luz. 45).   ר' יהודה בן הה"ר אליקים בן הראש ז'צ'ל

והאבנים תהיינה על שמות בני ישראלי [7] אבני זכרון

למען ידעו דור אחרון [8] שמותם לתולדותם

מפתחות פתוחי חותם [9] למשפחותם לבית אבותם [10]

קראו בשמותם עלי אדמות [11] האנשים האלה אשר נקבו בשמות [12]

---

[1] *Is.*, XXVIII, 5 et 16. — [2] *Prov.*, I, 4. — [3] II *Chron*, XXXIII, 8. —
[4] *Lament.*, IV, 20. — [5] *Job*, III, 9. — [6] *Ps.* XXVII, 4. — [7] *Ex.*, XXVIII,
21. — [8] *Ps.* LXXVIII, 6. — [9] *Ex.*, XXXIX, 6. — [10] *Nombres*, IV, 34. —
[11] *Ps.* XLIX, 12. — [12] *Ibid.*, I, 17.

וזאת ליהודה (1) בעבור תהיה לעדה (2) בתוך קהל ועדה

כי נגנז תחתיה תפארת בחורים והדר זקנים ונערים

יקר רוח איש תבונה יודע שכל ובינה נפשו נקיה ואין ברוחו רמים (3)

שתיל קדושים וצדיקים אשר בתורת האל מחזיקים

אילי הצדק והמה חכמים מחכמים (4)

חלק אלוה ממעל ונחלת שדי ממרומים (5)

תופשי התורה ויודעי האל אצילי בני ישראל (6)

לא רמו עיניהם ולא גס לבם בתלמודם

ודבר אין להם עם אדם

הוא הנחמד הנעים ר׳ יהודה מ״ב

בן הישיש הנכבד הרב ר׳ אליקים האל ינחמהו בן הר״אש ז״ל

למקרה ופגע שם נכנע עלה במסלה אשר לבית אל עולה (7)

לנוח במנוחה העליונה תקן ארחיו וירד יהודה מאת אחיו (8)

R. Juda, fils de R. Eliakim.

Les pierres seront, selon les noms des fils d'Israël, des pierres de souvenir, pour apprendre aux dernières générations les noms selon la naissance, gravés comme sur cachets, par familles, selon la maison paternelle; par leurs noms sont désignés, sur les terres, les hommes ainsi appelés. La présente est destinée à Juda, pour servir d'attestation au milieu de l'assemblée et de la communauté. Sous elle est enseveli l'ornement des jeunes, la gloire des vieillards et des adolescents, un esprit précieux, l'homme intelligent, sachant la raison et l'explication, une âme pure, dégagée de faussetés, plant de saints et de justes, qui maintiennent la loi divine, des puissants de justice, sages parfaits, constituant une part de Dieu en haut et un héritage du Tout-puissant dans les hauteurs. Ils saisissent la Loi, connaissent Dieu, puissants Israélites. Ils n'ont pas été vaniteux, ni orgueilleux de leur savoir, sans querelle avec personne. C'est le charmant et agréable R. Juda, au repos glorieux, fils du vieux et honoré maître R. Eliakim, que l'Éternel le console, fils de R. Aschéri, d'heureuse mémoire. Il s'est soumis à l'accident et au malheur; il a gravi le chemin qui monte à la maison de Dieu; pour se reposer au séjour supérieur il a préparé la voie, et Juda quitta ses frères.

(1) *Deut.*, XXXIII, 7. — (2) *Gen.*, XXI, 30. — (3) *Ps.* XXXII, 2. — (4) *Prov.*, XXX, 24. — (5) *Job*, XXXI, 2. — (6) *Ex.*, XXIV, 11. — (7) *Juges*, XX, 31. — (8) *Gen.*, XXXVIII, 1.

65 (Luz. 20).   כתוב על הקבר ובאר היטב מכתב

למען ירוץ קורא בו [1]

ופתוחי חותם תפתח [2] על האבן

וידעו כי נגנז תחתיו כתר הזמן וגזרו ועטרת פארו

חֲלִי הַיָקָר וְעָדיו ועץ היחס ופריו

תפארת אדם והדר בני לוי והודם

מבני חברון ועזיאל אצילי בני ישראל ועד נאמן ופרנס רחמן [3]

אהב ללכת בדרכי האל וישפוט את ישראל [4]

הוא ר' מאיר הלוי מ"ב הנקרא אבולעפייא הלוי

בן כבוד ר' שמואל הלוי דית בן אל-לאוי

ונפטר בחדש מרחשון שנת קטב וחמשת אלפים ליצירה

עלתה לטרום חיתו וכלתה אל אלהיו נשמתו

לשמור משמרת ביתו ולעבוד את עבודתו [5]

ונכספה וגם כלתה נפשו [6] לשרת במעון אלהיו במקום [7] קדשו

ולאור באור החיים מכל אחיו הלוים

לשאת בכתף כליהם כי עבודת הקדש עליהם

וימים שבעה לפני מותו שלח את היונה מאתו [8]

לתור מנוחה לשבתו ותמצא מנוח לכף רגלה [9] הלך אישה אחריה [10]

לקץ הימין בהנער עצמות וישני מאיר עיני שניהם ה'

Il est écrit sur la tombe, inscrit bien clairement, afin que le lecteur puisse saisir rapidement, par les gravures de cachet figurées sur la pierre, et apprendre que, sous elle, est ensevelie la couronne du temps, son diadème, sa tiare ornée, un joyau de dignité et sa parure, un arbre de généalogie et son fruit, ornement d'homme, gloire et majesté des fils de Lévi, des fils de Hébron et d'Ouziel, des puissants d'Israël, témoin véridique, préposé miséricordieux. Il aimait à suivre les lois divines, et il jugea Israël. C'est R. Meïr Halévi, reposant dans la gloire, surnommé Aboulafia Halévi, fils de l'honorable R. Samuel Halévi, que l'esprit de Dieu guide, fils d'Allavi. Il est décédé au mois de Heschwan l'an de la « ruine » (soit 111) et cinq mille de la Création (= oct.-nov. 1350).

Sa vie s'est élevée en hauteur; son âme a langui vers son Dieu, pour observer la garde de sa maison, pour accomplir son service. Son âme languit et désira avec ardeur servir dans le séjour de son Dieu, en son

<hr>

[1] *Hab.*, II, 2. — [2] *Ex.*, XXVIII, 11. — [3] Ms. נאמן (Al.). — [4] I *Sam.*, VII, 15. — [5] *Is.*, XXVIII, 21. — [6] *Ps.* LXXXIV, 3. — [7] Ms. במעון (Al.). — [8] *Gen.*, VIII, 8. — [9] *Ibid.* 9. — [10] *Juges*, XIV, 3.

saint lieu, s'éclairer à la lumière de la vie, comme tous ses frères lévites, porter les ustensiles sur l'épaule, car ils sont chargés de l'office sacré. Sept jours avant sa mort, il renvoya la colombe (sa femme) devant lui [1], pour qu'elle cherche un séjour calme, et elle trouva l'abri où poser ses pieds, puis son mari la suivit. A la fin des jours, lorsque les ossements des endormis [2] seront éveillés, l'Éternel éclairera [3] les yeux de tous deux.

66 (Luz. 21). האבן הזאת נושאת חן בעיני כל רואיה [4]
כי גגנן תחתיה תפארת בחורים והדר נערים [5]
נטע שעשועים [6] יפה אף נעים [7] אדיר ונאה וטוב למראה
כזהר הרקיע אורו הופיע [8] חטר משפחה המהללת
הנכתרת בכתר הגדלה משפחת עם רם אשר הורם
הוא ר׳ שמואל הלוי נע בן כבוד ר׳ שמואל הלוי הנקרא אבולעפייא
נאסף אל עמיו בחדש מרחשון
שנת קטב וחמשת אלפים ליצירה

Cette pierre obtient grâce aux yeux de tous ceux qui la voient, car sous elle est enseveli l'ornement des pauvres gens, l'éclat de l'adolescence, un plant de délices, beau et agréable, puissant et approprié, de bon aspect; sa lumière brille comme la splendeur du firmament, rejeton d'une famille célèbre, ornée de la couronne de la grandeur, une famille de gens élevés à la suprématie. C'est R. Samuel Halévi, qui repose au Paradis, fils de l'honorable R. Samuel Halévi, surnommé Aboulafia. Il a rejoint ses ancêtres au mois de Heschwan l'an 5111 de l'ère de la Création (oct.-nov. 1350).

67 (Luz. 22). מבני הלוי ז"ל עוד

חלקת השדה [9] רוח צפון העירה סטיה
ותימן הזילה בשמיה ויפיחו נרדיה וקנמוניה
ופנת האבן העזר ותחתיה נטמן חעדות והנזר
האיש אשר המלך חפץ ביקרו [10] וישם רביד הזהב על צאורו [11]
היחם והמשרה ציריו והעגוה והגדלה סוחריו

---

(1) Ci-dessus, n° 47, on trouve en effet l'épitaphe de l'épouse, décédée en 1349. — (2) Littéralement : «de mes endormis» (de la pierre, des endormis sous elle). — (3) Allusion au prénom Meir : *Prov.*, XXIX, 13. — (4) *Esther*, II, 15. — (5) Ms. אמרים (Al.). — (6) *Is.*, V, 7. — (7) *Cant.*, I, 16. — (8) *Dan.*, XII, 3. — (9) *Gen.*, XXXIII, 19. — (10) *Esther*, VI, 7. — (11) *Gen.*, XLI, 42.

והנדיבות והכבוד מכיריו [1] חטשרה משתררת והגדלה מתגברת
והנדיבות מתפארת והענוה מתהדרת ההוד יתראה
והכבוד יתנאה והכשרון והמעשה יתגאה
ואיך ספר יכיל מהללו [2] לאיש אשר אלה לו הוא ר׳ יוסף הלוי מ״ב
בן כבוד ר׳ שלמה הלוי רי״ת בן אל־לאוי הנקרא אבולעפיא
נפטר באישבילייא במרחשון שנת קטב וחמשת אלפים ליצירה
עלה לבית אל במחיצת היושבים ראשונה
במלכות העליונה ונפשו בשמי עליות מתהלכת בין החיות
ולהסתופף במרום בצל שדי חיה כוסף באהל יוסף

Suite des Aboulafia.

Dans une partie du champ (cimetière), le vent du nord a éveillé ses parfums; au Sud, il a répandu ses épices; ses nards et ses cinamones ont soufflé : c'est l'angle de la « pierre de secours [3] ». Sous elle, est enfoui le témoignage, le diadème, l'homme que le roi veut honorer. Un collier d'or a été placé sur son cou [4]. La haute lignée et la suprématie sont ses messagers; la modestie et la grandeur le fréquentent également. La générosité et l'honneur sont ses amis. Le pouvoir fait dominer, la grandeur fortifie; la générosité fait briller; la modestie ennoblit; la majesté inspire le respect; l'honneur embellit; la rectitude et l'action élèvent: comment un livre (même) contiendrait-il la louange d'un homme qui a toutes ces qualités ? C'est R. Joseph Halévi, reposant en gloire, fils de l'honorable R. Salomon Halévi, que Dieu guide, fils d'Allavi, nommé Aboulafia, décédé à Séville en Heschwan 5111 de la Création (octobre-novembre 1350). Il est monté à la maison de Dieu, dans la section des premiers habitants, au royaume supérieur; son âme est aux hauts espaces; elle marche au milieu des animaux célestes, et en vue de se tenir en haut, à l'ombre du Tout-puissant, Joseph languissait dans sa tente [5].

68 (Luz. 72).   אבן מוסדה לאות ולעדה
כי תחתיה נטמן איש ישר ונאמן יוסף בר׳ שאול נ״ע בן ישראל
נפטר בירח אייר שנת בימין צדקי תמכתיך [6]

---

[1] Ms. מגידיו. — [2] Ms. מהללו. — [3] Tel est le nom du monument élevé par Samuel près de Miçpa : I *Sam.*, VII, 12. — [4] Est-ce une décoration, antérieure à la Toison d'or (qui ne remonte qu'à 1429)? — [5] Déjà, étant encore vivant et chez lui, il était destiné à la vie éternelle. — [6] *Is.*, XLI, 10.

Cette pierre a été posée comme signe et témoignage de ce que, sous elle, est caché un homme droit et honnête : Joseph, fils de R. Saul, reposant au Paradis, ben Israël, décédé au mois d'Iyar, l'an « je t'ai soutenu par la droite de ma justice » [1] (? 112 = 1352).

האבן הזאת לזכרון למען ידעו דור אחרון [2] (Luz. 34). 69

כי נגנז תחתיה ילד שעשועים [3] מה טוב ומה נעים [4]

בחור נחמד ושכלו לא יספה ולא ימה [5]

חטר מגזע אמונים וגזע משרש נאמנים

פרח שושן אשר כשמש עלה וזרח

ופתע פתאום חשך אורו וכצבי ברח

וקצרו ימי עלומיו [6] ועלה בחצי ימיו

ועודנו רך באבו [7] נחטף ובלא יומו קל מההה נקטף

וארש אשה ולא לקחה [8] ומשוש חתן על כלה [9] לא שמחה

וישב פה בעפר חפתו באבן חתנתו ואברהם שב למקומו [10]

ויגוע ויאסף אל עמו [11] הוא ר' אברהם נ"ע בר' שמואל האל ינחמהו

נפטר בחדש תמוז שנת חנון ויעזוב אב נכאב ונדאב

אלהי הרוחות ואדון הסליחות ישלם נחומים לאבליו

ונרצה לו לכפר עליו [12]

Cette pierre est un souvenir, pour apprendre aux générations dernières que, sous elle, est enseveli un enfant agréable, ô combien bon et doux, un jeune homme aimé, dont l'intelligence ne saurait être analysée ni mesurée, un rejeton d'une souche de fidèles, et une souche de la racine des croyants, une fleur de rose, qui s'est élevée et a lui comme le soleil. Tout à coup sa lumière s'est obscurcie, a fui comme un cerf. Ses jours de jeunesse sont abrégés ; il est monté au ciel dans la moitié de ses jours ; encore tendre, il a été ravi dans sa floraison avant son temps, il a été bien vite cueilli. Fiancé, il n'a pas épousé sa future ; il n'a pas eu la joie de se marier à sa fiancée. Ici, sous terre, il reste sous le dais nuptial, uni à la pierre. Abraham est revenu en son lieu ; il a expiré et rejoint son peuple. C'est R. Abraham reposant au Paradis, fils de R. Samuel. Puisse Dieu le consoler ! Le décès a eu lieu au mois de Tamouz de l'an « miséricorde » (ou 114 = 1354), abandonnant un

---

(1) Mettons en compte probable le premier mot seul, בימין, dont la valeur numérique est 112. — (2) *Ps.* LXXVIII, 6. — (3) *Jér.*, XXXI, 20. — (4) *Ps.* CXXXIII, 1. — (5) *Hosée*, II, 1. — (6) *Ps.* LXXXIX, 46. — (7) *Job*, VIII, 12. — (8) *Deut.*, XX, 7. — (9) *Is.*, LXII, 5. — (10) *Gen.*, XVIII, 33. — (11) *Ibid.*, XXV, 27. — (12) *Lév.*, I, 4.

père désolé, languissant. Le Dieu des esprits, maître des pardons, enverra des consolations pour l'affligé et l'agréera pour le rachat.

70 (Luz. 3₂).   נגנז בקבר זה איש תם וישר

זקן ונשוא פנים [1] ובכל דרכיו מאשר

העָנָו ר' אפרים נ"ע בר' אברהם נ"ע בן אלנאקוח

והוא באחרית ימיו החזיק בכסא אביו וכבוד הודו

והושיבו על כנו ואל מכונו

ונכנס אל אבותיו בשלום ו" בתשרי שנת ינוח [2] עליו השלום

Dans cette tombe est enseveli un homme pieux et droit, vieux, considéré, heureux dans toutes ses voies ; c'est le modeste R. Efraïm reposant au Paradis, fils de Maître Abraham ben Al-Nqaouah [3]. Vers la fin de sa vie, il était monté sur le trône de son père, assumant ses honneurs imposants ; il a été placé sur son siège et dans sa charge. Il a rejoint ses ancêtres en paix le 6 Tisri de l'an « la paix reposera sur lui ! ».

71 (Luz. 6₁).   ז' שושן

זאת מצבת קבורת סטבונה [4]

בת ר' זיזה נ"ע בן שושן

נפטרה שנת בטח [5] על חמשת אלפים ומאה

ובמותה נפסקה שלשלת אבותיה שבה [6] על בעל נעודיה ישבה

Ben Sossan (*suite*).

Ceci est la stèle sépulcrale de Satbona, fille de R. Ziza, reposant au Paradis, ben Sossan, décédée l'an « confiance » (19) après les 5100

---

(1) *Isaïe*, IX, 14.

(2) Le ms. a des points sur les 3 lettres נוח du premier mot, ce qui fait 64, tandis qu'il les faut sans doute au mot suivant, soit 116 (= 22 septembre 1355).

(3) Ce petit-fils de Samuel Nqaouah, d'après la présente épitaphe, a exercé des fonctions honorifiques à Tolède, fait ignoré. Il ne faut pas le confondre avec son cousin et homonyme, qui se rendit à Tlemcen. Voir la généalogie, fin de ce S.

(4) Ce nom, pris du latin *sit bona*, est écrit *cit buena* dans un acte de vente à Tolède, en octobre 1209, publié par le P. Fita : *Boletin*, XI, p. 441.

(5) Ce mot, emprunté au *Ps.* XXXVIII, 3, égale le nombre 19 (soit 5119 = 1358-1359), sans doute par allusion à l'âge de la défunte. S'agit-il de l'*espoir* que les Juifs nourrissaient alors en la venue du Messie (*Boletin*, t. XLVII, p. 317) ?

(6) Il y a peut-être là une lacune.

(= 135g). Par sa mort, est rompue la chaîne de sa généalogie qui a cessé; elle est restée en son état de jeunesse.

72 (Luz. 37). מִי יתן אפוא סלי וְכָתְבוּן[1] לְעַד בצור יֵחָצְבוּן

מפתחות פתוחי חותם עלי אדמות יקראו בשמותם[2]

והאבן הזאת אשר שמתי מצבה[3] בעט ברזל[4] ועפרת כתובה

כי נגנז תחתיה רופא נאמן צנצנת המן

צרי גלעד ירש מהוריו והיתה לו ולזרעו אחריו[5]

הוא ר' יוסף הרופא בר' אברהם הרופא נ"ע בן מכיר[6]

נאסף אל עמו ונסע ממקומו

בחדש כסלו שנת ה' אלפים ומאה ועשרים ושתים ליצירה

עלה דרך גבולו לחזות בנעם ח' ולבקר בהיכלו[7]

Puisse-je savoir écrites mes paroles! Qu'elles soient taillées dans le roc pour toujours[8], gravées comme une intaille de cachet sur la terre, qui rappelleront les morts par leurs noms. Sur cette pierre que j'ai placée comme monument, il est inscrit, par un burin de fer et de plomb, que sous elle est enseveli un médecin habile, vase de manne; de ses parents il a hérité le baume de Galaad, qui sert à lui et à sa postérité après lui. C'est R. Joseph le médecin, fils de R. Abraham médecin, reposant au Paradis, ben Makhir. Il a été réuni à son peuple, et il est parti de sa résidence au mois de Kislew, l'an 5122 de la Création (décemb. 1361). Il a gravi le chemin de son domaine, pour contempler la magnificence de l'Éternel et visiter son Temple.

73 (Luz. 38). ר' יצחק נאברו

האבן הראשה והמצבה בהררי קדש חָצְבה

(1) *Job.*, XIX, 23-24.

(2) *Ps.* XLIX, 12.

(3) *Gen.*, XXVIII, 22.

(4) *Jérémie*, XVII, 1.

(5) *Nombres*, XXV, 13.

(6) V. CARMOLY, *Hist des médecins juifs*, I, p. 100. Ce Joseph alla s'établir dans le centre de l'Espagne, sans doute vers le moment où son parent Jacob ben Makhir, exilé de France en septembre 1306, alla se fixer à Perpignan, ville qui appartenait alors au roi de Majorque (GRÆTZ, *Geschichte*, t. VII, p. 288).

(7) *Ps.* XXVII, 4.

(8) Le mot לעד a un double sens : « pour toujours » et « en témoignage », selon que la vocalisation diffère.

כי נגנז תחתיה הדר זקנים תפארת חכמים ונבונים

יראת ה' אוצרו [1] ותורת אמת סחרו

וכל ימיו בשפה ברורה היה קורא בתורה

והלך בדרכי האל צדקת ה' עשה ומשפטיו עם ישראל [2]

שפט בצדק דלים [3] ולא נשא פני גדולים

הוא הרב החכם ר' יצחק נאברו ז"ל

נכספה וגם כלתה נפשו [4] לעמוד לשרת לפני צור קדושו

בחדש טבת בחר לנוח בעדנו שנת יבא רודי לגנו [5]

עלה לישיבה העליונה ועזב התחתונה

והנה עם מלאכי שחק [6] יושב בשמים יצחק [7]

R. Isaac Navarro.

La pierre de tête, cette stèle, a été taillée dans des rocs sacrés; car sous elle est ensevelie la gloire des anciens, la parure des sages et des intelligents. La crainte de l'Éternel était son trésor, et la loi de vérité son commerce. Toute sa vie, en un langage clair, il a lu la Loi et suivi les voies divines. Il a accompli la justice de l'Éternel, et ses jugements envers Israël. Il a jugé les pauvres avec équité, sans égard pour les grands. C'est le savant maître R. Isaac Navarro [8], d'heureuse mémoire. Son âme languit et désire ardemment se placer au service de son saint Créateur. Il a choisi le mois de Tébet pour se reposer dans son Éden, l'an « mon ami viendra en son jardin » (ou 126 = 1366). Il s'est élevé à la demeure supérieure, abandonnant la demeure inférieure. Désormais, Isaac est assis au Ciel, près des anges de nuée.

74 (Luz. 13).   כמצבות הלוים ו"ל

אבן בוחן [9] ותחתיה נגנז נבחן

סבל שבט מוסר ומדרכי האל לא סר

(1) *Isaïe*, XXXIII, 6.

(2) *Deuteron.*, XXXIII, 21.

(3) *Prov.*, XXIX, 14.

(4) *Ps.* LXXXIV, 3.

(5) *Cantique*, IV, 16.

(6) Même concours d'anges dans *S. Luc*, XVI, 22; cf. *Boletin*, t. XLVII, p. 315.

(7) *Ps.* I, 4.

(8) Isaac b. Abr. Navarro a copié en 1343, au Portugal, un commentaire sur le Pentateuque, ms. n° 399 de la bibliothèque royale à Dresde (*R. É. J.*, XIV, 106 n.). — On connaît mieux que lui son parent Moïse Navarro, médecin particulier du roi de Portugal D. Pedro I, qui est décédé vers 1370 à Lisbonne.

(9) *Is.*, XXVIII, 16.

וקבל את היסורין מאהבה אהב את התוכחות נדבה
בחרות (1), אף ח"ה על בית הלוי ומאגס מאוסהו
אדניו מקום אשר אסירי המלך אסורים (2) שמהו
שם שם לו חק ומשפט ושם נסהו (3) ושם קרא ה' שמואל שמואל
ויעלהו אליו (4) הרמתה בית אל השר הגדול ר'שמואל נשיא האל
ושמואל תקן בראשית ויוסף ה' קרא עוד שמואל (5) בשלישית
פרח מטה לוי וצמרתו וציצת צבי תפארתו
בחור וטוב ראי (6) עם יפח עינים וכרוחו פי שנים (7) הנא ר' שמואל הלוי מ"כ
בן כבוד ר' מאיר הלוי רי"ת הנקרא אבולעפייא
נפטר בהדש מרחשון (8)

Sous cette pierre de choix est enseveli un juste éprouvé; il a supporté
les coups de la réprimande, sans s'écarter des voies divines. Il a supporté
les souffrances avec amour; il a aimé les châtiments généreusement [9],
lorsque la colère de Dieu s'enflamma contre la maison de Lévi et l'a
méprisée : son maître l'a enfermé dans la prison royale; là, il a établi
pour lui règle et jugement; et là il l'a éprouvé [10]. L'Éternel a appelé :
Samuel, Samuel ! Il l'a fait monter vers lui à Ramah (en haut), à la
maison de Dieu, savoir le grand seigneur R. Samuel, prince élu de Dieu,
et il établit d'abord Samuel. L'Éternel a ensuite continué à appeler encore Samuel le troisième, la fleur de la tribu de Lévi, son duvet, l'écla-
tant ornement de son rayonnement; élégant, de bel aspect, aux beaux

(1) Ms. בחרון.

(2) *Gen.*, XXXIX, 20.

(3) *II Rois*, x, 15.

(4) *Exode*, xv, 24.

(5) Il s'agit probablement, dit S. D. Luzzatto, de rappeler que trois hommes
du nom de Samuel, tous de la tribu de Lévi, ont dirigé les destinées d'Israel :
1° le prophète Samuel, qui était lévite; 2° R. Samuel Levi, à Grenade; 3° celui
dont il s'agit ici et dans la dédicace synagogale de Tolède.

(6) Allusion au roi David : *I Sam.*, XVI, 12.

(7) D'après *Zacharie*, XIII, 8.

(8) L'année n'est pas indiquée. On sait, par le *Youhassin*, que c'était l'an (5)130
(= 1369). Le P. Fita suppose ponctuées 4 des lettres de עם ראי, soit 121 (=
1380); *Boletin*, t. XLVII, p. 318.

(9) Imité d'*Osée*, xiv, 5 (où le substantif נדבה « générosité » devient adverbe).

(10) On sait que son souverain, après l'avoir tenu en grande estime pour les
services rendus à l'Espagne en qualité de ministre des finances, le mit à la tor-
ture, afin de savoir par ce moyen où Samuel Halevi cachait ses richesses, que
le roi s'imaginait excessives et considérables, au delà du véritable état de ce
financier. Voir Graetz, *Geschichte*, t. VII, p. 410-419, et ci-dessus le paragraphe 1, relatif à l'église du Transito, l'ancienne synagogue de ce Samuel.

yeux, d'une double valeur par son esprit. C'est R. Samuel qui repose dans la gloire, fils de l'honorable R. Meir Halévi, que le souffle divin guide, surnommé Aboulafia, décédé au mois de Heschwan.

75 (Luz. 10).   על החכם הרב ר' מנחם בן זרח ז"ל

אראלים ומצוקים אחזו בארון איש חמודות (1)

מדבר בו נכבדות (2) גדול ורב ורם אשר הונף ואשר הורם (3)

אלוף עירם נודע באיים שמו ותהי חמשרה על שכמו (4)

הוא החכם ר' מנחם בן זרח תמ"ך בן הקדוש ר' אהרן

ונצחו אראלים את מצוקים ונשבה הארון והושם תחת האבן הזאת לזכרון

ונלכדה (5) קרית ספר הנותן אמרי שפר (6) מקיץ לב נרדמים

ועלה מן הארץ לשמי מרומים זקן בא בימים (7)

הולך בדרך תמים (8) עין כל הארץ (9) עליו דמעות שאב

בחרש אב שנת היינו אין אב (10)

על הצד האחד

אמר מנחם בן אהרן מה יתרון לאדם בכל עמלו (11) כל ימי הבלו

לב רואה והשב בכל לבבו (12) אל הבורא עם (13) חשרידים אשר ה' קורא

(1) *Daniel*, x, 11.

(2) *Ps.* LXXXVII, 3.

(3) *Ex.*, XXIX, 27.

(4) *Is.*, IX, 5.

(5) Ms. ולכדה (corrigé par S. D. Luz.).

(6) *Gen.*, XLIX, 21.

(7) *I Rois*, I, 1. — Cette ligne et les 3 premiers mots de la ligne suivante constituent, au Musée provincial de Tolède, un fragment, qui portait le n° 46 dans l'ancien Catalogue, et a le n° moderne 80. Il avait été placé, par numérotation erronée, après le fragment n° 79, au lieu de le précéder, selon le texte présent. Il a été lu et reconnu par le P. Fita : *Boletin*, t. XI, p. 445.

(8) *Ps.* CI, 6.

(9) *Ex.*, X, 15.

(10) Imité des *Lamentations*, v, 3. — Le total des lettres de ces 3 mots donne le nombre (5)145 (= 1385); tandis que le livre *Youhassin* assigne comme date au décès l'an 134 (= 1374), qu'adopte aussi DE ROSSI, dans son *Diziondrio storico*, à ce nom; mais c'est un tort.

(11) *Ecclés.*, 1, 3.

(12) *II Rois*, XXIII, 25.

(13) Ms. עין *Joel*, III, 5.

ויהיה לו מהלכים בין העמדים(1) הקיימים ואכל נחי לעולמים(2)

אם הגשם חלף הלך לו(3) יפול בנעימים(4) חבלו

ויעמד לקצו ולגורלו ותשוב נפשו מעונה אל האלהים אשר נתנה

והגיעה אל תכליתה אשר הובאה ובבתי כלאים(5) החבאה

ותהיה צרורה בצרור החיים התמידים הנצחיים(6)

על הצד האחר

וישא משלו ויאמר(7) :

שא בן אדם עין וראה(8)	איה שוקל(9) איה סופר
איה חלך איה מלך	זכרונם שב משלי אפר(10)
זרע צדק יקצר חסד(11)	נתן תחת נפשו כפר(12)
יעמד אל-קץ ימין עם כל	כתוב לחיים בספר
ארץ ארץ ארץ שמעי	אמרת לי שכבה עמי(13)
רוחי תשוב אל האלהים(14)	גשמי ישכב עד עת קוטי

(1) *Zacharie*, III, 7.

(2) **Ms.** לעולם.

(3) *Cant.*, II, 11.

(4) **Ms.** בעולמים ; *Ps.* XVI, 6.

(5) *Is.*, XLII, 22.

(6) Le texte de ces 2 dernières lignes (et encore est-il un peu écourté) est publié et traduit par le R. P. Fita, *Boletin*, t. XI, p. 444. Le *Catalogo*, n° 45, dit que la pierre a été trouvée lors de la construction du Séminaire *conciliar*, en 1831, place Saint-André. — N° moderne : 79.

(7) Pour l'ordre de succession des 3 inscriptions gravées sur cette pierre funéraire, S. D. Luzzatto note avec raison les remarques suivantes : Le copiste du ms. de Turin a transcrit en premier lieu le présent poème ; or il est illogique de supposer que l'épitaphe commençait par les mots : « Il a composé le poème ». Il faut donc admettre, dit-il, — selon l'heureuse idée de son élève Juda Ossimo, חזה que la pierre tumulaire était triangulaire ; d'un côté, il y avait le morceau commençant par אראלים ; en continuant à gauche, il y avait au second côté : אמר מנחם, etc., et enfin au 3e côté le présent poème. C'est de ce dernier côté que le copiste a commencé sa transcription, non suivie ici dans le même ordre.

(8) *Gen.*, XXVI, 12.

(9) *Is.*, XXXIII, 18.

(10) *Job.*, XIII, 12.

(11) *Gen.*, XXXIX, 12. **Ms.** אמרת אלהי ושכבת עמי.

(12) A l'inverse de *Prov.*, XXII, 8.

(13) *Ex.*, XXX, 12.

(14) *Eccl.*, XII, 7.

Pour le savant maître R. Menahem b. Zerah, d'heureuse mémoire.

Les anges et [d'autre part] les humains ont saisi l'arche [1] (cercueil) de l'homme aimé, dont il est parlé avec considération, grand, maître, puissant, agité [2] et élevé, un prince de leur ville [3] ; son nom est connu jusque dans les îles [4] ; il a eu le pouvoir sur les épaules. C'est le savant maître R. Menahem b. Zerah, son repos sera glorieux, fils du saint R. Aron. Les anges ont vaincu les humains, et l'arche a été faite prisonnière. Il a été placé sous cette pierre, érigée en souvenir. Ainsi est réduite la « ville du livre », qui énonçait de belles paroles et réveillait le cœur des endormis. De la terre il est monté aux cieux élevés, parvenu à un âge avancé marchant dans la voie intègre. Les yeux de toute la terre versent des pleurs sur lui, décédé au mois d'Ab de l'an « nous étions sans père » (5)145 = 1385).

(D'un côté :) Menahem b. Aron dit : Quel avantage a l'homme de travailler toute sa vie vaine ? Le cœur voit ; celui qui se tourne entièrement vers le Créateur, avec les restants appelés par Dieu, aura des allers parmi ceux qui se maintiennent ; il mange et vit dans l'éternité. Le corps est parti et s'en est allé ; son sort lui sera échu délicieux ; il arrivera à son but et à son lot. Son âme retournera en son séjour, vers Dieu d'où elle émane, arrivera au but de sa destinée, cachée en prison, enveloppée du faisceau de la vie éternelle, incessante.

(De l'autre côté :) Fils de l'homme, lève l'œil, vois : où est le poète, l'écrivain, où est la forteresse, où le roi ? Leur souvenir est passé, le proverbe est de la cendre. Il a semé la justice ; il récolte la grâce : il a racheté son âme. Il se lèvera à la fin des jours avec tous ceux qui sont inscrits au Livre pour la vie (future). Ô terre, écoute ; elle me dit de me coucher près d'elle. Mon esprit retourne à Dieu ; mon corps dormira jusqu'à mon lever.

Au moment où la Navarre se rendait indépendante de la France, on ne sait si les Juifs se montrèrent défavorables à cette entreprise. Toujours est-il qu'à l'instigation du franciscain Pedro Olygoyen, la foule fanatisée se rua de toutes parts sur les Juifs. Le signal de l'attaque fut donné par les habitants d'Estella. Un jour de Sabbat (5 mars 1328), ils se précipitèrent sur la grande communauté juive de cette ville. Les malheureux se défendirent avec le courage du dés-

---

[1] Talmud Jer., tr. *Kilaïm*, IX, 4, 32[b] (trad., t. II, p. 316) ; B., tr *Kethuboth*, fol. 104[a].

[2] Dans le sens de « consacré ».

[3] Jeu de mots sur *Iram*, un parent de Zerah ; *Gen.*, XXXVI, 43.

[4] Probablement les Baléares.

espoir; mais les assaillants étaient si nombreux que le quartier juif fut pris d'assaut et les habitants massacrés.

Le témoin oculaire de ces événements est Menahem b. Zerah, alors âgé de vingt ans, qui plus tard devint un savant très autorisé et consigna par écrit le récit du massacre où il perdit ses parents et quatre de ses jeunes frères. Blessé lui-même très grièvement, il resta étendu, sans connaissance, au milieu des morts et des mourants, pendant presque toute une nuit. Il ne fut sauvé que grâce à la compassion d'un chevalier, ami de son père, qui, l'ayant cherché et trouvé parmi les cadavres, le soigna jusqu'à complète guérison [1].

Le défunt en question ici est né l'an 1308 en Navarre, où s'était réfugié son père exilé de France en 1306. Notre écrivain rappelle cette origine dans la page préliminaire à son œuvre, צדה לדרך, terminée par ces 2 vers :

ברכות הוא לראש צדיק ולשמואל חרמתי
נאם גכר מנחם לבית זרחי וצרפתי

... de Zerah, français.

Après s'être marié à Estella, Menahem quitta cette ville, exerça les fonctions pastorales à Alcala, puis alla finir ses jours à Tolède [2].

76 (Luz. 54). מבני שושן

אבן שלמה וצדק חיתח לראש פנה [3] ומוסדה

בעבור תהיה לעדה [4] כי נגנו תחתיה נשיא קהל ועדה

חכם וחושי ונשיא כישי רופא חולים ועוזר דלים ממשפחת שלים וקצינים

פחות וסגנים ואבותיו ידועים מקדם לעמוד בפרץ

נשיאים מקצה הארץ [5] והנזר והעדות על שושן עדות

והוא בן חיל [6] ובעד עמו בפרץ נצב ולפני מלכים יתיצב [7]

הוא גביר מאיר הרופא מ"ב בן כבוד ר' יוסף בן שושן

[1] GRÆTZ, *Geschichte*, t. VII, p. 331.

[2] *Ibid.*, t. VIII, p. 30-32; *Boletin*, t. XLVII, p. 313-314.

[3] *Ps.* CXVIII, 22.

[4] *Gen.*, XXI, 30.

[5] *Ps.* CXXXV, 1.

[6] *Prov.*, XXII, 29.

[7] Ms. כן חול.

נפטר לעולמו ויאסף אל עמו בחדש אב שנת קעה לפרט

ונכספה וגם כלתה נפשו (1) לאור בצור קדושו

לחזות בנעם ח׳ בשמי מרומים ויפגעו בו (2) מלאכי רחמים

ורוחו ונשמתו בשמי מעוני (3) מאיר עיני שניהם ה (4)

De la famille Sasson.

Une pierre parfaite et de justice est mise en tête du coin et du fondement, pour attester que, sous elle, est enseveli un prince de la communauté, savant comme Houschaï (3) et prince comme Isaï, guérissant les
malades, secourant les pauvres, d'une famille de Seigneurs et de grands,
de pachas et de gouverneurs. Ses ancêtres étaient connus jadis pour se
tenir sur la brèche, comme des nuées du bout de la terre ; il est le diadème et le témoignage, sur l'instrument *Sossan* (6) — *Edouth.* Homme
vaillant, il a défendu son peuple sur la brèche, venant se placer devant
les rois. C'est maître Meïr médecin, reposant glorieusement, fils de
l'honorable R. Joseph ben Sosan (7). Il est parti pour son monde et a été
enterré près des siens, au mois d'Ab, l'an 175 du comput (= août 1415).
Son âme a langui et ardemment désiré la lumière de son Créateur, afin
de contempler la magnificence de l'Éternel dans les cieux élevés. Des
anges de miséricorde l'ont rencontré, son esprit et son âme sont au
séjour céleste, où l'Éternel éclaire (8) les yeux de tous deux.

LES SOSSAN, OU SOUSAN, OU SASSON ET SASSOON.

En raison de la conformité d'orthographe entre le nom de famille
écrit שושן dans l'épitaphe n° 1 et celui qui est inscrit au n° 76,
ainsi qu'ailleurs, on incline à croire que les diverses transcriptions
modernes du nom dérivent de la même descendance. On peut donc

---

(1) *Ps.* LXXXIV, 3.

(2) *Gen.,* XXXII, 2.

(3) Ms. מעונים.

(4) *Prov.,* XXIX, 13.

(5) L'ami du roi David : *I Sam.,* XVI, 16.

(6) *Ps.* LX, 1, par allusion au jeu de mots entre le nom de famille et l'instrument musical du même nom.

(7) V. Carmoly, *ibid.,* I, p. 100.

(8) Autre jeu de mots sur le prénom du défunt, *Méir.* — On ne saurait affirmer que le défunt cité n° 1 est de la même famille que le n° 76 ; mais tous deux
s'orthographient de même : שושן, tandis qu'ailleurs il s'écrit ששון.

dresser la généalogie suivante, avec référence numérique aux épitaphes qui précèdent :

Salomon.

Abraham I (n° 29).	Samuel (n° 11).	Meir I (n° 41)	Moïse.	Joseph I (n° 1).
Meir II (n° 61), Joseph II (n° 27).	Abraham II (n° 69).	Isaac (n° 41).	Abraham III (n° 64).	Meir III (n° 76), Ziza (n° 71). Satbona (n° 71).

LES ASCHÉRI.

Menaḥem ben Zeraḥ, dans son ouvrage צדה לדרך « provision de route » (Préface, f. 4ᵇ), donne l'ordre de primogéniture des huit fils d'Ascher b. Yeḥiel, dont les autres descendants, petits-fils et petites-filles, nous sont signalés par plusieurs des épitaphes précédentes, classées par ordre chronologique. Voici l'ordre généalogique :

Yeḥiel I.

Ascher (n° 22) et sa femme Gütele (n° 22).

1	2	3	4	5	6	7	24
Yéhiel II m. av. son père.	Salomon I.	Jacob (n° 32).	Judah I (n° 60).	Eliakim	Moïse.	Elazar.	Simon (n° 36).
Une fille (anon.), épouse son oncle R. Juda (n° 60).	Miriam, épouse aussi son oncle R. Juda (n° 60).	Une fille (anon.), mariée à... (?) (n° 28).	Salomon II (n° 46).	Hayim (n° 50).	Salomon III (n° 62).	Judah II (n° 64).	

Des 6ᵉ et 7ᵉ fils, Moïse et Elazar, on n'a pas de trace dans les précédentes épitaphes ; ce qui laisse le champ libre à l'hypothèse qu'ils sont retournés en Allemagne, leur pays originaire.

LES NQAOUAH.

Alnaqua אלנאקוה est le même que אנקאווה = N'qaouah, comme nous l'écrivait un des derniers descendants de cette famille qui vivait encore il y a un an à Alger. D'après les notes de Zunz (*Zur Gesch.*, p. 435[b]), on peut établir l'arbre généalogique suivant pour les xive et xve siècles, en correspondance avec nos épitaphes :

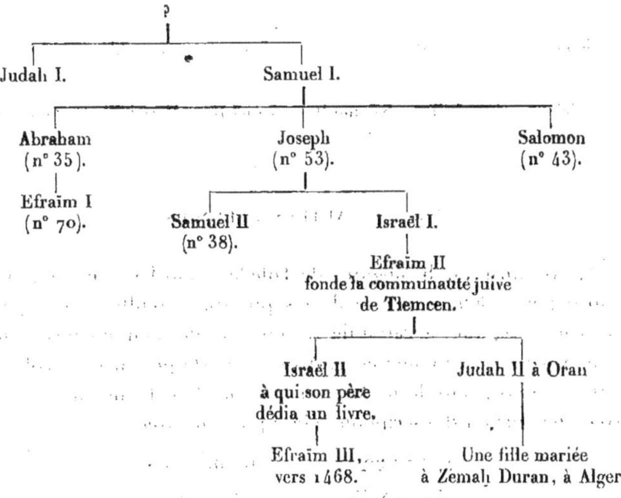

LES ABOULAFIA.

Ceux qui ont illustré ce nom de famille sont très nombreux, depuis le moyen âge jusqu'au martyr de l'affaire Damas en 1840. Classons seulement ici, par ordre de descendance, les défunts énumérés dans les épitaphes précédentes :

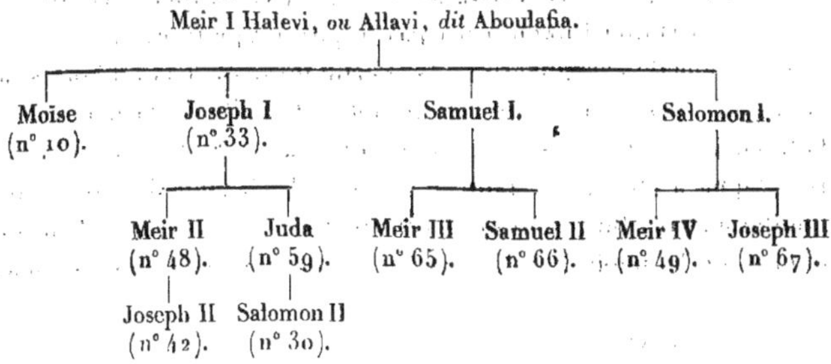

24.

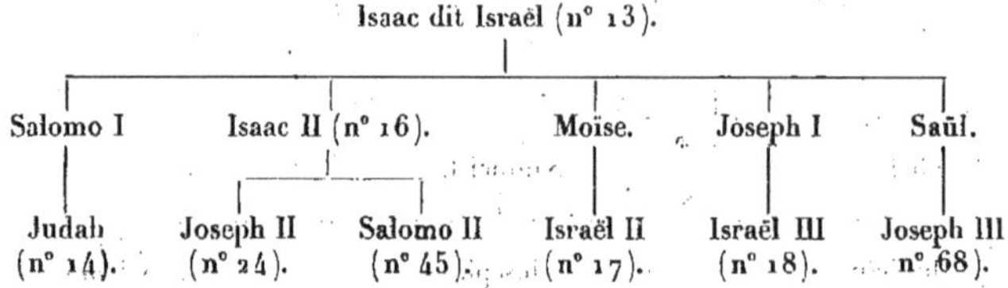

§ 3. — AUTRES RELIQUES.

1. Au musée archéologique de Tolède, selon les termes du « Catalogo por orden numerico de las pinturas, esculturas y objetas arqueologicas que, a cargo de la comision de monumentos historicos y artisticos, existen en el Museo de esta provincia » (Toledo, 1866), figure, sous le n° 48, un tronçon de colonne en marbre, avec une portion d'inscription hébraïque, que voici :

... ר' משה הלוי ב...   R. Moïse Halevi

... בן אבי שב ....   fils d'Abi (?)...

Le dernier mot שב, remarque le R. P. F. Fita [1], apparaît dans la nomenclature des Juifs et Chrétiens de la province de Léon dès le XIe siècle, et on le retrouve encore au XIVe siècle comme premier élément du nom Xabaçay. La forme archaïque des lettres, dit-il aussi, et les points triangulaires, font attribuer l'inscription au XIIe siècle. On ne saurait la confondre avec l'épitaphe d'un autre Moïse Halévi, médecin à Tolède, mort au milieu du XIIIe siècle, déjà publiée par S. D. Luzzatto, n° 25, et constituant ci-dessus le n° 10, tandis que Luzzatto n'a pas le présent petit texte.

Une copie de l'original se trouve parmi les mss. de la bibliothèque de Tolède, prise par Palomares junior, à la suite de la découverte faite en 1782, lors des démolitions de l'église S. Juan de Latran. L'épitaphe a été lue et traduite par José Rodriguez de Castro, bibliothécaire du Roy, comme le dit une note manuscrite : « Este rabino es de la noble familia, de los primitivos sabios judios espa-

---

[1] *Boletin*, t. XI, p. 445; cf. t. VII, p. 387.

noles, cuia primera edad empeso en Espana Rab Samuel Halevi, e la quarta Rab Abraham Halevi bar David conocido por Areabad con Rab Joseph ben Meir Halevi ben Megas, presidente de la Academia de Cordoba. Vease à Castro, *Bibliotheca rabbinica*, p. 19. »

2. Le même musée archéologique contient des inscriptions hébraïques sur d'énormes pierres quadrangulaires, qui malgré leur étendue (ayant une largeur de 2 mètres) ne sont isolément que des fragments. Ce sont d'abord les 2 numéros distincts 79 et 80, qui appartiennent en réalité au même monument funéraire, à la tombe de R. Menaḥem ben Zeraḥ. On a déjà pu constater sa présence plus haut, en texte complet, sous le n° 75 des épitaphes, ou numérotation Luzzato n° 10, divisé en trois poésies.

3. Le n° 81 du Musée, composé de deux morceaux, donne en deux fragments l'épitaphe d'une femme : Dona, fille de R. Salomon Albegal, épouse de R. Abraham ben Sasson. Ce texte original nous apprend qu'il faut lire le prénom féminin *Dona,* non Dina : il met fin à la divergence d'avis entre Luzzatto qui prétendait devoir lire Dina, et Zunz qui a bien lu Donna [1]. On a aussi vu plus haut le texte complet, sous le n° 61 des épitaphes (n° Luzzatto 43).

4. Une autre pierre, ayant plus de 2 mètres de largeur mais très peu de hauteur (à peine quelques centimètres), a été analysée précédemment, parmi les objets qui figurent à titre de reproduction au Musée national à Madrid. C'est le n° 83 du Musée de Tolède.

5. Sous le n° 77 figure une inscription très mutilée, composée des 3 lignes suivantes :

פ]ה[טמ]ון[	Ci-gît
חיים	. . . Ḥayyim
..בן משה...	fils de Moïse.

6. Au nord intérieur de la ville de Tolède, sur la route de Ma-

---

[1] Sous cette orthographe, ce prénom existe encore de nos jours, parmi les Juives d'Orient.

drid, se trouve l'ermitage de S. Roque; il comprend les restes d'un
cimetière que l'on suppose avoir appartenu à la léproserie de S. La-
zare. Deux petits monuments ont été découverts dans ces parages
en 1887, en fouillant le terrain pour y élever un mur de construction; ils attestent le voisinage d'un cimetière juif et d'un cimetière
musulman : ce sont deux fragments de pierres tombales, recueillis
au moment de la découverte et déposés au musée archéologique de
la province. Don P. Alcantara Berenguer y Ballester, correspondant
de l'Académie de Madrid, en a pris les estampages, qu'il a remis
au R. P. Fidel Fita. Celui-ci a lu, sur le fragment hébreu, les trois
mots suivants :

[. נחמד ונ]עים ר'א[ברהם .]   . . .agréable et gracieux R. Abraham.

Ce fragment peut appartenir, dit le savant épigraphiste [1], à celle
des épitaphes de Tolède que S. D. Luzzatto a enregistrée dans ses
Abné Zicarón (p. 52), sous le n° 51 (ici n° 39). Elle est consacrée
à la mémoire de R. Abraham b. Rab Elisaf b. Hamid, mort au mois
de Tamouz 5107 de l'ère juive (= juin-juillet 1347). Par suite de
la beauté des caractères, le monument est certainement de cette
époque : les lettres ressemblent à celles des inscriptions hébraïques
dans la grande synagogue de Tolède. Toutefois, après l'abrégé 'ר
(Rabbi), il n'y a malheureusement plus que le premier trait supérieur de א (initiale d'Abraham), qui peut se confondre avec un י,
I. En ce cas, il faut se reporter à un nom qui commence par I, tel
que Iehuda (p. ex. n° 45 de la collection Luzzatto, ci-dessus, n° 64).
C'est donc indéterminé.

7. Il y avait un autre texte hébreu, qui, en dépit des recherches
faites, ne se retrouve plus à Tolède. A la cathédrale de cette ville [2],
— s'il faut en croire l'assertion un peu confuse d'un explorateur
de 1867, — « la chapelle dite *sinagoga* [3] *blanca* (sic) avait un tronc
cylindrique en pierre, fermé à cadenas, qui servait autrefois à
recueillir les aumônes pour les pauvres ». L'inscription hébraïque
qu'il portait n'était presque plus visible il y a quarante ans, et du
tronc il n'y a plus de trace. En vain, nous avons tenté de tirer

_____

[1] *Boletin*, t. X, p. 257-258.
[2] Ad. NEUBAUER, *Archives des missions*, 1868, p. 430.
[3] Serait-ce l'ex-synagogue devenue Santa Maria la Blanca?

parti d'informations verbales prises sur place : elles n'ont fourni
aucun renseignement.

Pourtant, des livres consultés ont été moins muets. Ainsi, dans
son ouvrage franco-espagnol, *Toledo, guia artistica practica* (T., 1890)
p. 103, le comte de Cedilio décrit minutieusement la cathédrale
de cette ville, et, après avoir parlé de la chapelle Sainte-Lucie, il
ajoute ces mots : « Adossé à un pilier de l'intérieur de la cathédrale
qui fait face à l'entrée de la Capilla de Santa Lucia, se trouve un
tronc de pierre muni d'une serrure en fer ». Cet objet n'offre rien
de remarquable, dit cet écrivain, parce qu'il n'a rien pu y lire.

A défaut de cette lecture, rappelons une pièce similaire de même
provenance, acquise en 1892 par feu le baron Alphonse de Roth-
schild [1]. C'est une aumônière pour la fête de Pourim, en forme
de coupe avec anse, portant sur la panse les mots אחשורוש אי לה
ריינה אסתר « Rey Ahasverus y la reina Esther », et au-dessous les
mots זכירה דל נס « le souvenir *del Ness* (du miracle) ». Au centre
se lit la date de fabrication : שנת עֿ « l'an 79 » (= 1319).

Cette constatation de légère coïncidence, sinon de similitude ab-
solue, n'est-elle pas suggestive ? Comment ne pas songer à une cor-
rélation, plus ou moins grande, entre l'inscription disparue et l'inscription trouvée depuis lors sur un objet analogue, sinon semblable ?
Pourtant, la divergence entre les deux est grave, car la seconde est
trop nettement lisible, pour qu'elle ait pu être traitée d'illisible il y a
quarante ans.

En présence de ces doutes, de ces contradictions flagrantes, le
mieux était de consulter l'homme le plus compétent en archéologie
tolédane, Don Gomez y Centurion, le savant chef du Musée provincial et bibliothécaire municipal. Sur ma demande, il a bien
voulu répondre en ces termes :

« Dans la cathédrale, il n'y a jamais eu de chapelle dite Santa
Maria la Blanca. Là se trouve la chapelle de Sainte-Lucie, en façade
de laquelle il y a une case pour les aumônes qui n'est pas de forme
cylindrique et n'a aucune inscription hébraïque. Dans la vieille
synagogue, convertie au culte catholique sous l'invocation de Santa
Maria la Blanca, il existe une petite colonne de forme cylindrique,
qui, par la nature de la pierre et par d'autres détails, doit avoir
fait partie d'un cippe sans inscription ; puis, convertie en aumônière,

---

(1) R. É. J., t. XXV, p. 78-80, et *Boletin*, t. XXII, p. 206.

L'histoire des Juifs de cette ville, depuis qu'elle a été conquise sur les Arabes par le roi Don Fernand en 1235-1236 jusqu'en mars 1470, a été assez largement exposée par le R. P. Fidel Fita, pour nous dispenser d'y revenir. La synagogue a des dimensions bien moindres que celle de Tolède. La nef quadrangulaire mesure exactement 6 m. 95 du nord au sud sur 6 m. 37 de l'est à l'ouest, ayant une hauteur presque égale, soit 6 m. 16 jusqu'à la cimaise qu'atteint l'épigraphe supérieure.

Son style est arabe par ses faïences coloriées, ornées d'inscriptions; elle est munie de beaux arcs, dont quelques-uns sont en ogive. Le sanctuaire où étaient conservés les rouleaux de la Loi est à l'est; la porte d'entrée n'est pas en face, à l'ouest, mais au sud, s'ouvrant sur l'ancienne rue des Juifs, ou petite place des Bulles, aujourd'hui rue Maïmonide.

De la somptuosité primitive, dont le génie artistique de l'époque avait donné ses preuves en abondance, il ne subsiste plus que les restes de l'arc supérieur à l'est. De ce côté sont des fragments d'inscriptions de 2 versets bibliques : *Ps.* cxxxviii, 2, et xxvii, 4, qui formaient une sorte de dais.

Partant de l'angle nord-est, deux lignes parallèles de textes vont horizontalement vers l'ouest, passent en brisant la ligne à l'angle nord-ouest, pour aboutir à l'angle sud-ouest.

La ligne supérieure comprend, en état plus ou moins complet, six versets se suivant dans cet ordre, savoir : *Ps.* xcv, 6; cxxxii, 7; xcix, 5; c, 2; lxxxvi, 9; xcv, 1. La ligne inférieure, en moins bon état encore, comprenait les six versets suivants : *Ps.* xxix, 1, 2; lxvi, 4; xxii, 28, 29; *Cant.* iv, 4. De ce dernier verset, il subsiste à peine quelques lettres sur place; les morceaux composant le reste de ce verset sont au Musée archéologique de la ville.

Façade sud : A la face inférieure courent des lignes brisées, tantôt horizontales, tantôt verticales, contournant à angle droit l'encadrement des fenêtres; elles comprennent quatre versets, savoir : *Ps.* cxxii, 6, 7; lvii, 2, 3, en partie couverts de chaux. La partie supérieure est presque intacte; elle comprend ces cinq versets : *Ps.* lxxxiv, 2, 3; xxvi, 8; lxi, 5; xiii, 6. Au milieu de ce dernier verset, le mot בישועתך commence une ligne verticale des six derniers mots.

Le mur d'ouest est comme percé au milieu, par un arc à plein cintre : il avait été utilisé pour y placer le rétable de Sainte Quiterie, après la conversion de la synagogue en église. Il faut le rappeler dans l'orientation du visiteur en ce vieil édifice, pour ne pas s'exposer à confondre cet arc avec l'emplacement de l'arche sainte au côté opposé, ou à l'est, dont il ne reste plus de trace murale.

Il a dû y avoir, dans cette synagogue, un portique de sept colonnes, dont il subsiste encore trois, qui soutiennent les deux arches du gros mur parallèle à l'entrée. Les chapiteaux sont romans, de marbre noir, et gravitent sur des monolithes de jaspe jaunâtre. Le linteau a dû être orné de versets (qui ont disparu), car le linteau intérieur conserve des traces de ces deux versets : *Proverbes*, VIII, 34, et *Isaïe*, XXVI, 2.

1. Dans la belle ornementation du mur de l'ouest se trouvent des inscriptions coufiques ayant pour motif les mots arabes لِيَ اللهُ كلّهُ (cf. *Ps.* XXII, 29). Sous la chaux qui recouvrait les murs, on a découvert les susdits textes hébreux, et dans le mur à l'est on a reconstitué la chambre du tabernacle. La plus précieuse inscription se trouve de ce côté, composée de deux distiques rimant ensemble. Voici le texte :

מ[קדש מעט ונוה התעודה שכללו(1)

י[צחק מחב בן הנגיד אפרים

וב[נה שנת שבעים וחמש בן שעה

בא[אל וחיש לבנות ירושלים (2)

Petit sanctuaire et demeure du témoignage qu'a édifié
Isaac Meḥab fils du puissant Ephraim,
Construit l'an soixante-quinze (3); [il est] fils de l'heure.
Viens, ô Dieu, et hâte-toi de reconstruire Jérusalem.

Les mots « fils de l'heure » indiquent que ce temple est considéré comme provisoire, attendu qu'il doit disparaître le jour où Dieu reconstruira Jérusalem et restaurera le Temple de la ville sainte, qui rendra superflues toutes les synagogues.

Contre la présente explication des mots בן שעה, David Kaufmann a formulé l'objection suivante : « On peut s'étonner, dit-il (4), de trou-

<hr>

(1) Allusion évidente à l'expression employée, en ce sens, dans *Ezéchiel*, XXVII, 4.

(2) Réminiscence de *Daniel*, IX, 25.

(3) = 1315.

(4) *R.É.J.*, t. XI, p. 156.

ver sous cette forme épigrammatique et énigmatique une pensée aussi importante que celle qui est contenue dans ces deux mots, et même qu'une telle pensée soit exprimée ici ». Il suppose donc ceci : Les mots נבנה שנת שבעים וחמש, qui précèdent, ont sans doute fait naître dans l'esprit du poète, — que l'on voit très familiarisé avec les jeux d'acrostiche, — l'idée de transcrire cette date de la fondation de la synagogue par l'abréviation שנת ע"ה = שעה (an 75).

Une fois cet acrostiche trouvé, le poète l'a utilisé dans un double sens, d'abord pour indiquer la date, puis dans le sens de בֶן שעה « fils de l'heure », comme il a été indiqué dans la traduction et comme le prouve le vers suivant. Du reste, le mètre indique qu'il faut en realité vocaliser שָעָה et non שָעָה. Mais שָעָה n'est pas un mot hébreu ; cela suffit pour aviser le lecteur, sans que le poète soit astreint de mettre un signe spécial, que ledit mot commence par constituer une abréviation.

Par suite, on peut croire que le nom bizarre מחב (Mehab) est aussi une abréviation, et on pourrait conclure de tout cela une règle : toutes les fois qu'on trouve dans les vers hébreux une forme grammaticale ou un mot inconnus, mais dont la forme est garantie par la mesure du vers, on a ou, au moins, on peut avoir affaire à un acrostiche. Toutefois, c'est une simple conjecture.

2. La restitution de la synagogue a profité au musée de la même ville, on y trouve des fragments épars, provenant de cette restauration, morceaux détachés des faces du mur, qui n'ont pu être réintégrés à leur place. Ce sont : 1° des mots du *Ps.* cxxxviii, 2; 2° les mots isolés באולמיך et תמיד; 3° le terme [מש]פחות de I *Chron.*, xvi, 28, attaché à un feston arabe.

§ 2. Séville.

Dans son histoire de Séville [1], Rodrigo Caro a publié diverses indications qui peuvent servir à l'épigraphie hébraïque de cette ville. Il s'exprime ainsi :

« Une grande façade de muraille antique court depuis l'Alcazar

____

[1] *Antiguidades y principado de la Ciudad de Sevilla* (1634), fol. 20, 42 et 43, rapporté par le R. P. Fidel Fita, *Boletin*, t. XVII, p. 174-177.

royal jusqu'à presque la porte de Carmona, comprenant dans son circuit les trois grandes paroisses de Santa Cruz, Santa Maria la Blanca, et San Bartolomeo. C'était jadis la Juiverie, où il y avait quatre synagogues, converties en les églises paroissiales dont trois sont précitées, et la quatrième existe également encore, occupée par le *Convento de Madre de Dios*. San Bartolomeo a conservé, en tant qu'édifice, la même forme qu'il avait autrefois, et l'on y voit inscrites beaucoup de lettres en hébreu. La porte de cette synagogue, pour sortir de la ville, est celle de « la carne », et au dedans il y avait deux portes menant à la ville, près de l'hôtellerie des Maures, dans la Borziguineria, et une autre faisant face à Saint-Nicolas. Auprès de là se trouvaient la Bourse ou marché, les places publiques, et jusqu'au tribunal propre aux Juifs. Deux rues en fait ont conservé les noms hébreux : l'une est celle des « Lévies », parce que leur maison s'y trouvait; l'autre se nomme « la Xamardana ». Depuis l'exil des Juifs, en 1492, cette partie de la ville est appelée la ville neuve. La porte de la Carne est appelée de la Juderia, et il y a celle de Monjoar, en souvenir d'un riche Juif qui habitait près de là. Dans un terrain qui était contigu, appelé de Zebreros, les Juifs avaient leurs sépultures, dont plusieurs sont de belles œuvres; malheureusement, en 1580, année de misère et de disette, les pauvres de Séville se sont mis à les démolir dans leurs jours d'oisiveté. Ils ont trouvé dans les tombes des corps aux vêtements étranges, avec joyaux d'or ou d'argent, et même dans quelques tombeaux ils ont trouvé des livres hébreux, qu'ils ont apportés à Arias Montano. »

Alphonse X, déjà surnommé le Sage par ses contemporains, ne paraît pas avoir adopté envers les Juifs la ligne de conduite de son père Fernand III, dit « le Saint », probablement en l'honneur de son intolérance.

1. Lorsque, du vivant de son père, Alphonse conquit Séville (1248), il avait eu des guerriers juifs sous ses ordres, et lorsque à l'issue de la guerre il fit le partage des terres, l'infant songea aussi aux Juifs, et il leur assigna en toute propriété une campagne dite *Aldea de los Judios*. De plus, les Juifs de Séville reçurent en partage trois mosquées, qu'ils convertirent en synagogues, outre un quartier de la ville séparé du reste des habitations par un mur : *parternilla de los*

Judios [1]. En témoignage de gratitude, la communauté juive à Séville offrit au vainqueur une clef précieuse, artistement ciselée,
qui figure encore parmi les curiosités de la cathédrale dans cette
ville, et porte deux inscriptions [2], l'une espagnole, l'autre hébraïque.

La première dit : « Dios abrira, el Rey enterara ».

La seconde, un peu plus étendue, s'exprime ainsi :

מלך מלכים יפתח מלך כל הארץ יבוא

Le roi des rois ouvrira ; le roi terrestre entrera.

Du reste, cette manifestation n'a pas été le seul acte de reconnaissance que les sentiments de tolérance du souverain aient inspiré
aux Juifs. Le numéro suivant le prouve.

2. Aux événements importants du royaume, les Juifs prenaient
part, en bons citoyens et fidèles sujets. On possède encore un monument qui reflète leur participation au deuil de la famille royale.
Le roi Alphonse le Sage éleva à son père Fernand III un monument
funèbre, couvert d'épitaphes en quatre langues : en hébreu, en
arabe, en latin, en castillan. La partie hébraïque est, il est vrai,
d'un style médiocre, écrite peut-être par un ecclésiastique. Elle a
été publiée [3], traduite et commentée par D. Thomas Antonio Sanchez, en séance de l'Académie de Séville, le 12 janvier 1753,
dans une dissertation imprimée plus tard [4], accompagnée d'un
fac-similé dessiné par les soins de cet historien.

Voici la partie hébraïque telle qu'elle subsiste encore dans la
chapelle royale, sur la partie latérale de droite du tombeau, d'où
nous l'avons copiée à la lueur d'une chandelle, afin de contrôler la
copie antérieure et de constater des détails omis d'ornementation,

---

[1] Voir ZUNIGA, *Annales de la Ciudad de Sevilla*, t. I, p. 136, visé par
GRÆTZ, *Geschichte*, t. VII, 3ᵉ édition, p. 114.

[2] Elles sont reproduites dans ZUNIGA, *ibid.*, p. 47. Cf. AMADOR DE LOS
RIOS, *Estudios sobre los Judios en España*, p. 33.

[3] Sauf qu'à la ligne 4, au lieu du mot המעוז, D. Sanchez avait lu à tort
המש, mot qui n'a pas de sens.

[4] *Memorias leterarias de la R. Academia sevillana*, t. I, 1773, p. 96-104.

ou même de couleur, car on aperçoit encore des vestiges rougeâtres au creux des lettres :

1 בזה המקום הוא קבר המלך הגדול דון פראנדן (1)

2 אדון קשתיליה וטליטלה וליון וגליסיה ואשביליה

3 וקורטבה ומרסיה וגיאן תחי נפשו בגן עדן אשר

4 לכד כל ספרד הישר הצדק המעוז המגדול׳

5 הגבור החסיד העניו הירא מייי (2) העובד אותו כל

6 ימיו אשר שבר ואבד כל אויביו והרים וכבד כל

7 אוהביו ולכד מדינת אשביליה אשר היא (3) ❁

8 ראש כל ספרד ונפטר בה בליל יום ששי

9 שנים ועשריש יום לחדש סיון שנת חמשת

10 אלפים ושתים עשרה לבריאת עולם.

1 En ce lieu est le sépulcre du grand roi Don Ferrando,

2 Seigneur de Castille et de Tolède, de Léon, de Galice, de Séville,

3 de Cordoue, de Murcie et de Gian. Son âme repose au jardin d'Eden,

4 Celui qui a conquis toute l'Espagne, le droit, le juste, le puissant, la forteresse,

5 le vaillant, le pieux, le modeste, qui craint Dieu, qui le sert chaque

6 jour (toute sa vie), qui a vaincu et détruit tous ses ennemis. Il a élevé et honoré tous

7 ses amis; il a conquis la ville de Séville qui est

8 la tête de tout Safrad (Ibérie). Il est décédé là, en la nuit du 6ᵉ jour (vendredi)

9 le vingt-deux du mois de Siwan, l'an cinq

10 mille et douze de l'ère de la création (= 31 mai 1252).

A la suite (à gauche), avant le texte arabe, une dizaine d'écussons, figurant les provinces de Léon et de Castille, sont superposés alternativement, en formant deux colonnes.

Dans sa *Sevilla monumental y artistica* (Séville, 1890, 3 vol. gr. in-8°), dont le tome II est entièrement consacré à la description de la cathédrale, Jose Gestoso y Perez prend soin de mentionner les quatre inscriptions; mais il ne publie que la quatrième, la version castillane.

3. Sous le porche de la cathédrale, en cette même ville, à la

____

(1) *Sic*, pour פרנאנדו; par élision du premier נ, on prononce Ferrando.

(2) Transcription originale du tétragramme. Cf. ci-dessus, p. 55.

(3) Ici un fleuron.

porte dite de la Campanilla, il y avait une grande pierre funéraire
en marbre blanc, couverte d'une longue inscription hébraïque en
neuf lignes. Déjà, en parlant de ce texte, Garcias déclare les trois
premières lignes illisibles. Voici la traduction du reste, depuis la
ligne 4, en ces termes donnés par Rodrigo Caro :

4   Testigo el tumulo aqueste y testigo la lapida para señal y para ri-
      cuerdo mirale escrita que

5   aqui se sepulto tesoro colmo de preciosidad inestimable de lege y
      de testimonio, y en la alta ciencia

6   de los astros dijo miravillas, y con el tesoro y libro de medianas
      arbol de la ciencia,

7   medico verdadero, piadoso, recto, y veridico, R. Salomo b. Abra-
      ham b.

8   Yaisch (su memoria bendita); reuniose con su pueblo, marchando
      en su rectitud, en el mes Siwan del año de cinco

9   mil ciento y cinco de la creacion.

Malgré les quelques légers écarts du texte qu'offre cette version,
elle suffit pour refléter l'original. Aussi Zunz (dans *Zur Geschichte
u. Literatur*, p. 411-412) a très habilement reconstitué le texte hébreu, presque mot à mot, en le calquant sur la version espagnole
de Rodr. Caro, reproduite par J. M. Fürst dans ses *Annalen* (1839,
p. 231).

Puis, dans la traduction du traité talmudique de *Sota*, chap. IX,
fin (fol. 40ᵇ), à propos du récit disant qu'à partir « de la mort
de R. Eleazar la Torah fut cachée », Wagenseil remarque en note
à ce passage (p. 1086), d'après le témoignage de Rodrigo Caro,
que la même idée de retrait de la Loi a été exprimée lors du décès
de R. Salomo ben Abraham à Séville. Il reproduit toute l'épitaphe
en version latine, copiée sur la traduction espagnole précitée,
d'après les *Antiguidades de Sevilla* (fol. 43ᵃ), dont l'auteur s'ex-
cuse de ne pas reproduire le texte hébreu : « descando las letras y
caracteres de amba lenguas que yo no se escrivir, ni las entiendo,
ni aun en Sevilla hallaremos characteres para la stampa. »

A son tour, devant l'Académie de Séville [1], le 12 juin 1772,
D. Candido Maria Trigueros a expliqué cette épitaphe qu'il reproduit sur une planche (probablement de sa main); mais elle n'a
que 6 lignes, rien de plus.

____

[1] *Memorias leterarias de la R. Academia sevillana*, t. I, 1773, p. 283-305.

Finalement, le P. Fita en a publié une photographie, fournie par Isid. Lœb [1].

Actuellement, l'épitaphe est déposée à sa place définitive, au Musée provincial d'archéologie, sous le n° 249, réunissant en un seul bloc les trois tronçons brisés dont elle était composée, la pierre ayant souffert des transports réitérés. Elle mesure maintenant o m. 65 de largeur sur 1 m. 48 en hauteur; car on n'y trouve plus les 3 premières lignes qui existaient encore il y a une vingtaine d'années, lors de l'exécution de la photographie.

L'auteur de l'élégie a dû s'inspirer de versets bibliques pour les premiers vers, trop fragmentaires pour pouvoir être complétés. Ainsi, ligne 1, il y a une expression de l'*Ecclésiaste*, 1, 16; ligne 2 un terme du *Ps.* xxxvi, 8; ligne 3, imitation (?) d'Isaïe, lxvi, 17. Voici donc le texte, plus étendu qu'il n'existe désormais :

1	[לבי ראה (?)] . . .	. . . גור ou ש . . | גור[לי]	
2	. . . . . . ע . . .	. . .י|חסיון ... יעל (?) .. [י]	
3	. . . . ש	. . .ב תוך ושתו מטה רג[לי]	
		המקדש והמטהר peut-être	
4	עד הגל הזה ועדה ה|מצבה לאות ולזכרון הנה כתובה כי		
5	פה נקבר אוצר כל כלי|חמדה לתורה ולתעודה ובחכמת		
6	הכוכבים דבר נפלאות|ועמו נגנו ספר רפואות עץ הדעת		
7	רופא אנטן חסיד ישר|ונאמן ר' שלמה בן אברהם בן		
8	יעיש מכ נאסף אל עמו|מתהלך בתומו בחדש סיון שנת חמש		
9	אלפים|מאה וחמש ליצירה.		

1 Mon cœur a vu...

2 ...

3 ...

4 Ce monceau est témoin et cette stèle atteste en signe et souvenir, écrit ici, que

5 ici est enseveli un trésor de tout vase précieux pour la Loi et pour le témoignage. Par sa science

6 des astres, il a énoncé des merveilles. Avec lui est caché un livre de médecine. Arbre de la science,

7 médecin habile, pieux, droit, véridique, R. Salomon, fils d'Abraham, fils de

---

[1] *Boletin*, t. XVII, p. 170-175. Voir fig. 14.

8 Yaïsch, qui repose dans la gloire. Il a été réuni aux siens, marchant avec intégrité, au mois de Siwan l'an cinq

9 mille cent cinq de la création (= 1345).

Ce texte prouve que le défunt rappelé ici, a écrit de savants traités d'astronomie et de médecine. C'était une des illustrations scientifiques à la cour d'Alphonse XI, dont l'histoire littéraire n'a plus de trace.

On ne s'étonnera pas de trouver pour Séville cette seule épitaphe juive, si l'on songe que les gens riches faisaient venir les corps de leurs parents dans les tombes de famille; on l'a vu ci-dessus, à Tolède, pour les Aboulafia (n°⁸ 30, 33 et 67) et pour Sossan (n° 41).

4. Rodrigo Caro, l'historien précité, raconte aussi qu'à l'église S. Bartolomeo, jadis synagogue, il y a plusieurs mots à l'entrée de la porte. Ce sont les noms divins Adonaï, Emmanuel, et plusieurs fois *Alleluya*. Ces mots ont disparu, depuis que l'église a été restaurée aux dernières années du xviiie siècle.

5. Don Francisco Mateos Gago, archéologue résidant à Séville, possède un cachet en bronze, dont il a envoyé en 1887 à l'Académie de Madrid [1] une empreinte en cire. Elle comporte une circonférence de 0 m. 16, ondée des quatre côtés. Au centre est gravé un écu, sur lequel est figurée une fleur de lys, stylée à la mode du xive siècle. En exergue angulé, disposé en quatre sections, court la légende suivante :

אבר|הם ב|ר סע|דיה

Abraham fils de Saadia.

§ 3. Benavites.

Dans la tour de Benavites, tout au nord de la vallée de Sego (Valence), qui contient l'inscription de Bebio Seneciano (Hübner, 3972), M. Chabret a noté une inscription hébraïque inédite [2], calquée par Don Luis Cebrian, dont les beaux caractères sont propres

---

[1] *Boletin*, t. **X**, p. 346.

[2] *Sagunto, Su historia y sus monumentos*, t. II, p. 186.

au xive siècle. Elle mesure 1 m. 30 de large sur 0 m. 20 de haut. La hauteur des lettres est d'un demi-décimètre [1]. La voici :

מצבת קבורת כבודה דונה גמילה נ׳ע׳

אשת הנעלה דון אברהם לאחם יצ׳ו׳

Stèle sépulcrale de l'honorable Doña Gamila, qu'elle repose au paradis, épouse de l'excellent Don Abraham Lagem. Que son rocher et son sauveur le garde !

L'appellation *Lagem*, dit le R. P. Fidel Fita [2], qui, en idiome de Valence, s'écrit et se prononce *Legem*, dérive de l'arabe لَحَّم ou لَحَّام (abatteur de viande, boucher). C'était, vers la fin du xive siècle, la profession de D. Samuel, *Legem* à Sagunte [3], comme devait l'être son parent D. Abraham, époux de Dona Jamila. On retrouve le nom hébreu sous la traduction valencienne, dans la statistique de 48 familles juives à Sagunte en 1352, publié par M. Chabret (p. 429-433).

Il est fort curieux que notre texte, après avoir exprimé j par ג, soit Jamila = גמלה, rende ensuite g par ח, soit *Legem* = לאחם, par alternance phonétique. La première lettre de *Jamila*, en dialecte de Valence, avec le timbre aigu de la lettre, sonne comme dans *Lagem*. Il faut prévenir enfin que, dans le calque, le ח n'est pas clair ; cette lettre a souffert d'un contact, de sorte qu'à première vue l'interprétation est incertaine, et l'on hésite entre les lectures גו, נו, ח, ט, ע et même ס.

§ 4. Tortose.

On trouve une page intéressante pour notre sujet dans un ms. de la bibliothèque de la R. Académie d'histoire à Madrid. Le titre complet mais long de ce curieux volume, qui constitue le pendant

---

[1] Elles sont donc plus petites que celles de l'inscription hébraïque à Bejar. Voir ci-dessus, ch. II, § 6.

[2] *Boletin*, t. XIV, p. 570.

[3] *Ibid.*, p. 557.

espagnol de la *Paléographie* de Silvestre en France, servira mieux qu'une analyse à le faire connaître. Voici ce titre :

« Polygraphia gothico-española, origen de los caracteres o letras de los Godos en España, su progreso, decadencia y corrupcion desde el siglo v, hasta fin del xi, en que se abrogo el uso de allos y sobstituyo la letra gothico-francesa, demostrada con variedad de abecedarios, abreviaturas y otras curiosidades pertenecientes al perfecto conocimiento de ella, sacados de monedas, inscripciones, libros, y semejantes monumentos de la antiguedad que se guardan en las famosas librerias de la Sta Iglesia de Toledo y del Monasterio de San Lorenzo del Escorial etc., por D. Francisco Xavier de Santiago Palomares, ano 1764 » (Ms. fol. Est. 23 gr. 4°; 1 a A : n° 2; 55 p. texte et 104 planches).

Parmi celles-ci, la pl. 92 contient la reproduction de 3 vieilles épitaphes hébraïques. Ce sont d'abord les trois lignes commençant par les mots יוסף אמן, reproduites ci-dessus, chap. iii, § 2, Madrid, n° 6. Puis, avant l'inscription trilingue de Tortose (ci-dessus, chap. i, § 2), vient en second lieu le texte suivant, lu sur une pierre de la Torre, nommée jadis à Tortose « porta del Templo ».

1 · · ; בוינאפוס בֹּר · : · · ;, à rectifier ainsi ר', שלמה בן עאפורחר

2 [גפ] טר באלכסר בי' ר' הדש א' — טר באתכתר בהדחדשי.

On pourrait, si la rectification est juste, traduire ainsi ces deux lignes :

« R. Salomon Buenafos, fils de..., décédé à Alcassar le 4 du mois... »

On remarquera la variante catalane du nom fréquent « Bonafos ». — Les noms de ville Alcassar ne sont pas rares. — Le mois commençant par א est un de ces quatre : Iyar, Ab, Eloul, Adar. — Ce sont là, toutefois, de simples hypothèses, à défaut de l'original.

§ 5. TARRAGONE.

A Tarragone (Catalogne), rue des Escribanias viejas, à l'angle de la rue N. Sta del Claustro (autrefois, de Cabildo), sur la façade de la maison n° 6, il y a deux inscriptions hébraïques (non arabes, comme le dit à tort le guide Bædeker), signalées depuis 1851 par le Rev. P. Villanueva [1], puis définitivement bien lues et traduites par le R. P. Fidel Fita [2], en ces termes :

1. זה קבר של ר׳ חיים בר יצחק Voici la tombe de R. Hayim b. Isaac, נפטר בניסן שנת ס׳ ישׁיעֹמֹ décédé en Nissan de l'an 60 (= 1300), qu'il ait la paix et repose sur sa couche !

Le sigle constituant l'eulogie des cinq dernières lettres est formé des initiales d'un verset d'Isaïe (LVII, 2).

La stèle est sur tablette en pierre jaune, au relief irrégulier ; elle mesure 1 m. 50 de large sur 0 m. 43 de haut, juchée sur deux pierres sépulcrales romaines, dont celle de gauche a 5 lignes latines, et celle de droite a 10 lignes, sans nulle relation avec le texte hébreu [3].

2. La deuxième épitaphe, qui a 0 m. 75 de large sur 0 m. 57 de haut, est ainsi conçue :

זה קבר של ר׳חנניה בר Voici la tombe de R. Hanania fils de שמעון ארלבי נפטר בירח אייר שנת Simon Arlabi, décédé au mois d'Iyar l'an ה׳ אלפים סב . ישׁיעֹמֹ 5062 (= 1302). Qu'il ait la paix et repose sur sa couche !

Le nom de famille Arlabi, à la seconde ligne, a été ainsi lu, non sans quelque hésitation ; car l'avant-dernière lettre, un peu fruste, pourrait aussi être un ד, et donner le nom Arladi. Cependant, la la présence d'un ב paraît plutôt justifiée, et cette lecture a justement fait songer le R. P. Fita à une métathèse du mot Alarabi.

§ 6. CASTELLON.

A Castellon de Ampurias, au mois d'Ab de l'an 5103 de la création (juil.-août 1343), est décédé

ראובן בר אגינאי Ruben bar Aguina'y.

[1] *Viage leterario*, t. XX, p. 100-105. Voir fig. 16-17.
[2] *Diario de Tarragona*, n° du 21 janvier 1877, et en février n°ˢ 43-45, *Revista del siglo futuro*, 1903, p. 17-21 ; *Boletin*, t. XLIII, p. 460-462.
[3] Elles sont publiées dans le recueil d'inscriptions latines de l'Espagne, par Émile Hübner.

Ce nom, sauf une variante d'orthographe dans la transcription, se retrouve deux fois dans la liste suivante des membres du conseil de la communauté juive à Castellon, qui, le 1er juin 1406, — sur l'ordre de la reine d'Aragon, Doña Maria de Luna, transmis à Pedro Comte, administrateur du comté d'Ampurias, — a été renouvelé de la façon suivante :

Conseillers, de classe majeure : Samuel Issach, Perfect Bonsenyor, Abraham Benvenist, Alatzar Issach, Zarch Perfect. — De classe moyenne : Issach Mahiz, Salamo Struch, Enoch Adret. — De dernière classe : Duran Jaco, Jucef *Aynay*, Vidal Jucef. — Secrétaires : Athan Abraham, Jucef Samuel, Bonsenor, Vidal. — Trésorier : Issach Mahiz. — Censeur des comptes : Issach Rouhen, Struch *Aynay*, Duran, Jaco [1].

§ 7. BARCELONE.

1. En l'an 1111, le pré situé derrière le Monjui [2] était borné par le chemin public jusqu'à la mer, et dans la même ligne se trouvait, contigu à l'ouest, le *poliandrio* juif.

C'est le cimetière déjà mentionné dans un document de l'an 1090 et spécifié sous le nom de « veteres Judeorum sepulturas », dont les vestiges sont malheureusement ruinés, du côté oriental du Monjui, faisant face à la mer et au port, à courte distance de Vista-legre. Ils ont été explorés par le R. P. Fidel Fita [3] le 12 novembre 1871.

La première pierre qui attira son attention contient l'épigraphe fragmentaire, écrite sur pierre sablonneuse, large de 0 m. 50, haute de 0 m. 31, couchée, à demi cachée au bord et à main gauche du sentier ensablé qui rejoint la voie publique. Voici ce petit texte, qui au catalogue ms. du Musée provincial, porte le n° 1250 :

שמואל בר חלאט   Samuel fils de Hilât [4]

שנת תתד   l'an 804.

[1] *Boletin*, t. XLVIII, p. 174, d'après *Archivo general de la Corona de Aragon*, registro 2351, fol. 180.

[2] Ou : *mons judaicus*, Voir *Boletin*, t. XII, p. 6 et suiv.

[3] *Boletin*, t. XVII, p. 199.

[4] La vocalisation de ce mot hébreu est donnée par l'arabe خلاط.

La date de l'an (4)804 de l'ère juive de la Création est claire et certaine; elle est, du reste, en accord avec la forme archaïque des caractères. A défaut de quantième du mois, on doit indiquer que l'année est comprise entre le 2 septembre 1043 et le 26 septembre 1044 de l'ère chrétienne.

Actuellement, cette pierre sépulcrale, remarquable pour sa valeur historique et paléographique, occupe une place distincte au Musée archéologique de Barcelone. Elle constitue la 4ᵉ des épitaphes antérieures au xiiᵉ siècle, après la trilingue de Tortose, d'époque visigothique, celle de Calátayud de l'an 919, et celles de Puente-Castro (Léon), de l'an 1100.

2. Dans son *Guide à Barcelone* (p. 197). D. Cayetano Cornet y Mas signale une pierre à inscription hébraïque en ces termes :

« Rue S. Ramon del Call, sur la paroi de la première maison à main gauche, qui forme un angle avec la rue de Marlet, il y a sur le côté de la porte une pierre hébraïque de 0 m. 30 de large, sous laquelle se trouve une autre inscription qui est certainement une traduction de la première, en mentionnant le site où elle est placée. Dans cette maison, à ce que l'on dit, a vécu S. Domingo de Guzman.

« La rue Santo Domingo s'était appelée « de la Sinagoga Mayor », en raison des deux synagogues qu'elle avait contenues. L'arc que l'on avait vu rue S. Ramon jusqu'en ces derniers temps et un autre arc à un coin de la place de la Constitucion, ou de S. Jaime, étaient les portes d'entrée du Temple. »

L'inscription hébraïque vue et copiée en 1885 par le R. P. Fidel Fita [1] est très belle, du meilleur type du xiiiᵉ siècle; elle a été découverte en 1820, lors de la reconstruction de la susdite maison. Le même savant fait justice de la légende relative à S. Dominique et de la date fantaisiste 692 donné par le *Guide*. Voici le texte :

הקדש	Le saint (ou martyr)
ר שמואל	Rabbi Samuel
הסרדי	le Sarde.
נבת	Son âme séjournera dans le bien [2].

<hr>

[1] *Boletin*, t. XVI, p. 446-449; t. XLVIII, p. 311-315. Voir fig. 18.
[2] *Ps.* XXV, 13.

L'idée de voir aussi dans ces trois dernières lettres, une date, 5052 (= 1292), nous semble peu probable. — Selon D. Kaufmann[1], c'est l'auteur du ‏תרומות ס׳‏, originaire de Majorque, et le nom *Sard* fait allusion à un faubourg de la ville de Felanita en cette île.

 3. Aussitôt après ce texte, une place est due à l'épitaphe qui sous le n° 1333 du catalogue ms., se trouve audit musée, mais en piètre état. Ce fâcheux état est sans doute la cause pour laquelle ce texte, ainsi que d'autres provenant du même sol et figurant au même musée, sont restés inédits. Bien connues du P. Fita, ces épitaphes n'ont pas été publiées par lui; car il les avait soumises à Isidore Loeb, de regrettable mémoire, peu de temps avant qu'une mort prématurée soit venue malheureusement mettre fin aux travaux de ce savant. Depuis lors, ces projets de publication sont restés en suspens, au grand dommage du domaine de l'épigraphie et de l'érudition.

 Il importe donc de compléter dans ce recueil la série de Barcelone par ordre chronologique, en continuant par le texte suivant :

‏. . .‏	. . . (? Stèle funéraire) . . .
‏כתבנו עליה . . . ל[זכרון ?]‏	nous y avons inscrit en souvenir
‏שמה מרת בונפיצפט . . . בת‏	son nom, dame Bonacept (?) . . . fille de
‏. . . נפטרה בחדש טבת‏	. . . décédée au mois de Tébet
‏שֶׁנַת] שלשים‏	l'an trente . . .

 Le second mot présent, ‏עליה‏ « sur elle », implique presque forcément la présence d'une première ligne désormais disparue, où il a dû être fait mention de l'érection d'une stèle funéraire.

 La nom de femme inscrit ici, ligne 2, est des plus curieux. Sous sa forme catalane, il est de formation équivalente à la dénomination masculine *Bonafos,* abrégé de Bon Alphonse. De même, on a ici un prénom féminin, commençant par *Bona,* suivi de *Acept* ou mieux *Concept* (abrégé de *Concepcion*), en supposant que les deux lettres médiales doivent être lues . . . ‏קנ‏ . . .

 A la dernière ligne, il n'y a qu'un mot : le nombre trente en toutes lettres; ce qui est une présomption en faveur du premier siècle du 5ᵉ millénaire, soit 5030 = 1270, sauf omission du chiffre des unités.

-----

[1] *Boletin,* t. XVII, p. 266.

4.   זאת מצבת   Ceci est la stèle
        של ר' (?)   de Maître
        אברהם   Abraham
[ר]דוד שנפט ר' בר   fils de R. David, qui est parti pour
        לעדן כ'י'ר נצח   le Paradis. Ainsi soit-il! Son âme séjournera dans
                    le bien.

Cette épitaphe, qu'on regrette de voir privée d'une date, est probablement la plus ancienne de celles qui sont conservées à Barcelone, autant que l'on peut en juger d'après les lettres mal venues, à peine incisées. Par suite de cette particularité et en raison de la couleur jaunâtre de la pierre, inscrite au Musée archéologique de cette ville sous le n° 1120, les essais tentés pour photographier l'inscription n'ont pas réussi. Heureusement, le directeur du Musée, D. Antonio Elias de Molins, a eu la bonne idée d'en prendre l'estampage. Après quoi, un jeune attaché à la Bibliothèque nationale, M. Févret, a calqué à l'encre le susdit estampage, qu'il a converti en photographie (voir fig. 19).

Celle-ci fait connaître la forme trapézoïdale de la pierre, telle qu'elle a dû l'avoir à l'origine de la constitution de la stèle, qui semble complète et ne paraît pas avoir subi une cassure. Elle donne aussi une idée exacte du caractère scripturaire des lettres, disposées par un lapicide, qui révèle une main-d'œuvre peu expérimentée. En même temps, elle permet de compléter ou de rectifier notre lecture douteuse.

La ligne 1 se devine plutôt qu'elle ne se laisse lire; mais, en considérant la suite, le sens à défaut du texte intégral ne saurait être différent de la lecture adoptée.

Aux lignes 2 et 3, on remarque le tracé bizarre des lettres, la forme naïve du ש, la hauteur singulière du ל, la rayure ou éraflure de la pierre après le א. Puis l'א renversé.

Ligne 4. Le lapicide s'étant probablement aperçu, un peu tard, du manque de place pour écrire les 5 lettres du mot שנפטר (qui est décédé, ou: parti), il a fait chevaucher les 3 dernières lettres l'une dans l'autre, en les combinant.

Ligne 5. Dans le mot לעדן, assurément écrit comme suite logique au dernier mot de la ligne 4, la lettre ע est formée de façon insolite, évidemment imposée par la pierre. — Les 3 lettres suivantes nous paraissent devoir être lues כיר, et figurer l'abréviation de la formule d'un vœu final, en toutes lettres כן יהי רצון « ainsi soit la volonté [de Dieu] », et si la formule est fréquente à la fin des prières, elle est rare sur les épitaphes. Cependant, sa lecture nous a été suggérée par la présence du même vœu final sur la stèle funéraire nº 2 à Léon, que l'on a vue ci-dessus (p. 35), où elle est exprimée en toutes lettres. — Enfin le dernier mot n'est sujet à aucun doute : c'est le sigle final, que l'on trouve souvent en Espagne, abrégeant les 3 mots נפשו בטוב תלין des *Psaumes* (xxv, 13).

Pour être aussi complet que possible, ajoutons qu'au revers de cette même pierre, on voit gravés ces caractères latins :

O M V
A

Nous n'essayons pas d'expliquer ces lettres : elles sont en dehors de notre compétence, et elles figurent là dans un autre but, comme il y a un chrisme au dos de la pierre trilingue à Tortose, de date postérieure au recto.

5. עד הגל הזה ועדה המצבה הלז כי
טמון תחתיה שמעון בן
בר מרדכי׳ . . . שנפטר בירח סיון שנת
ה׳ אלפים ס״ז וששים [ושבע]

Ce monceau est témoin, la stèle atteste
que sous elle est enseveli Simon, fils de
l'honoré R. Mordecaï, décédé en Sivan l'an
cinq mille 67, soixante-sept (1307).

A la ligne 4, la date écrite d'abord en chiffres pour les unités et les dizaines (après le millénaire), est ensuite répétée en toutes lettres : probablement un simple remplissage de place vide. C'est le nº 1286 au Catalogue ms. du Musée.

6. La plus grande inscription funéraire de cette ville, inscrite au Musée sous le nº 1334, est connue. Elle a même été publiée, mais de façon bien défectueuse : la première ligne n'offrait pas de sens, telle qu'elle avait été lue, puis transcrite. Lors de son voyage

de recherches en Espagne, accompli en 1867, Ad. Neubauer s'est
contenté de lire ainsi la première ligne :

גבול מרבן דון שלמה גרו (?) שחבר צד (?)

Il ne l'a pas traduite, et pour cause... Il l'accompagne d'une
observation générale, disant[1] : « Au Musée de Barcelone il y a une
inscription hébraïque sur une pierre qui est trop grande pour être
une pierre tumulaire ». Il croit qu'elle a dû servir à marquer la
limite de séparation entre deux domaines. — Ce savant s'est laissé
égarer par une lettre douteuse, au début du texte. Or il serait
injuste de ne pas tenir compte des rayures de la pierre, comme on
peut s'en assurer par la belle photographie ci-jointe, que nous
devons aussi à la gracieuseté du chef de ce Musée, Don Antonio
Elias de Molins. Il est possible, en effet, d'y admettre comme premier mot le terme גבול, qui signifie « limite », et de songer ensuite
à une délimitation. Mais l'on s'apercevra bientôt que le reste n'a pas
de suite logique, et la considération tirée de la « grandeur de la
pierre » est sans valeur, si l'on songe qu'à la même époque, dans
le même pays, des épitaphes à Tolède occupent le même espace.

En outre, pour une délimitation de terrains, on n'aurait pas
dressé une liste généalogique remontant jusqu'à la 4e génération,
et l'on n'aurait pas eu recours, dans la ligne 3, à l'allusion biblique,
« Salomon s'assit sur le trône », formule employée maintes fois pour
exprimer le repos éternel.

Admettons, il est vrai, que maintes lettres de la première ligne
sont frustes. Par contre, il suffisait d'ouvrir le mémoire de Beck,
publié dans le *Thesaurus antiquitatum sacrarum* d'Ugolino
(t. XXXIII), pour reconstituer l'en-tête. Voici maintenant le texte :

1   גדול מרבן דון שלמה גרסיאן זכר[2] צ"ל [בן]

2   משה בן הנדיב ר' שאלתיאל בן הנדיב [ר']

3   זרחיה חן תמך[3] וישב שלמה[4] על כס[או]

4   חמשת אלפים וששים ושבע לברי[אה]

[1] *Archives des Missions*, IIe série, t. V, 1868, p. 429-431. Voir fig. 20.

[2] Le mot זכר avait été mal lu חבר, en méconnaissant l'abréviation suivante
צ"ל ou les initiales de צדיק לברכה, soit ensemble littéralement : « le souvenir
du juste est en bénédiction ».

[3] Abrégé d'un vœu biblique : *Is.*, xi, 10.

[4] *I Chron.*, xxix, 23.

1 Grand, illustre, Don Salomon Gracian, d'heureuse mémoire, fils de

2 Moïse, fils du généreux R. Schaltiel, fils du généreux R.

3 Zeraḥia Ḥen, reposant dans la gloire. Salomon s'assit sur son trône

4 l'an cinq mille soixante-sept de l'ère de la Création (= 1307).

Sans publier le texte, le *Boletin* (t. XLVIII, p. 231) a bien défini l'inscription, en disant sommairement que c'est l'épitaphe de Salomón Grácian, tandis que Beck, dans Ugolino, a bien lu et traduit les deux premiers mots גדול מרבן « Magnus inclytus »; mais il a eu le tort de joindre en un mot les deux premiers de la ligne 3, qu'il a traduits « Zerahiahan », sans voir dans la seconde partie un nom de famille. On sait que le nom espagnol *Gracian*, devenu plus tard Garcias, est l'équivalent exact de l'hébreu *Ḥen*, nom porté dans notre texte par l'arrière-grand-père, celui de la famille qui demeurait en partie à Barcelone même et en partie aux environs (Voir *Itinerary of R. Benjamin*, édit. Asher, t. II, p. 5, note 7).

Au sujet de Salomon Gracian habitant Barcelone, N'Astruc de Lunel, surnommé Abba Mari ba-Yarḥi, fournit des notes intéressantes dans son ouvrage מנחת קנאות (« offrande de l'indignation »), recueil de lettres échangées entre les Maïmonistes et les Antimaïmonistes, de Provence et d'Aragon.

7. Sur le verso de la même grosse pierre, selon la dissertation de Beck dans Ugolino (*Ibid.*, p. 1459), on lisait ces lignes :

1 בישראל גדול שמו חכם חרשים רון לוביל גרסיאן ב'כ'מ'ה'ר

2 משה הנדיב ר' שאלתיאל בן הנדיב ר' יצחק בן הנדיב ר

3 זרחיה חן מֹמך נתבקש בישיבה של מעלה יו'ג' חד' חשון

4 שנת חמשת אלפים וששים ושבע לבריאת עולם

1 En Israël son nom est grand, savant merveilleux, D. Lobel Gracian, fils de l'honoré maître R.

2 Moïse, fils du généreux R. Schaltiel, fils du généreux R. Isaac, fils du généreux R.

3 Zeraḥia Ḥen, qui repose dans la gloire. Il a été appelé à la résidence d'en haut, le 3 Ḥeschvan

4 de l'an cinq mille soixante-sept de l'ère de la création du monde (= 11 octobre 1306).

Beck, ne parvenant pas à lire le quantième mensuel à la fin de
la 3ᵉ ligne, l'a converti en un barbarisme שמראשון, et comme ce
mot n'a aucun sens, il l'a traduit au hasard : « cœlorum », par cor-
rélation immédiate avec l'expression antérieure.

Dans cette seconde épitaphe, consacrée nettement —— en raison
de l'identité de descendance — au frère de R. Salomon Gracian
qui précède, mort la même année, peu auparavant, la filiation
remonte jusqu'à la cinquième génération, donnant cette fois un
nom en plus, celui d'un ancêtre R. Isaac, omis précédemment. Les
deux textes se confirment par réciprocité, et de même que le second
défunt porte un nom purement catalan, « Lobel », de même la
famille portant à l'origine le nom hébreu *Hen* l'a plus tard vulga-
risé en adoptant l'équivalent espagnol *Gracian*.

D'autre part, le grand-père des deux défunts, un Schealtiel,
portait un nom peu commun ailleurs, mais bien connu en cette
ville. Le 1ᵉʳ Schealtiel, mentionné par Benjamin de Tudèle [1],
était un descendant de Juda ben Barzilaï, qui fleurit vers l'an 1130.
Al-Harizi, dans son *Tahkemóni* (chap. 46), parle aussi d'un R.
Schealtiel à Barcelone; il le loue, lui et ses fils. Parmi les protes-
tations contre une mesure prise en 1305 (*Minhath kenaoth*, p. 61,
74, 154), on trouve les noms suivants : Isaac ben Moïse, Josua b.
Zerahia, Ruben b. Barzilaï, Schaltiel b. Samuel.

Bonfus Schaltiel jouissait d'une grande estime à Barcelone depuis
l'an 1284 (*Eben bóhen*, fin), et Zerahia b. Isaac Schaltiel חן [2] a
beaucoup écrit et traduit (*Analekten* de Zunz, dans Geiger, *Zeitschrift für Jüd. Wissenschaft*, t. IV, p. 190 et suiv.; Steinschneider,
Hebr. Uebersetzungen, p. 142).

On connaît aussi un Schaltiel ben Isaac b. Moïse חן à Barcelone en 1305, Isaac ben Schaltiel חן vers 1380 (selon les Consultations de R. Isaac b. Schescheth, ou Ribasch, nᵒˢ 369, 370, 414-
415). Enfin, à Candie en 1518, il y a encore en un Juda חן
Schaltiel.

Nissim b. Ruben Girundi, grand rabbin à Barcelone au XIVᵉ siècle,
exerçait aussi la médecine dans cette ville [3]; il est connu comme
casuiste.

---

[1] *Itinerary*, éd. Asher (Londres, 1841), t. II, p. 5, note 7 par Zunz.
[2] CARMOLY, *Hist. des médecins juifs*, t. 1, p. 85-87.
[3] AZOULAÏ, *Sohem ha-Gôdlin*, t. II, lettre נ, nᵒ 2; CARMOLY, *ibid.*, p. 103.

8. Il y a encore quelques autres inscriptions, non datées, mais probablement de la même époque, d'après l'aspect des lettres.

נגנז תחת המצבה הזאת הנ[ניה]   Est enseveli sous cette stèle Hanania

בכר הר׳ משה ירושלמי מ׳ ׳   fils de l'honoré maître R. Moïse Jérusalémite...

Quel était ce Jérusalémite, père du défunt? Était-ce un habitant de la capitale palestinienne venu par hasard en Espagne? Ou est-ce un simple surnom? On l'ignore (Catal., n° 1251).

9.   [פ]ה ט[מ]ון   Ici est enseveli
            ר[] אובן ט ....   Ruben T....

Pour essayer d'identifier ce personnage (dont l'épitaphe porte au Catalogue du Musée le n° 1333 *bis*), il faut rappeler que, parmi les Juifs de Barcelone qui étaient déjà propriétaires au temps de D. Ramon Berenguer Ier (1035-1065), sont mentionnés R. Makhir et un certain Reuben qui avaient des immeubles au pied du Monjuich [1]. Il est bien possible qu'il s'agisse ici d'un membre de la famille de ce nom.

10. (Catalogue du musée, n° 1254).

[טמון תחת (?)]. . . ציון הלז הנער
....בר שמואל שרקא

Est enseveli sous la présente stèle le jeune
... fils de R. Samuel Scharqa

Ce dernier nom n'est guère connu, et l'on se demande si ce n'est pas une corruption du nom chaldaïque שרגא « lumière » (= Meir).

11-13. Enfin, d'autres petites pierres contiennent de maigres fragments. Ce sont : נפ[ט]ר לעולמו . . . ב׳ « fils de ... décédé ... » (n° 1185 du Catalogue du Musée); ר׳ יצחק אנבונפוס « R. Isaac Enbonafos » (Catal., n° 1252), et ב׳ ח .. [בי]ו׳ שב[ת] « fils de ... le jour du Sabbat » (Catal., n° 1439).

____

[1] Voir *Boletin*, t. XII, p. 6 et suiv.

[159]   — 387 —

Pour Barcelone encore, en dehors des nombreuses inscriptions
hébraïques réunies au Musée archéologique, le R. P. Fidel Fita a
fait connaître une série de textes également intéressants, dont voici
la succession :

1. Au jardin d'une maison sise rue de Tallers, où avait résidé
Francisco Perez Bayer en 1755, se trouvait une pierre que l'on
disait provenir de Monjuich [1], avec épitaphe ainsi conçue :

משטרי   Maistre
ביד[2] אל   Vidal
בונפוש ז"ל   Bonafous. Que sa mémoire soit bénie !

L'éditeur et traducteur d'un grand nombre de ces inscriptions,
qui se sont perdues depuis lors, Mathias Frédéric Beck, traduit
ainsi le n° 1 : « Dominatio mea in manu Dei. In abundantia sit
memoria ejus ! ». L'eulogie finale, figurée en abréviation, aurait dû
avertir l'épigraphiste que les mots précédents (dont l'un est coupé
en deux, par un jeu voulu de disposition) expriment le nom du
défunt, précédé de sa qualification de « docteur », sans doute, en
médecine.

Le nom *Bonafos*, souvent adopté par les Juifs de la Couronne
d'Aragon, est une contraction des mots « Bon Alfonse », construit
de la même façon que Bon-Astruc, Bon Senior, etc. Un certain
Vidal Bonafos ebn Lebi, ou Lévite, a fleuri vers le milieu du xv° siècle
à Saragosse [3].

2. Aux environs de Barcelone, ou commune de Monjui, à gauche
du chemin, qui partant du château, côtoie la vigne de M. Costa,
on a trouvé l'épitaphe suivante :

שלום על ישראל מקום הקבורת
הנדיב ר' יצחק בן ר' אברהם הלוי
נפטר בשנת לב' לפ"ק לבריאת עולם

[1] Bl. Ugolino, Epitaphia judaica, dans son *Thesaurus Antiquitatum*,
t. XXXIII, p. 1458.
[2] La première lettre ב = v.
[3] Grætz, *Geschichte*, t. VIII, p. 412-415.

Paix sur Israël ! Lieu de sépulture
du généreux R. Isaac, fils de R. Abraham Halévi
décédé l'an 32 du petit comput de la Création.

Beck, en reproduisant ce texte, l'a bien lu et bien traduit, sauf qu'au milieu de la ligne il a imprimé (après l'an 32) un ם au lieu d'un ס (Ugolino, *Ibid.*, p. 1459).

5. Dans la propriété du marquis de Llio, rue Moncada, une pierre, qui a dû provenir des mêmes parages, portait ces mots :

מצבת קבורת ר' חנ[ן בן ר']

אברהם הלוי י'צ'ו[(1)] נפט[ר בשנת]

ה' אלפים ס"ו ליצירה

Stèle funéraire de R. Ḥanan, fils de R.
Abraham Halévi, Dieu le garde ! décédé l'an
5 mille 66 de l'ère de la Création.

C'est très probablement le frère du défunt désigné au n° 2, qui est mort 34 ans plus tôt. — Le P. Fita a calculé les lettres à suppléer d'après les distances symétriques dans les deux lignes, tandis que Beck a lu les 3 dernières lettres subsistantes de la ligne 1; רחל, « Râchel » [(2)], dans l'hypothèse que c'était peut-être le nom de la femme d'Abraham Halévi. Mais comme la dernière lettre présente est, non un ל, mais bien un נ médial, la suite se devine. — On remarquera que l'eulogie tirée du *Ps.* xix (vers. 9), qui suit le nom du père, s'adresse à un vivant.

Il y a encore là plusieurs inscriptions sur pierres fragmentaires, dont quelques-unes ont été heureusement complétées ou au moins amplifiées par le P. Fita, comme suit :

5. Rue Riera S. Juan, à côté de la porte de l'église Sainte-Marie-Madeleine, sur un bloc élevé au-dessus du niveau du sol, qui a disparu depuis 1875, on lisait le mot isolé כבוד « gloire ».

[(1)] Abréviation des mots ישמרהו צורו ובוראו, « que son rocher, son Créateur, le garde ! ».

[(2)] Toutes hypothèses que l'on retrouve dans UGOLINO, *ibid.*, p. 1460.

6. Dans les terrains sablonneux de l'ancien cimetière juif à Monjui, un bloc quadrangulaire porte ces mots :

[מר]ת מרים [בת ר׳ ...]   Dame Miriam; fille de R...

En raison des similitudes de caractères avec la pierre suivante, épaisseur et grain de cette pierre, il est possible de la rattacher à celle-ci qui est datée, comme on va voir :

7.   [... ב] חדש   au mois de
            [... ש]נת הס   ... l'an 5060 (= 1300).

8. Sur une pierre conique, un terme isolé peut servir à reconstituer un premier vers d'épitaphe, ainsi conçu :

[מי האיש] הלז]ה   quel est *cet* homme ?

A l'intérieur de Barcelone, en dehors du Musée (outre la pierre de la rue Marlet, décrite ci-dessus), on a encore trouvé dix fragments, à l'aile gauche du porche de l'église Santa Clara :

9-12. Sur blocs en pierre blanche :

a צימה, *b* ימי, *c* תו, *d* מימו.

13-14. Sur pierres grises :

e   [מצב]ת   Stèle de...

f   פדור   ? pour Pardo
              נשיא   prince ou chef.

15. Un bloc, dont les lettres ont été retournées de haut en bas, a le mot ועתמ, qui n'offre pas de sens.

16. En grandes lettres, sur deux lignes :

                מצבת   Stèle d'
                אר...   Ar...,

17. En grandeur ordinaire, la lettre ת, et au-dessous un ו.

18. En grandeur moyenne, le seul mot עברת, « colère de . . . ».

La construction de ce mur doit dater du temps où le roi D. Martin d'Aragon († 31 mai 1420) a restauré la partie de son palais, convertie depuis en église. Le carnage des Juifs à Barcelone du 5 au 10 août 1391 a son écho dans ces pierres.

§ 8. Monjuich.

1. Le musée nouvellement créé de Monjuich, grâce à la libéralité de la Députation provinciale de Gérone, possède maintenant des épitaphes d'un intérêt primordial; par suite, il n'a rien à envier aux autres villes d'Espagne, et sous ce rapport il mérite non moins d'attention et d'étude que la série d'inscriptions romaines et arabes. Voici ce que le P. Fita, dans ses *Lapidas hebreas* (Gérone, 1874), a lu sur la plus grosse des quatre pierres apportées à ce Musée :

1 כתבנו(1) עליו לבעבור הזכיר שמו וזה שמו אשר יקר[או שלמה בח זר]ק[י]ה
נאסף אל עמו(2) בישיבה]של

2 מעלה בירח טבת של שנת חמשת אלפים וששים וחמשה לבריאת עולם
ובוא שלום ינוח על

3 משכבו(3) הולך נכוחו וינוח ויעמוד לגורלו לקץ הימין(4)

1   Sur la pierre nous avons écrit son nom pour le rappeler; le voici
    tel qu'on le nomme : Salomon, fils de Çidkia, réuni à son peuple
    dans la résidence d'

2   en haut, au mois [5] de Tébet l'an cinq mille soixante-cinq de l'ère
    de la Création; que la paix lui vienne, qu'il repose sur

3   sa couche. Il va droit; il se reposera et s'élèvera pour son sort à la
    fin des jours (= décembre 1304).

Du nom propre du défunt, il reste seulement la lettre médiale ק. Elle a suffi au savant épigraphiste pour rétablir le nom entier. Le contexte a pu aider à combler les lacunes, malgré leur étendue, et finalement à restituer les textes bibliques qui précèdent et suivent,

(1) Même formule à Barcelone, n° 3.
(2) Non ביום (*Lapidas*, p. 10).
(3) *Is.*, LVII, 2.
(4) *Daniel*, XII, 13.
(5) Non « à la néoménie » ou 1er de ce mois (*Lapidas*, p. 11).

ainsi que le nom, dont le premier est tiré de *II Samuel,* xviii, 18. Le chroniqueur biblique donne la raison pourquoi Absalon s'est fait élever, de son vivant, une stèle funéraire : « Car, disait-il, je n'ai pas de fils pour rappeler mon nom ». Le second verset auquel il est fait allusion est tiré de *Jérémie* (xxiii, 6) : « Voici le nom par lequel on l'appellera : Éternel, notre juste ».

Ensuite, le P. Fita justifie pourquoi, au lieu du terme נפטר, il a adopté, en remplissant la lacune, l'expression plus pittoresque נאסף אל עמו; c'est qu'outre sa pureté et son cachet d'antériorité, elle cadre mieux par son étendue avec la place vide.

2. La seconde pierre a malheureusement aussi peu de vestiges du nom du défunt que la première. La voici, reconstituée dans les mêmes conditions d'heureuses conjectures, basées sur l'idée que le poète s'est inspiré de versets bibliques :

1   שלו הייתי‎(1)‎ מ[עמד]י [מאז] כביר מצאה ידי‎(2)

2   ובכא קצי א[ור ב[עד]נ]י ‎(3)‎ יום נקראתי ובלו סודי

3   מצבת קבורת הרב [צ]ד[קי]ה [בר שלמה ז'ל'ה'ה]

4   ניצק מאירו נאסף אל עמו בחדש שבט קלא

1   J'étais tranquille depuis que je suis debout, depuis le temps que ma main a beaucoup amassé,

2   La lumière m'entoure partout à l'arrivée de ma fin, au jour où j'ai été appelé [en haut], où mon corps [4] s'est dissous.

3   Stèle funéraire du Rabbin Cidkia, fils de Salomon, d'heureuse mémoire.

4   Ce qui l'éclairait a été versé; il a été recueilli dans sa nation (enseveli) au mois de Schebat en (5)131 (=janv.-février 1371).

Les 2 premières lignes contiennent un quatrain de vers à 9 syllabes, rimant doublement en *i,* imitant ainsi la cadence musicale du rythme arabe.

(1) *Job.,* xvi, 12.

(2) *Ibid.,* xxxi, 25.

(3) *Ps.* cxxxix, 11.

(4) Littéralement « mon intimité ».

3. Des estampages communiqués au P. Fita lui ont permis de lire les textes suivants :

1 קבר זה הנעלה ה' חנוך בר שאלתיאל ספורטה זלהֹהֹ שנת חמשת אלפים
ושבעים ושנים

2 ליציהה יבא שלום ינוח על משכבו אמן

1 Tombeau de l'éminent R. Henoch, fils de Schaltiel Sasporta, de
   bienheureuse mémoire,
   l'an cinq mille soixante-douze (= 1312)
2 de la Création. Que la paix lui vienne; qu'il repose sur sa couche.
   Amen.

4. Près du lieu appelé jadis « El pont del Bov d'or », on a trouvé une épitaphe.

Le texte fragmentaire tel que l'a publié Beck [1] serait indéchiffrable, par suite d'une transcription défectueuse, s'il n'était heureusement corrigé par le P. Fita, qui a su reconstituer un bon tiers perdu, à droite, aidé par l'épitaphe similaire qui précède.

1 קבר זה הנעלה] ר' יוסף בר ברוך אברבאליה
2 זל'ה'ה שנת חמ[שת אלפים ושמנים וארבע
3 ליצירה יבא שלו[ם [2] ינוח על משכבו אמן

1 Tombeau de l'éminent R. Joseph, fils de Baruch Abarbaliah,
2 de bienheureuse mémoire, l'an cinq mille quatre-vingt-quatre
   (= 1324)
3 de la Création. Que la paix lui vienne; qu'il repose sur sa couche.
   Amen.

Au lieu de décomposer le nom propre *Ab Rab Elia* en trois parties, « père du rabbin Elia », il est préférable de voir en ce nom un similaire du nom catalan *Raballa* ou *Reveyle*, que l'on trouve dans les archives de l'hospice à Gérone [3], et dans un acte du 9 octobre 1271, on trouve écrits en caractères rabbiniques les noms Joseph *Rebelia* et Juda Ibn Rebalia.

---

[1] Dans Ugolino, *Thesaurus antiquitatum sacrarum*, t. XXXIII, p. 1458.
[2] *Is.*, LVII, 2.
[3] *Lapidas hebreas*, p. 10.

La transcription hébraïque de ce dernier nom est libellée: יהודה
אבן רבאליה, que le P. Fita croit devoir transcrire : Juda Abou 'Rebalia. Il nous semble difficile d'adopter cette opinion, qui ne cadre
pas avec l'onomastique de l'époque. Il est bien vrai que chez les
Arabes il y avait des noms commençant ainsi, tels que Abou
Bekr, Aboulfeda; mais chez les Juifs on voit prédominer les
Ibn Ezra, Ibn Tibbon, dénomination en harmonie avec la piété
filiale. Il en est peut-être de même du nom Abravanel ou Abar-
banel.

Avant de donner le texte contenant le nom en question ici, que
Beck a eu soin de ne pas traduire, ni vouloir élucider, cet épigraphiste publie (*ibid.*) une ligne incorrecte : קבר אברהם קר[ס]פי להחטא
שלום, aussi prise à Monjuich.

Dans le 3e mot, en raison du mot coupé d'un blanc au milieu,
nous ajoutons par conjecture la lettre médiale ס, ce qui donnerait
pour le nom entier la transcription du nom Crispi.

Le P. Fita a proposé une autre hypothèse, c'est de voir la lettre
צ où l'on avait supposé un ס, et de lire le nom entier : קרצי «de
Corts», localité voisine de Bañolas qui au commencement du
xiie siècle, soit l'an 1103, était orthographiée *Corzs* (Cartulaire de
Charlemagne, fol. 241ᵃ).

Le 4e mot de cette même ligne est le résultat d'une autre transcription fautive. En fait, c'est l'assemblage d'une abréviation ז'ל'ה'ה
(pour זכרונו לחיי העולם הבא), suivi du verbe יתא, qui a pour sujet
le dernier mot שלום.

Sous le bénéfice de ces corrections, voici comment on peut traduire la ligne en question :

Tombe d'Abraham Crispi, ou de Corts; Que sa mémoire soit dans la
vie du monde futur; que la paix (lui) vienne.

Bien entendu, Beck, s'étant trouvé en présence d'un texte incompréhensible, n'a pas tenté de le traduire, en se lançant dans des
conjectures interminables, comme il arrive trop souvent : il semble
avoir senti que les transcripteurs s'étaient fourvoyés en voulant lire
des caractères, parfois frustes. Il a bien fait de ne pas deviner à
côté.

C'est évidemment à une telle ligne, du moins aux derniers mots
que doit se rapporter la lecture conjecturale faite à propos d'une
inscription à Gérone. Les éditeurs anonymes du Chroniqueur Géro-

nimo Pujades[1] disent avoir consulté, pour ce texte, le chanoine D. Martin Matute. Il n'a pu déchiffrer que les 3 derniers mots, savoir ז'ל'ה'ה, eulogie abrégée, suivie de יבא שלום; comme ci-dessus.

§ 9. Agramont.

Dans la province de Lérida, la ville d'Agramont a fourni une inscription hébraïque très intéressante, découverte par D. Federico Renyé dans la banlieue où l'on présume qu'il y avait jadis un cimetière juif. D'après la publication faite par le R. P. Fidel Fita[2], voici le texte (sauf de légers amendements) :

1 י[הושעה ב' דון שלמ]ה

2 קרשקש נע נפטר

3 בשנת והבית אשר

4 בנה שלמה

Isaïe (ou Josué, fils de Don Salomon | Crescas, qui repose au Paradis, est décédé | l'an « la maison qu'*a construite* Salomon ».

OBSERVATIONS.

Ligne 1. Le 1er mot, dont l'initiale manque, est de lecture douteuse : si c'est Isaïe, il manque le י pénultième lettre; si c'est Josué qu'il faut lire, le ה final est superflu, aussi bien que s'il s'agit du nom הושע, *Hosée*, peu usité au moyen âge.

Dans la même ligne, le dernier mot, quoique écourté, doit être certainement lu : שלמה; la finale ה est remplacée, comme il arrive souvent, par un *apex* ou accent abréviatif. Il est vrai que la lettre médiale ל est étriquée à l'égal d'un ו, aussi bien que deux fois la lettre ר dans la ligne suivante; il en résulte qu'un moment nous avions cru pouvoir lire שמ[ואל], *Samuel*. Toutefois, les moindres doutes sont dissipés à la lecture parfaitement claire du chronogramme qui occupe les lignes 3 et 4 : c'est une allusion biblique, par centon emprunté au 1er livre des *Rois* (vi, 2), à ce que le défunt est בן שלמה, « fils de *Salomon* ».

[1] *Cronica universal del Principado de Cataluna* (Barcelona, 1832), t. VIII, p. 238, note. Voir fig. 21.

[2] *Boletin*, t. XLVII, p. 238-239.

A la ligne 4, les 3 lettres composant le premier mot sont surmontées de points, afin d'indiquer qu'elles entrent seules en ligne
de compte pour déterminer l'année (5)057 (== 1297); cela n'implique pas la conséquence d'en déduire que, le susdit verset se
référant à une néoménie d'Iyar, le décès mentionné ici soit du même
jour (== 25 avril) : ce serait aller au delà de ce qu'aucun chronogramme a jamais prétendu exprimer.

Enfin, après le dernier mot dont la lettre ה est cassée à gauche,
il y a un point final, rien de plus selon les dispositions de la pierre
(à en juger par la photographie), qui ne comporte presque pas de
lacune.

§ 10. Gérone.

A Gérone, le Musée provincial archéologique possède des pierres
sépulcrales avec épitaphes hébraïques, les unes complètes, les
autres fragmentaires, tirées du terrain voisin de Palau Sacosta. Près
de là, il y avait jadis un *Torro deis Juheus*, devenu un atelier.

Don Enr. Cl. Girbal, dans son travail « Los Judios en Gerona »,
a tiré de ce Musée les deux épitaphes suivantes[1] :

1.   ר' דוד ב'ר   R. David, fils de R.
            יוסף ז"ל   Joseph, d'heureuse mémoire.

2.   ציון הנעים   Stèle du charmant,
        ילד שעשועים[2]   enfant de délices,
            יוסף נע בר   Joseph, qui repose au Paradis, fils de
            יעקב יצ"ו[3]   Jacob; que Dieu le préserve !

La 1ʳᵉ pierre a 40 centimètres de haut, sur 25 de large; la seconde a 52 centimètres de haut sur 35 de large.

Le professeur d'hébreu (avant 1870) à l'Université de Barcelone,
Don Mariano Viscasillas y Ariza, a lu et traduit ces deux textes. En
dehors des noms propres, il a lu le dernier mot du n° 1 : ול[סד],
qu'il a traduit « y enseño »!, et il traduit aussi mal le n° 2 (bien
lu) : « Sion *la* amena, engendradora de delicias, Joseph *l'ampara
constante*... » ajoutant entre parenthèses : « de un pueblo »! Dans

[1] P. 61-62, et planche; cf. P. Fita, *Lapidas hebreas*, p. 1-2.
[2] *Jérémie*, XXXI, 20.
[3] Initiales de ישמרהו צורו וגאלו; eulogie déjà citée ci-dessus, p. 160.

l'abréviation ligne 3, il a lu : נ' עולם, au lieu de נוחו עדן « qui repose dans l'Eden ».

Combien un savant antiquaire de la même ville, D. Aureliano Fernandez Guerra, a été plus avisé en s'abstenant de traduire ces petits textes, dont il n'avait eu qu'une connaissance imparfaite.

L'eulogie abrégée à la dernière ligne s'adresse au père du jeune défunt, survivant à son enfant.

3. Dans ces mêmes parages, — selon le récit d'un historien qui a écrit au commencement du dernier siècle [1], — il y avait encore une autre pierre funéraire, d'une forme triangulaire, portant sur l'un des côtés une inscription hébraïque en trois lignes. Il est fâcheux que ce chroniqueur, au lieu de donner le dessin de la pierre et la disposition de l'épitaphe, n'ait pu joindre le texte hébreu à la version latine de ces lignes. Celle-ci par sa littéralité permet de reconstituer le texte hébreu. Voici cette version latine, suivie de l'original rétabli :

1 Servatur in sepulcro hoc honorabilis ille pretiosus Rabbi Isaac Alphabi filius Teca; ambulavit

2 in domum seculi sui in mense Septembri anno quinto millesimo et octuagesimo et quinto

3 a creatione mundi. Requiescat anima ejus et vadat ad sortem suam in finem dierum.

1 נגנו בקבר הזה חכבוד ונעלה ר' יצחק אלפאבי בן (?) הלך

2 לבית עולמיו בחדש תשרי שנת ה' אלפים ושמנים וחמש

3 ליצירה תנוח נפשו ויעמוד לגורלו לקץ הימים.

Les formules habituelles inscrites sur ces sortes de monuments rendent la présente reconstitution très facile. Pourtant il a fallu renoncer à rétablir l'équivalent du mot *Teca* : comment deviner à quel vocable hébreu il correspond ? Il faut bien avouer qu'il y a là un inconnu, qu'il reste à deviner. Une chose est certaine; c'est la transcription corrompue des lettres, déjà frustes lors de la lecture, d'un nom comme קנפאנטון « Conpanton », qui avait été *Gaon* en

[1] Geronimo Pujades, *Cronica universal del principado de Catalana* (Barcelona, 1832, in-4°), t. VIII, l. XVII, chap. xli, p. 237-240, *Lapidas hebr.*, p. 4.

Castille [1], ayant eu pour disciples Isaac Aboab et Isaac de
Léon [2].

Plus tard, au milieu de l'an 1874, une stèle mesurant o m. 45
de large sur o m. 28 de haut, couverte d'une épitaphe hébraïque,
a été trouvée rue Saccimor, n° 10, puis remise au Musée archéologique [3]. La voici :

4. זה ציון מהכבודה	Voici le sépulcre de la noble
נשתאלינה חברת	N'Estelina, compagne de
הנכבד והמעולה	l'honoré et excellent
אנבונשתדוקייוסף יהי	En Bonastruc Joseph. Que soit
חלקם בגן עדן אמן.	leur part au jardin d'Éden, Amen.

Comme il résulte du Livre des apophtegmes des sages, écrit par
le juif malorcain Juda Bonseñor, rappelé par le R. P. Fidel Fita [4],
les anciens vocables catalans *bonastruch* et *desastruch* équivalent
aux termes « bonaventure » et « malaventure », ou « bienheureux »
et « malheureux ». *Astruch*, ou *estruch*, ou *struch* (= heureux), se
prend dans le bon sens, à l'opposé du vieux castillan *astroso*
(= malheureux).

Le nom propre N'Estelina est le diminutif d'Esther (peut-être
d'Estéle = Estelle en français, ou Étoile), précédé de *Na*, abrégé
de *Dona*. — Les documents juridiques sur Gerone et Castellon de
Ampurias en hébreu, publiés et traduits par Isid. Lœb [5], servent
à expliquer la présente épitaphe, ainsi qu'à résoudre les questions
relatives au vrai nom du rabbin Geronais Jose Bonastruch, devenu
célèbre au Colloque judéo-chrétien de Tortose, présidé par l'anti-
pape Benoît XIII ou Pedro de Luna en 1413.

Le P. Fita note encore que la dernière lettre de ce nom, en hébreu, est conforme à la prononciation catalane, tandis que les
actes juridiques adoucissent la dernière lettre (*q*), qu'ils modifient
en *g*.

<hr>

[1] *Schem Ra Gdolim*, part. I, lettre י (édit. Ben Jacob, p. 108, n° 368).
[2] *Ibid.*, n°ˢ 272 et 333.
[3] *Lapidas hebreas*, p. 20-21.
[4] *Boletin*, t. XLVIII, p. 228-229.
[5] *R. É. J.*, t. VIII, p. 51-58.

A Gérone, le P. Fita [1] a encore découvert le texte suivant, qu'il a lu et complété en ces termes :

5. [2] . . . ר' של[מה בר יהודה דיצמרקדיל והלך לבית עולמו] 1

. . . חמשת] אלפים וארבעים ותשעה ליצירה יבא ש[לום] 2

[ינוח על משכבו הולך נכו[חו [3] וינו[ח ויעמו]ד לגורלו [ל[קץ הימין [4] 3

1 . . .R. Salomon fils de Juda Des Mercadel; il est allé à sa demeure éternelle

2 . . .l'an cinq mille quarante neuf de la Création. Que la paix lui vienne!

3 il reposera sur sa couche; il marche dans l'intégrité, demeure tranquille, et il se lèvera pour son sort à la fin des jours.

La date correspond à l'an 1288-1289 de l'ère chrétienne.

Le quartier de Gérone intitulé del Marcadal s'appelait alors *dez Mercadel* (de Mercatello). « Il y avait, si j'ai bonne mémoire (dit prudemment le savant précité), deux Mercadales, l'un allant au Onyar et l'autre qui en constituait l'extrémité. Ce dernier, non loin de la cathédrale, touchait probablement la rue et l'Aljama des Juifs ».

6. Le P. Fita (*ibid.*, p. 21) signale encore, comme provenant du même cimetière de Palau Sacosta, un texte ainsi conçu :

אלו הציונים מהכבודה   Voici les stèles de l'honorée

. . . הברת הנשיא אנשלמה   . . . compagne du prince En Salomon.

שלים חלקם בגן עדן אמן   Salem. Leur part est au jardin d'Éden. Amen.

7. Une inscription hébraïque découverte à Gerone, a été estampée par D. E. Cl. Girbal, l'auteur de « Los Judeos à Gerona », qui l'a envoyée à Isidore Lœb. Celui-ci l'a reproduite au quart de sa grandeur naturelle [5], en observant que la pierre est cassée de haut en bas à gauche, donc privée de cette dernière partie; le plus sou-

---

[1] Lettre de D. Enr. Girbal, du 24 janvier 1873, dans *Lapidas hebreas*, p. 8.

[2] *Ecclésiaste*, XII, 5.

[3] *Isaïe*, LVII, 2.

[4] *Dan.*, XII, 13.

[5] R. É. J., t. XVII, p. 150-151.

vent il l'a complétée; car, sauf une partie des lignes 8 et 9, tout
le texte se compose de centons bibliques, comme on va voir :

1 ‏בית יעקב לכו ונלכה באור י"י : בטחו בו בכל[עת עם שפכו]‏

2 ‏לפניו לבככם אלהים מחסה לנו סלה : פת[חו שערים ויבא]‏

3 ‏גוי צדיק שומר אמנים : רוממו י"י אלהינו [והשתחוו להדום]‏

4 ‏רגליו קדוש הוא : יראי י"י הללוהו כ[ל זרע יעקב]‏

5 ‏כבדוהו וגורו ממנו כל זרע ישראל : [באו נשתחוה]‏

6 ‏ונכרעה נברכה לפני י"י עשנו : באו ש[עריו בתודה]‏

7 ‏חצרותיו בתהלה הודו   לו בר[כו שמו : שאו]‏

8 ‏ידיכם קדש וברכו אח י"י : נבנה בנין זה ב|. . . .‏

9 ‏לבריאת עולם. נשבעה כטוב ביתך.‏

Ce sont les versets suivants : *Ps.* LXII, 9 ; *Isaïe*, XXVI, 2 ; *Ps.* XCIX, 5 ;
XXII, 24 ; XCV, 6 ; C, 4 ; CXXXIV, 2 ; LXV, 5. Ces indications peuvent dispenser de traduire toute la pièce, qui célèbre la construction d'une
synagogue. La ligne 8 l'indique ; mais à la fin de cette ligne, la
date est fâcheusement enlevée. D'après les caractères, on peut l'attribuer au XIIIe ou au XIVe siècle.

Avant la fin de la ligne 7, au milieu d'une expression, il y a un
grand blanc : il provient de ce qu'un accident dans la pierre a
obligé le graveur à laisser vide l'endroit endommagé.

CHAPITRE VI.

BALÉARES.

1. Pendant son séjour à Palma (Majorque), le R. P. Fidel Fita
a déchiffré une inscription hébraïque qui se trouve sur une pierre
large de 1 m. 50 ; elle avait été tirée d'un abreuvoir à Itria, au
nord de la ville, paraissant provenir d'un cimetière juif contigu à
la porte Pintada, ou l'antique *Bab—Alcofol*. Elle est conservée désormais avec soin, ayant été recueillie par la Commission des monuments historiques et déposée au Musée archéologique de la province. Les lettres ont 0 m. 09 de hauteur ; voici le texte :

‏ר' משה חכים ז"ל‏   R. Moïse Ḥakim, d'heureuse mémoire.

Vu son caractère graphique assez beau, le susdit savant épigraphiste est d'avis [1] que l'on peut fixer la date de la pierre au XIVe siècle. S'il en est ainsi, on peut attribuer cette épitaphe à Mossé Faquim (*sic*) mentionné dans une liste de la Juiverie à Majorque en 1391, sous le n° 2, et dont la femme est citée sous le n° 79 de la même liste (. . . cum Floreta uxore Mossé Faqui), et, puisque cette dernière est appelée « épouse », non « veuve », le susdit R. Mossé vivait encore le mardi 31 octobre 1391.

Il est étonnant que l'épitaphe précitée soit le seul vestige funéraire du séjour des Juifs en cette ville, eu égard à leur grand nombre et à leur présence bien antérieure dans cette région.

Lors de la conquête de l'île Majorque, prise sur les Maures par D. Jaime Ier, le dernier jour de l'an 1229, le quartier juif à Palma fut assigné aux Dominicains, et la synagogue convertie en église; mais celle-ci, au bout de quelques années, fut rendue aux Juifs et à leur culte [2]. Après les graves désordres depuis l'an 1314, et les sanglantes persécutions de l'an 1391, les Juifs émigrèrent de l'île pour toujours [3].

Pourtant, au commencement de 1414, il y avait encore une communauté juive à Palma, possédant deux synagogues et plus de 60 rouleaux de la Loi (Sefarim) [4]. Elles furent détruites, et l'on assigna aux Juifs pour lieux de prières quelques chambres dans une tour encore existante, appelée « Torre del Amor ».

2. Par suite de ces nombreuses alternatives de tranquillité et de persécution, les ustensiles sacrés du culte synagogal ont été détruits. Toutefois, par une bonne fortune tout à fait exceptionnelle, on a retrouvé une paire de ces objets à Palma, tel qu'il serait difficile, sinon impossible, de découvrir ailleurs un autre exemplaire aussi ancien.

Le savant chanoine archiviste actuel de la cathédrale, Dr. phil. Miralles y Sbert, a eu la complaisance de nous adresser deux ma-

---

[1] Selon la mention qu'en a faite José M. QUADRADO, dans son article « La Juderia de la ciudad de Mallorca en 1391 » : *Boletin*, IX, p. 296, n. 1.

[2] M. KAYSERLING, *Die Juden auf Mallorca*, dans *Jahrbuch für Geschichte der Juden* (Leipzig, 1860), I, p. 67-100, d'après Vicente MUT, *Historia del Reyno de Mallorca* (1650), p. 301 et suiv.; Simon DURAN, *Consultations*, III, 1^b; Juan DAMETO, *Historia general del Reyno baleárico* (1634), p. 317 et suiv.

[3] Pourtant Jaime III les avait protégés : *Boletin*, t. XXXVI, p. 185-209.

[4] ZUNZ, *Ritus*, p. 44.

gnifiques photographies de ces objets, qui les représentent sous toutes leurs faces, et, de plus, il a bien voulu y joindre de très utiles renseignements historiques.

Bien que leur présence ait été signalée depuis longtemps, ils étaient restés incompris, et, par conséquent, n'avaient pas pu être expliqués. Dans ses additions aux deux grandes histoires de Majorque, à celle de Vicente Mut et à celle de Juan Dameto, l'abbé M. Moragues (t. 1, p. 901, note) s'exprime ainsi :

« Des objets précieux d'art arabe sont conservés à la sacristie : ce sont les têtes de deux bourdons. Elles représentent une sorte de petit temple carré en argent, surmonté d'une coupole ou petite lanterne, orné de grelots ou clochettes richement ciselés. Les parois avec jolies arabesques présentent de petites ouvertures, ou œils-de-bœuf. De toutes parts, même sur les colliers ou cerceaux qui assujettissent les bourdons [1], il y a des caractères *arabes* (*sic*), qui sont des monogrammes de louanges à Dieu, selon la version que nous a fournie M. Bover, faite en 1832 par le P. Juan Artigues, professeur d'hébreu et d'arabe à Madrid. »

La description matérielle, ou vue générale extérieure, est exacte. Mais, à celui qui a pris les mots hébreux pour de l'arabe, il faut pardonner d'avoir livré une version fantaisiste, sur laquelle nous reviendrons, — après rétablissement du texte, — pour montrer comment en échafaudant des lectures conjecturales sur des hypothèses imaginaires, l'interprète s'est de plus en plus égaré ; il a méconnu la date, la provenance et la destination des susdits objets.

Peu de temps après, le dominic. R. P. Villanueva, dans son *Viaje literario* [2], définit à son tour les deux objets conservés dans la sacristie de la cathédrale à Palma ; il les désigne comme des bâtonnets ou bourdons en argent, du genre des sceptres qu'emploient les chantres pour marcher en procession. Il ajoute que ces pièces sont d'assez haute antiquité. En outre, il n'a lu que 12 mots (pas toujours corrects), au lieu de 20 mots.

Enfin, dans une note conservée parmi les archives de la cathédrale, le chanoine P. Juan Juliá, prédécesseur de l'archiviste actuel, appelle les deux objets des *cetros* (sceptres).

Or l'aspect extérieur de ces objets suffit à dénoter leur desti-

---

[1] Non, observe le chan. Miralles, le bourdon n'est pas assujetti à l'anneau ; c'est la fonction de l'écrou, placé plus bas, sous le pommeau inférieur.

[2] Barcelona, 1842, t. XXII, p. 249-250.

nation, pour les fidèles pratiquants des cérémonies de la liturgie juive : ils savent que le rouleau (volumen) de la Loi, le *Séfer Tórah* manuscrit, tel qu'il est employé dans l'office synagogal pour la lecture rituelle du chapitre hebdomadaire, est fixé à chacune des deux extrémités, initiale et finale, par une colonnette ou cylindre de bois. Déjà le Talmud[1] prescrit de ne pas enrouler le S. Torah du commencement à la fin, mais de l'enrouler en partant des deux bouts, soutenus sur deux bois cylindriques de part et d'autre, pour s'arrêter plus ou moins vers le milieu, au fur et à mesure des lectures d'office.

Au moyen âge, cet usage est rappelé par Maïmonide[2], puis par R. Jacob ben Ascher[3], nommé plus haut (p. 88-89). Ces « portants » ne doivent pas être confondus avec des ornements additionnels, aussi visés par Maïmonide et par le fils de R. Ascher, comme objets distincts; le premier les appelle *Rimonim* (grenades), et le second, qui se ressent de l'éducation allemande, les appelle תפוהי זהב « pommes d'or », d'après la forme de ces ornements en métal. Les adhérents du rite *Ashkenaz* les appellent *Ets Hayim* (bois de vie), ou couronne de la Loi. A Paris, au Musée de Cluny, dans la salle d'objets d'art juif provenant de la collection Strauss (nᵒˢ 40-41), il y a deux paires de ces ornements; mais ils remontent tout au plus au temps de la Renaissance; donc ils sont de deux ou trois siècles postérieurs à ceux de Palma.

Tenant compte de leur élégante contexture, le médiéviste dira qu'ils ne sont pas antérieurs au XIVᵉ siècle, pendant que l'historien adoptera la même date, représentant l'apogée du Judaïsme en Espagne.

Un jour, on étudiera ces échantillons probablement uniques, au point de vue de l'art d'orfèvrerie et de la paléographie; on aura alors des indices sur l'époque exacte de leur fabrication. On ne saurait inférer de là une date des confiscations dont la synagogue de Palma eut à souffrir[4]; car ces ornements ont dû être offerts à la cathédrale beaucoup plus tard, lorsque depuis longtemps ils ne servaient plus à la célébration du culte, par un Juif converti, comme

[1] B., tr. *Baba bathra*, fol. 14ᵃ.
[2] *Iad Hazakah*, *Hil. S. Tóra*, chap. IX, § 14, et chap. X, § 4.
[3] Tour *Yoreh Deah*, même section, § 278 et 282.
[4] *Boletin*, t. XXXVI, p. 232-258; t. XLVIII, p. 167-168, *R. É. J.*, t. IV, p. 42.

il y en a en tant au vieux quartier habité par les Marranos dans la capitale de Majorque : ce Marrano aura voulu éviter le danger, en cas de perquisition, d'être accusé de judaïser, en raison de la possession de tels objets.

On trouve là la reproduction de spécimens modernes dans le recueil intitulé : « Orfèvrerie, bijouterie et joaillerie algérienne », صياغة جزايرية, de l'imprimeur-graveur Léon (Alger, 1900, 4°), sous les n°⁸ 66, 94, et 148-149. Ces deux derniers portent le nom de מפויים (*Tepoïm*), par transcription fautive de תפוחים, « pommes », équivalent de « grenades ».

En leur état actuel, les deux ornements dont il s'agit ici sont en filigrane d'argent, avec de petites parties dorées, agrémentés de diverses pierres précieuses, en cabochon. Ils se composent maintenant de trois parts, réunies entre elles par des targettes de cuivre ; savoir :

A. Une section cubique, en forme de clocher, surmontée d'une flèche pyramidale ; elle a o m. 31 de hauteur depuis le pompon ou la pommette supérieure, jusqu'à l'anneau ou écrou inférieur. L'arcature des cases de cette section est de o m. 07 en largeur sur une hauteur de o m. 085 ;

B. La *contera* (conterolle), ou boule creuse, ouvragée en grenade à grosses côtes, qui constitue la base ; elle a une longueur circulaire de o m. 085 ; elle est en fer ;

C. Une longue hampe de bois sculpté, en style arabe fleuri, d'une hauteur de 2 m. 19, sur une circonférence d'un peu plus de o m. 08. Elle doit dater de la Renaissance, soit de deux siècles postérieure aux orfèvreries qu'elle supporte. Lorsque le donateur ou le possesseur définitif aura remarqué la cavité cylindrique de l'ornement, sans s'expliquer le but de celle-ci, il aura trouvé utile de lui constituer un support de bonne exposition.

Toutes les inscriptions sont gravées sur de petites tablettes d'argent, lesquelles ont été glissées à leur place respective par un interstice laissé ouvert ; elles ont été ajustées ensuite à l'aide de clavettes du même métal. Elles constituent la particularité exceptionnelle, peut-être unique, de ces deux petits monuments ; car leurs similaires connus, soit contemporains, soit anciens, sont dépourvus de ces additions graphiques. Celles-ci sont ainsi disposées (fig. 22) :

A. Sur les quatre faces de la section cubique d'un clocheton :

	4	3	2	1
haut.	יראת	עדות	ייי	תורת
bas.	אלו	מצות	ייי	פקודי

B. Sur les quatre faces de l'autre clocheton :

	3	2	1
haut.	ייי	משפטי	ייי
bas.	קדש	הרמנים	ייי

Sur les deux colliers placés entre le clocheton de chaque pièce et son pommeau inférieur, on trouve quatre mots gravés, savoir, sur l'un בכנסת יהוד, deux mots suivis d'une fleur couchée, et sur l'autre, les mots קמרטא יצ אמן [1], dont les deux lettres médiales sont surmontées de points, indices d'abréviation.

Puisque les ornements en question sont carrés, on ne sait pas à première vue, par lequel d'entre eux, ni par quel côté il faut commencer la lecture. Leur signification va servir de guide : ce sont les premiers termes, pris isolément, de six hémistiches du psaume XIX, versets 8 à 10, qui font partie de la récitation rituelle, dite par l'officiant à la synagogue, avant de lire la section hebdomadaire du Pentateuque. Ainsi, le premier mot des côtés 1 et 2 est à compléter en ces termes : תורת י"י [תמימה משיבת נפש], et l'on opérera de même pour les cinq hémistiches suivants. Il suffit de donner la traduction de l'ensemble [2] englobant le tout :

A (haut). 1-2. La doctrine de Dieu est parfaite; elle réconforte l'âme;
3-4. le témoignage de Dieu est véridique, il donne la sagesse au simple (verset 8);
1 (bas). Les préceptes de Dieu sont droits; ils réjouissent le cœur;
3 (bas). le commandement de Dieu est lumineux, il éclaire les yeux (verset 9).

B. 1-2. La crainte de Dieu est pure; elle subsiste à jamais;
3-4. les jugements de Dieu sont vérité; ils sont parfaits tous ensemble (verset 10).

[1] En Italie méridionale, il y a une ville appelée Camerota.
[2] La Bible, traduction Zadoc Kahn.

On aura remarqué, sur les côtés 2 et 4, que le tétragramme divin est transcrit, non ‎י״י‎, mais par trois ‎ייי‎, comme on l'a vu à Tolède, au Transito (ci-dessus, p. 55). — Le bas du 2ᵉ clocheton a les mots « Ces *grenades* (appellation technique) sont saintes » (Vases sacrés).

Des deux séries de mots gravés sur les anneaux, ou cols de jonction entre chaque clocheton et le pommeau inférieur, la première se traduit aisément : « Dans l'assemblée de Judée » (ou juive). La seconde série est moins claire; elle commence par un nom propre d'homme ou de localité : « Comerata » ou « Camerta » (sauf voyelles indistinctes), nom propre suivi des initiales d'une eulogie[1] ‎י״צ‎ « Puisse Dieu *le* ou *la* préserver ! », et finalement : *Amen* (non ‎אמו‎, avec ‎ו‎, dépourvu de sens).

En raison de l'embarras que l'on éprouve à fixer quel est le premier côté de chaque section cubique, il ne faut pas reprocher à Villanueva de s'être fourvoyé dans ce classement, de sorte qu'il a commencé par le 2ᵉ hémistiche du vers. 8, au mot ‎עדות‎ (qu'il transcrit à tort ‎צרות‎ « peines », mot qui n'a rien à faire ici). Il continue au premier mot du 2ᵉ hémistiche du verset 9, passe au 2ᵉ hémistiche du vers. 10, puis au 1ᵉʳ hémistiche du vers. 8, ensuite au 1ᵉʳ hémistiche du vers. 9, et termine par le 1ᵉʳ hémistiche du vers. 10.

Plus grave est sa transcription fautive des derniers mots, dont l'inscription, s'enroulant circulairement sur les colliers, pouvait dérouter plus d'un épigraphiste. Au reste, dans ces essais ingénus, il n'y a eu que demi-mal, lorsqu'ils n'étaient pas suivis de traduction. Il n'en est pas de même dans une note à ce sujet, déposée aux archives de la cathédrale, écrite dans la première moitié du xixᵉ siècle; elle dit que le R. Père Juan Artigas (pour Artigues), professeur d'hébreu, a traduit en 1825 les inscriptions, ainsi comprises :

1 La ley de Moises está destruida.
2 El benigno es santo.
3 Apareció Dios en Judea.
4 El poder y la fuerza exaltó a los Armenios siriacos.

---

[1] Un exemple d'eulogie adressée à une synagogue se trouve en tête de l'épitaphe n° 1 de Tolède, ci-dessus, p. 60.

L'auteur de cette note incline à croire que des Maures ont dérobé ces « sceptres » (*cetros*) dans une église de Palestine, dont le rite était parfois chaldaïque, parfois syriaque, et qu'ils les emportèrent à Majorque, où les Chrétiens les recueillirent! — Veut-on savoir l'origine de cette fable? Dans le mot הרמנים, au bas du côté B 2, le susdit hébraïsant a compris la dernière lettre ם (*m* final) comme si c'était un ס, et il a lu aussitôt : *Armenios !!*

Selon une autre tradition, plus raisonnable et plus admissible, ces ustensiles de liturgie juive auraient été donnés à la cathédrale de Palma, par un grand maître de l'ordre des Hospitaliers de Saint-Jean de Jérusalem dit de Malte, par un certain Cotoner, natif de Majorque. Il y a deux grands maîtres de ce nom. En juin 1660, Raffael Cotoner, bailli de Majorque, fut élu grand maître, et après sa mort survenue le 20 octobre 1663, Nicolas Cotoner, frère du défunt, aussi bailli de Majorque, remplaça son aîné dans la grande maîtrise, ainsi que nous l'apprend Dal Pozzo, dans son *Historia della sacra religione militare di S. Giovani Gerosolimitano detta di Malta* [1].

Or, comme on le sait par la publication de M. Delaville-Le Roux, *Archives et trésor de l'ordre de Saint-Jean de Jérusalem* [2], Nicolas Cotoner figure parmi les donateurs d'ornements d'autel à la chapelle de Malte. Donc, l'attribution du don fait à Palma ne peut se référer qu'au frère aîné, à Raffael Cotoner. Ce n'est pas impossible. En ce cas (nous fait observer judicieusement le savant chanoine), le premier des grands maîtres du nom de Cotoner, mû par son traditionnel amour envers la cathédrale, s'est empressé d'offrir à celle-ci les jolis bijoux qu'il possédait on ne sait comment. Mais l'on se demande comment ces appareils du culte juif ont pu être conservés en Espagne, jusque dans la seconde moitié du xviie siècle, chez un particulier, sans que celui-ci soit exposé à périr sur les bûchers de l'Inquisition, pour crime de judaïsation. Le meilleur moyen d'échapper à ce grave danger était d'offrir les ustensiles sacrés à ladite église, surtout étant donné qu'il n'y avait plus de synagogue, ni de communauté juive en Espagne, depuis l'exil gé-

[1] T. II, p. 283 à 307, et 308 à 350.
[2] Bibliothèque de l'École de Rome et d'Athènes, t. XXXII, p. 59.

néral au xvᵉ siècle, et dans beaucoup de provinces à l'est, depuis
les persécutions de la fin du xivᵉ siècle.

3. De Mahon (Minorque), le R. P. Fidel Fita a reçu la photographie et l'estampage de l'inscription hébraïque suivante, qu'il a
eu la bonté de nous transmettre [1] :

ציון

מצבת קבורת מעל'   1

הקבאר באשי הנבון   2

ומעולה רודף צדקה   3

והסד כ'ה'ר יאודה   4

בכ"ר מנשה פראנקו נע   5

Stèle de pierre funéraire à l'excellence | le Bachi des tombes, l'intel-
ligent, | et élevé, poursuivant la justice | et les bienfaits, le sieur Juda |
fils de Maître Manassé Franco; qu'il repose dans le Paradis !

OBSERVATIONS.

Ligne 1. Le dernier mot est défectueux de la désinence ה. Il
équivaut au mot *Vsted* en espagnol, qualification d'Excellence dont
les Ibériens ne sont pas avares.

Ligne 2. On notera l'emploi de l'article hébreu ה, devant un
titre arabe ou turc, que Don Ed. Saaverda traduit : « Préfet du
cimetière ».

Ligne 4, dernier mot. Le nom *Juda* est écrit avec א pour le
premier ה; cette façon n'est pas conséquente avec l'orthographe
massorétique de ce nom, mais se retrouve parfois ailleurs.

Ligne 5, 2ᵉ mot. Le prénom peut aussi bien être lu *Moïse* que
Manassé, la 2ᵉ lettre étant mal venue par suite d'une cavité de la
pierre.

Il est dommage de ne pas trouver dans ce texte la moindre date ;
mais, par le style et la beauté des lettres, on reconnaît qu'il est
du xivᵉ siècle.

D'où vient le nom de famille *Franco*, mentionné ici ? Le
R. P. Fidel Fita (*ibid.*) en donne l'origine historique.

Le 17 janvier 1286, le roi D. Alphonse II d'Aragon conquit la

____

[1] Lettre du 20 décembre 1905 ; *Boletin*, t. XLVIII, 1906, p. 163-167. Voir
fig. 23.

ville, ayant pu débarquer son armée grâce au concours des habitants juifs. Les Maures vaincus se replièrent sur le château de Monjuich (mons judaicus), puis se rendirent. Peu de temps après, Alphonse II décédé eut pour successeur D. Jaime II, son frère, qui par la médiation de Boniface VIII, céda l'île à D. Jaime II de Majorque. Celui-ci, dans la lettre-patente des lois et franchises de Minorque, mentionne les Juifs, au sujet des questions d'intérêt de l'argent. En outre, cette lettre-patente déclare *franco*, ou libéré, tout habitant chrétien de l'île. On peut en déduire que la même qualification a dû s'étendre à un certain nombre de Juifs d'une catégorie supérieure par leurs richesses, ou par leur noblesse, ou par les services rendus à l'État. La distinction entre Juifs *francos* et non *francos*, dans les îles Minorque et Iviça, a subsisté jusqu'au 23 août 1319; à partir de ce jour, tous les Juifs sans exception reçurent ce précieux privilège, qui les constituait les égaux des plus honorés citoyens, ainsi qu'il résulte d'un diplôme de D. Sancho Ier [1]. — C'est de là que doit provenir la dénomination *Franco*, devenue le nom d'une famille juive à Mahon. Il n'est pas besoin, par conséquent, de lui chercher une origine de nationalité française.

RÉSUMÉ.

Le chapitre I contient 5 inscriptions, savoir : 1 à Adra, 1 à Tortose, 2 à Marviedro, 1 à Mérida. — Le chap. II en a 15, savoir : 1 à Calâtayud, 3 à La Coruña, 3 à Carmona, 1 à Monzon de Campos, 2 à Puente-Castro, 1 à Bejar, 1 à Lucena, 1 à Grenade, 2 à Léon. — Le chap. III en a 7, savoir : 1 à Aguilar de Campos, 6 à Madrid. — Chap. IV : à Tolède, les dédicaces synagogales et les épitaphes (les unes encore sur pierre, les autres tirées de manuscrits) donnent un ensemble de 86 textes. — Le chap. V a 54 inscriptions, savoir : 2 à Cordoue, 4 à Séville, 1 à Benavites, 1 à Tortose (moyen âge); 2 à Tarragone, 1 à Castellon, 32 à Barcelone, 3 à Monjuich, 1 à Agramont et 7 à Gérone. — Enfin le chap. VI en contient 3, savoir : 2 à Palma et 1 à Mahon. — Le total s'élève donc à 172 inscriptions.

En somme, abstraction faite des divers renseignements histo-

---

[1] *Boletin*, t. XXXVI, p. 136-137.

riques et littéraires, à tirer de tous ces textes, ils peuvent aussi
servir à une conclusion plus générale de philosophie. A l'opposé
d'une récente assertion donnée dans un journal [1], ne sont pas
« rares les allusions même voilées à la vie future, à l'immortalité
de l'âme, à la confession particulière du défunt ». Sans l'avouer,
l'écrivain qui en a douté a dû s'inspirer des hypothèses sceptiques
de Renan, disant que le seul idéal des Sémites est de considérer la
vie comme le moins décevant des Paradis. Les épitaphes transcrites
ci-dessus protestent contre cette opinion. Certaines d'entre elles, il
est vrai, sont un peu laconiques, ne donnent que le nom du défunt et la date du décès; mais ce serait une erreur grave de mal
interpréter le silence sur le problème troublant de l'au-delà, survie
de l'âme, de n'y voir aucune allusion au concept de la rémunération ou du châtiment futur, qui a suscité et soutenu les plus nobles
martyres.

[1] *Éclair* du 2 novembre 1905.

INDEX ALPHABÉTIQUE.

(Les titres, écrits en lettres *italiques*, sont cités à titre de bibliographie ;
les chiffres se réfèrent à la pagination entre [], celle du tirage à part.)

TABLE DES MATIÈRES.

Fig. 1. — Inscription trilingue de Tortose.

Fig. 2. — Calatayud.

הני[־־־] לא י[־־־]
מימי[־־־] שרפיו ויהר[־־־]
בן ממא ושמש[־־־] עטרה
גביא תמא שך יש[־־־] יולי[־־־]
לדרכסם ושך שנש[־־־] וטן
מאורי שיש סם אתר סך[־־־]ן
ליוטא בכבר סך איב רכן
ושלם ותן ו[־־־]דכבכם
חמא[־־־]ן ומתו ויג עי[־־־]
ועטר[־־־]ד לן לא קקל[־־־]
וידי לב הי עישונו[־־־]

Fig. 4. — Puente-Castro (1re).

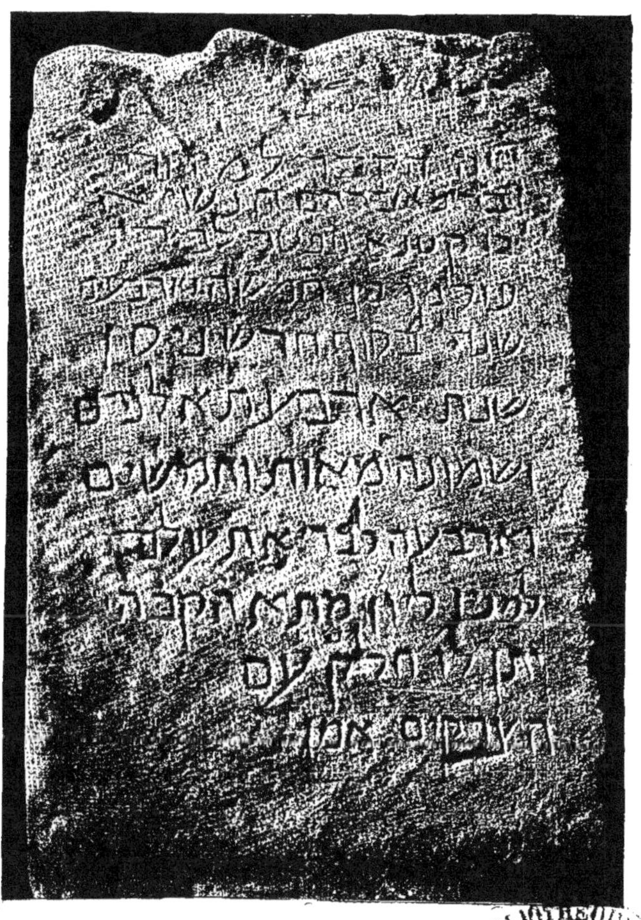

FIG. 5. — PUENTE-CASTRO (2ᵉ).

Nouv. arch. miss. scient., t. XIV, fasc. 3. — M. Schwab.

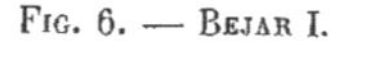

Fig. 6. — Bejar I.

Fig. 8. — Inscription à Léon (1re).

Fig. 9. — Inscription à Léon (2e).

Nouv. arch. miss. scient., t. XIV, fasc. 3. — M. Schwab.

Fig. 13. — Chapiteau à Madrid, 4ᵉ partie.

Fig. 12. — Chapiteau à Madrid, 3ᵉ partie.

FIG. 10. — CHAPITEAU À MADRID, 1re PARTIE.

FIG. 11. — CHAPITEAU À MADRID, 2e PARTIE.

Nouv. arch. miss. scient., t. XIV, fasc. 3. — M. Schwab.

Fig. 14. — A la synagogue de Cordoue.

Nouv. arch. miss. scient., t. XIV, fasc. 3. — M. Schwab.

Fig. 15. — Inscription à Séville.

Nouv. arch. miss. scient., t. XIV, fasc. 3. — M. Schwab.

Fig. 16-17. — A Tarragone.

Fig. 18. — A Barcelone (1re).

Nouv. arch. miss. scient., t. XIV, fasc. 3. — M. Schwab.

Fig. 19. — A Barcelone (2ᵉ).

Nouv. arch. miss. scient., t. XIV, fasc. 3. — M. Schwab.

Fig. 20. — A Barcelone (3ᵉ).

Nouv. arch. miss. scient., t. XIV, fasc. 3. -- M. Schwab.

Fig. 21. — Inscription à Agramont.

Nouv. arch. miss. scient., t. XIV, fasc. 3. — M. Schwab.

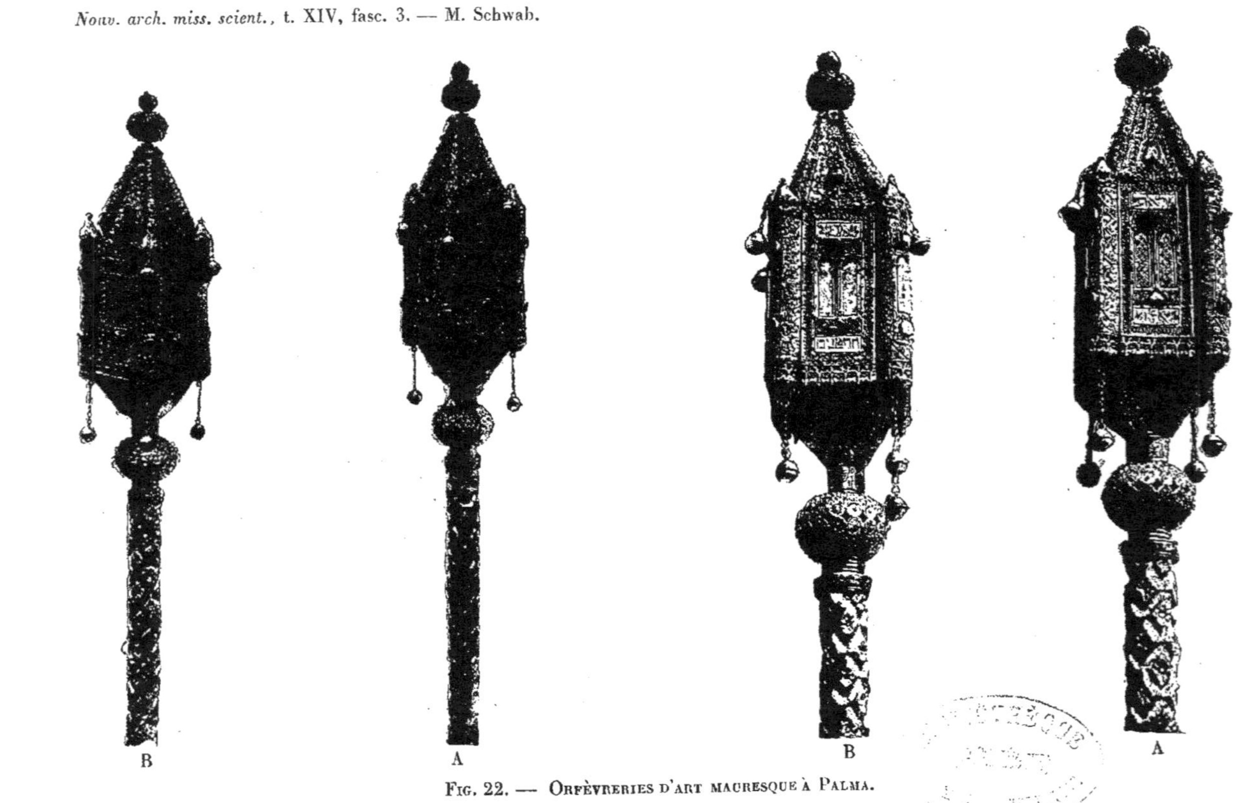

FIG. 22. — ORFÈVRERIES D'ART MAURESQUE À PALMA.

Nouv. arch. miss. scient., t. XIV, fasc. 3. — M. Schwab.

Fig. 23. — Inscription à Mahon.